教育书系
中国教师用书网策划

新课程理念下
的课堂教学

XINKECHENG LINIAN XIA DE KETANG JIAOXUE

听课／说课／上课

编著／刘旭

四川教育出版社
·成都·

图书在版编目（CIP）数据

新课程理念下的课堂教学：听课　说课　上课/刘旭编著.—成都：四川教育出版社，2013.1（重印）
ISBN 978-7-5408-4118-8

Ⅰ.新… Ⅱ.都… Ⅲ.课堂教学-教学研究-中小学　Ⅳ.G632.421

中国版本图书馆CIP数据核字（2005）第069284号

责任编辑	央　金
版式设计	王　凌
封面设计	周执勇
责任校对	伍登富
责任印制	陈　庆　杨　军
出版发行	四川教育出版社
	（成都市槐树街2号　邮政编码610031）
印　　刷	四川福润印务有限责任公司
制　　作	四川胜翔数码印务设计有限公司
版　　次	2005年7月第1版
印　　次	2013年1月第9次印刷
成品规格	146mm×208mm
印　　张	11.5　　插页2
定　　价	25.00元

如发现印装质量问题，请与本社调换。电话：（028）86259359
营销电话：（028）86259477　邮购电话：（028）86259694
编辑部电话：（028）86259381

序

"课",是学校进行教学工作的基本组织单位,教师专业生活的许多领域都同"课"紧密相连。这本书围绕着教师的课堂教学活动,从教育观念的更新、教师素养的提高、学生学习的指导讲起,进而具体谈到听课、说课和上课,话题触及教师专业活动的许多"重要事件"。作者似同与教学第一线的朋友娓娓而谈,要言不烦地将平日在课堂观察与教学研究中的感悟与灼见,细针密线地编织在平实的缕述中。相信这本书对读者是会有许多启发和助益的。

我国基础教育的课程改革正在健康有序地推进,这一场深刻的教育变革,对教师必然会提出许多新的要求。正像加拿大著名课程理论家富兰(M. Fullan)指出的,教师在课程变革中的"转变",至少包括使用新教材,运用新的教学策略(手段),拥有新的教学观念这三个高低有别的层次和类型。迪南·汤普生(Dinan Thompson)在提出"真确式教师改变"这一概念时,也把"材料和活动的改变""教师行为的改变""包括价值、信念、情感和伦理在内的意识形态和教学思想的改变"纳入了他的概念框架。本书的作者正是基于这样的理解，来讨论教师在课程改革中的几项常规工作的。

随着基础教育课程改革的深入发展，课程实施中的不少新问题引起了人们的认真思考。我国学者杨启亮早就对此作过分析。他说："在基础教育的教师教育中，懂得如何教总比懂得教什么更重要，而且越是在教什么的问题发生了重大变革或重大更新的情况下，如何教的问题就会意味着百倍的艰辛，这正是杜威'连续性'原则的生命力之所在……当教材和目标呈文本化形式存在的情况下，保证连续性的根本问题，就是'教'的问题了。"当然，教师"教"的问题，归根结底还是得依靠教师的校本研修来解决。作者挑出学校生活中经常"应当做"的几件事作为议题，我想，也蕴含着作者对教师怎样进行校本研修的想法，如，备课与写教案——那是一种教学决策的训练；听课与评课——可以理解为一种替代性的社会学习与互动中的社会建构；说课——是通过反思让缄默知识彰显出来和流动起来的活动；上课——是改善教学行为的实践探索，如此等等。总之，教师的专业发展总是同"教"的问题解决联系在一起的。从这个意义上说，作者设定的话题，对教师的自我发展与校本研修也就很有价值了。

课程改革中的"教学"以及教师的专业发展，都是很复杂的系统问题，我们期待着作者和读者们都来进行探究和讨论。

严先元
2005 年 6 月

目 录

第一章 观念：在教学实践中更新 ……………………（1）
  第一节 课程改革的趋势与观念更新 …………………（2）
    一、当代课程改革的趋势 ………………………………（2）
    二、新课程教学理念与传统教学理念的区别 …………（4）
    三、新课程对学习主体及主体性教育的全新阐释 …（7）
  第二节 新课程对课堂教学改革的作用与影响 ………（9）
    一、课程内容与教材知识对课堂教学的作用与影响
     ……………………………………………………………（9）
    二、课程结构与课程管理的差异及其影响 …………（10）
    三、新课程对课堂控制方式的作用与影响 …………（10）
    四、课程价值和课程观的差异及其影响 ……………（11）
    五、考试与评比制度的差异及其作用 ………………（12）
    六、新课程对课堂环境的作用与影响 ………………（13）
  第三节 新课程理念下的理想课堂 ……………………（14）
    一、理想的课堂是生活化的课堂 ……………………（14）
    二、理想的课堂是师生心灵相通的课堂 ……………（15）
    三、理想的课堂是人性化的课堂 ……………………（17）
  第四节 用新课程理念推进课堂教学改革 ……………（18）

一、摆脱困惑，走进新课程 ……………………（18）
  二、在教学实践中促进学生的本质发展 …………（19）
  三、在优良的教学情境中实现三维目标的和谐统一
  ………………………………………………………（20）
 附：《基础教育课程改革纲要（试行）》（摘录） ………（23）
 第二章 教师：在课程改革中成长 ……………………（28）
  第一节 新课程呼唤教师的专业化发展 ……………（28）
   一、教师专业化是教育发展的客观要求 …………（28）
   二、课程改革需要教师成为研究者 ………………（29）
   三、教师专业化发展的特征与内容 ………………（31）
   四、教师专业化发展与团队合作 …………………（32）
  第二节 教师在新课程中的作用 ……………………（34）
   一、具有新课程的意识 ……………………………（34）
   二、成为学生学习的促进者 ………………………（35）
   三、帮助学生建构知识 ……………………………（35）
   四、培养学生的问题意识 …………………………（36）
   五、引导学生形成积极的人生态度 ………………（37）
  第三节 走进新课程，在课改中发展自己 …………（38）
   一、需要重新认识的五个问题 ……………………（38）
   二、走进学生心灵，在和谐的师生关系中发展自己
   ………………………………………………………（46）
  第四节 教师在新课程理念下的反思和超越 ………（49）
   一、教师在新课程中的反思 ………………………（49）
   二、教师在新课程中的自我超越 …………………（53）
 附：案例一：重复着，快乐着 ……………………………（57）
   案例二：记我的一次教学经历反思 ………………（58）
   资料一：好教师的十二种素质 ……………………（66）
   资料二：教师必须具备的十一种能力 ……………（67）
 第三章 课堂：让学生学习的方式更科学 ……………（69）

第一节 深刻领会新课程理念下的学习方式 …………（69）
一、学习方式转变的基本含义 …………………………（70）
二、新课程凸显自主、合作、探究性学习方式的原因
　…………………………………………………………（70）
三、新学习方式的实质与理念追求 ……………………（71）
四、新学习方式下教师的作用 …………………………（72）
五、灵活运用新课程的学习方式 ………………………（74）

第二节 正确把握学生自主学习的内涵 ………………（76）
一、自主学习的基本内涵：我是学习的主人 …………（76）
二、自主学习的基本特征：主动性 ……………………（77）
三、自主学习的核心品质：独立性 ……………………（78）
四、自主与他主的不同点 ………………………………（79）

第三节 正确认识和指导学生的合作学习 ……………（80）
一、充分认识合作学习的价值内涵 ……………………（80）
二、把合作技能当作重要内容教给学生 ………………（81）
三、在异质分组的前提下合理排座 ……………………（83）
四、小组合作学习的成员分工与交往素质培养 ………（84）
五、教师在小组合作学习中的作用与策略 ……………（87）
六、合作学习中，教师应注意的问题 …………………（88）

第四节 正确认识和指导学生的探究性学习 …………（90）
一、课堂探究性学习的基本特征 ………………………（90）
二、怎样在课堂教学中认识和体现探究性学习的特征
　…………………………………………………………（92）
三、进行科学探究性学习需要具备的条件 ……………（94）
四、教师要正确指导学生进行探究性学习 ……………（96）

附：案例一：会了，可以"不听"——学习中的自主选择
　…………………………………………………………（97）

**案例二：让数学走进生活——呼唤学生的"参与"
　　　　与"合作"** ……………………………………（101）

案例三：课堂成了"学生研究成果发布会" ………… （105）
　　资料：协同——接受型合作学习策略 …………… （109）
第四章　教案：在规范中寻求创新 ………………………… （113）
　第一节　教学设计的内容及其特征 …………………… （113）
　　一、什么是教学设计 ……………………………… （113）
　　二、教学设计的基本内容 ………………………… （114）
　　三、教学设计的基本特征 ………………………… （115）
　第二节　教学设计的主要方法 ………………………… （118）
　　一、制定教学目标的方法 ………………………… （118）
　　二、教学策略设计 ………………………………… （123）
　　三、教学评价设计的要求 ………………………… （131）
　第三节　教案编写的基本要求 ………………………… （133）
　　一、传统教案中存在的主要问题 ………………… （133）
　　二、教案编写的基本要求 ………………………… （134）
　　三、教案编写的格式 ……………………………… （135）
　第四节　新课程条件下的备课与教案创新 …………… （140）
　　一、正确理解新课程条件下的备课 ……………… （140）
　　二、新课程条件下备课的基本要求 ……………… （142）
　　三、教师要带着问题备课 ………………………… （143）
　　四、集体备课应解决的问题 ……………………… （146）
　　五、怎样运用优秀的教案范例 …………………… （148）
　　六、新课程条件下的教案创新 …………………… （150）
　附：案例一：《南方经济的发展》教案 ………………… （153）
　　案例二：下课之后才完成的故事 ………………… （159）
　　案例三：《老师说我是小蚌壳》教案设计 ………… （160）
　　案例四：《〈枫桥夜泊〉新解质疑》教案设计 ……… （163）
第五章　听课：在观察中把握课堂教学的真谛 …………… （168）
　第一节　听课的主要特征与基本要求 ………………… （169）
　　一、听课的主要特征 ……………………………… （169）

二、听课的基本要求 …………………………………… (172)
　　三、听课应克服的现象 ………………………………… (176)
　第二节　怎样观察与分析课堂教学 ……………………… (178)
　　一、听课时应观察的四个方面 ………………………… (178)
　　二、注意观察教学中素质教育特征的体现 …………… (182)
　　三、注意观察教师对学生思维品质的培养 …………… (189)
　　四、注意观察教学中的几种不良现象 ………………… (192)
　第三节　怎样在听课中把握本质问题 …………………… (198)
　　一、课堂评价：廉价的表扬不是激励 ………………… (198)
　　二、学习过程：活跃的课堂不等于科学的设计 …… (200)
　　三、学生参与：踊跃的发言并非都体现了主体地位
　　　………………………………………………………… (202)

附：案例：一堂估算课 ……………………………………… (204)

第六章　评课：在交流对话中改进教学 ……………… (217)
　第一节　课堂教学评价的功能与指向 …………………… (217)
　　一、课堂教学评价及其变革 …………………………… (217)
　　二、课堂教学评价的功能 ……………………………… (219)
　　三、课堂教学评价的目标指向 ………………………… (221)
　第二节　教学评价的内容、方法与原则 ………………… (225)
　　一、教学评价的指导思想 ……………………………… (225)
　　二、教学评价的主要内容 ……………………………… (226)
　　三、教学评价的主要方法 ……………………………… (228)
　　四、教学评价的基本原则 ……………………………… (229)
　第三节　课堂教学评价指标体系的建立 ………………… (230)
　　一、评价指标体系建立的依据 ………………………… (230)
　　二、建立课堂教学评价指标体系的理念与思路 …… (231)
　　三、建立课堂教学评价指标体系的原则 ……………… (232)
　第四节　课堂教学评价的实施 …………………………… (234)
　　一、课堂教学评价的一般程序 ………………………… (234)

二、课堂教学评价指标解读 …………………………… (238)
　　三、课堂教学评价量表的使用说明 …………………… (242)
　附：案例一：一堂"失败"的好课 ……………………… (244)
　　案例二：邵公庄小学评价学生参与性的指标 ……… (252)
　　案例三："探究平行四边形的面积计算方法"教学案例
　　　………………………………………………………… (254)

第七章　说课：走进教学研究的崭新殿堂 ……………… (260)
　第一节　说课及其作用 ……………………………………… (260)
　　一、什么是说课 ………………………………………… (260)
　　二、说课的作用 ………………………………………… (261)
　　三、说课与备课的关系 ………………………………… (263)
　　四、说课与上课的关系 ………………………………… (264)
　第二节　说课的内容 ……………………………………… (265)
　　一、说教材——目标与内容的确定、选取和分析 … (265)
　　二、说学生——分析学习主体，研究学法 ………… (267)
　　三、说教法——介绍选择"教"的方法与策略 …… (268)
　　四、说程序——介绍教学过程设计 ………………… (269)
　　五、说得失——进行课后的教学反思 ……………… (271)
　第三节　说课的方法和类型 ……………………………… (272)
　　一、说课的方法 ………………………………………… (272)
　　二、说课主要展现的过程 ……………………………… (272)
　　三、说课的三个层次 …………………………………… (273)
　　四、说课应注意的问题 ………………………………… (276)
　　五、说课的类型 ………………………………………… (277)
　第四节　说课的评价 ……………………………………… (278)
　　一、评价"说课"的内容 ……………………………… (278)
　　二、评价"说课"的原则 ……………………………… (279)
　　三、评价"说课"的方法 ……………………………… (280)
　　四、优秀"说课"的评价标准 ………………………… (280)

附：案例一：《碱的含义 氢氧化钠》说课稿 ……………（282）
　　　案例二：说教法、学法——"一株紫丁香"（节选）
　　　　　　………………………………………………（287）
　　　案例三：说教学程序——"可能性" ………………（288）
第八章　上课：让教学彰显艺术的魅力 …………………（294）
　第一节　教学艺术的特征与功能 ………………………（295）
　　一、教学艺术的内涵 ……………………………………（295）
　　二、教学艺术的基本特征 ………………………………（296）
　　三、教学艺术的主要功能 ………………………………（300）
　第二节　教学情境的创设艺术 …………………………（305）
　　一、形式多样的教学引入艺术 …………………………（305）
　　二、教学高潮的创设艺术 ………………………………（311）
　　三、别出心裁的结课艺术 ………………………………（316）
　第三节　教学环境中的应变艺术 ………………………（321）
　　一、把握课堂机遇的艺术 ………………………………（322）
　　二、处理课堂失误的艺术 ………………………………（326）
　　三、解决课堂意外的艺术 ………………………………（330）
　第四节　课堂教学中的其他艺术 ………………………（334）
　　一、课堂教学中的语言艺术 ……………………………（335）
　　二、课堂提问的设计艺术 ………………………………（340）
　　三、教学媒体的应用艺术 ………………………………（344）
附：案例一："你们的预言实现了！" ……………………（348）
　　　案例二：听美国教师上《灰姑娘》（阅读课）………（349）
主要参考文献 ………………………………………………（354）
后　记 ………………………………………………………（356）

第一章

观念：在教学实践中更新

课程改革的目标是通过教育教学活动去实现的，课堂是课程改革的主阵地。在新课程理念下，课堂上知识的构成、教师对教学活动的控制方式以及课堂常规活动方式都会发生极大的变革；"以学生为主体"的主体性教育被提到了前所未有的高度，并在课堂教学中展现出来。人们对什么样的课堂教学才是理想的课堂教学有了全新的认识，课堂教学在新课程理念指引下，正向着更深刻的方向变革。本章拟从课堂教学这一最能反映新旧教学观念对立与交锋的教育教学主阵地切入，阐述课程改革的总体趋势、新旧教育理念对立的哲学根源以及在课堂教学中的表现，力图澄清一些认识上的模糊与偏差，帮助广大教师更主动地投身于课改的实践活动之中。

第一节 课程改革的趋势与观念更新

一、当代课程改革的趋势

20世纪80年代以来,世界各国加强了基础教育领域的课程改革,其主要做法包括:适当降低教材难度,关注学生的生活经验,注意学生所学知识的实用性与基础性,提倡学用结合,培养学生的动手能力,强调学生在活动中观察,在实践中感悟,在探究中提高,鼓励学生在课堂学习中的自主探究与合作分享。从整体改革而言,正呈现出以下六个方面的发展趋势:

(一)时代性

课程的设置,其内容反映了当代最新成果,它主要包括最新的自然科学与社会科学成果,最新的技术运用成果,最新的教育学、心理学成果,最新的各种教学技术成果(如新的电教技术成果)、实验成果。这些最新成果被编入了基础教育学科教材(教学)之中,成为学生需要掌握和了解的知识内容;这些成果也应用于对中小学、幼儿园教师的专业素养提升之中,成为教师们改进教育教学工作的理论依据;这些成果还广泛地运用于课堂教学的实践操作中,成为增大教学容量,增强教学活动直观生动性,提高课堂教学实效性的新手段、新技术。

(二)探索性

课程的设置,包括学科学习内容的设置既不面面俱到、系统完整,也不强调答案和结论的唯一性,而是启发学生思维,给学生的学习提供更加广阔的思维和活动空间,向学生提供探索的机会,帮助学生在自主、合作与探究的学习活动中学会如何学习。

(三)综合性

课程的设置打破了传统的、严格而封闭的学科分类模式,代之以跨学科的、多学科的,甚至分不清到底是哪个学科的综合性课程。

这一变革趋势对教师的专业知识、专业技能、专业素养都提出了前所未有的新要求，是工业社会向信息社会跨越之后学科课程设置的一次重大而深刻的变革。同时，它提示教育人们，在学习者所面临的时代，知识学习上的综合性、思维能力的全面性是非常重要的，教师和学生都要防止知识面的过早专业化和狭窄，强调教与学的方法的综合性，师生都能灵活掌握、分析、运用信息资源，进而达到能力的综合性。

（四）实用性

课程内容趋向于选择那些与社会生活紧密联系、与学生生活相接近、社会现实所需、社会发展所需的知识，以便激发学生学习的欲望，促进学生更好地认识和理解所学知识，并能启发学生自觉地将所学内容与社会生产、生活实际结合起来，让学生学有所悟、学有所用、学以致用。

（五）个别性

课程设置更加关注每个学生的特点，体现"以学生为本"，促进每个学生都在自己原有基点上有所提高、有所发展的人本主义精神，更加注重以多样性、开放性、个性化的课程设置，学科内容设置，学习活动设置等去满足不同学生的多元发展需求，表现出对个体的尊重与关照。

（六）人文性

课程的设置汲取了工业社会以来单纯强化工具理性的倾向，批判性地审视了传统课程中单一的知识与技能培养目标指向，不再将成长中的人看成是未来的社会发展的工具（掌握了先进科技知识，但却缺乏人文素养），而是将培养的目标指向多元化、全方位，将成长中的学生看成是既需掌握先进科技知识，更需浸润科学的道德伦理精神、社会文化素养，能够与人交往、合作的，心理健康、人格健全的，有社会责任感的，全面发展的人。课程设置趋向于将知识体系与人文价值体系和谐自然地统一起来。

二、新课程教学理念与传统教学理念的区别

当代课程改革的六大趋势正静悄悄地影响着现实的课堂教学，使课堂发生着细微的，但最终将是根本性的变革。

那么，新课程所倡导的教学理念与传统的课堂教学理念存在着哪些区别与对立呢？其表现是怎样的呢？

1. 新课程的教学观强调以生（学生）为本、促生发展，强调学生是学习的主体。而传统的教学观则主张教学活动以师（教师）为本，师道尊严，强调教师是课堂教学的中心与主体，学生围着教师转，绝对地服从于教师。在新课程理念指导下的课堂教学中，师生是平等、民主的，教师以平等的身份开展教学活动，成为学生获取知识、提高能力、形成正确人生价值观的指导者、引路人；课堂不再是被教师独占的"一亩二分地"，教师也不再是"满堂灌"的知识传送带，学生的学习活动有了很大的时空；课堂也不再是少数"优生"表演的舞台，所有学生都能积极有效地参与到学习活动中去，并各有所获；"后进生"不再被教师所忽略（甚至厌弃），不再成为课堂学习活动的观众和"边缘人"。

在传统观念笼罩下的部分课堂，教师往往将自己的讲解进行到底，居高临下地、威严地注视着学生的一举一动，用指令性的口吻指挥着学生的学习。少数教师甚至爱说"给我把书打开"，"给我把书上第×页的练习通通做完"之类的话。教师的权力神圣不可侵犯，学生必须不折不扣地按照教师的要求去做；教学活动的目标不是培养人，而是"教书"，教师往往以自己完成教案、讲授完教材的相关内容作为"教学进度"的标准，而不是以学生的学习进度为标准，不顾及、不关心学生学的情况，不关心学生对知识的掌握与运用程度，教学成了目中无人的教师自娱自乐的活动。在这样的课堂上，即便有少数优生的所谓参与，也只是为老师的表演作配合（我们常常听到听课教师说"这个班的学生很配合老师"），充当配角，给予"帮腔"。这种专制式的教学，逼迫着学生就范。

2. 新课程教学观注重在课堂教学中鼓励学生进行积极的探索，开放学生的思维。作为新课程所倡导的学习方式之一，探究性学习在课堂上要得到很好的体现，就必须在和谐、民主的课堂氛围中启发、鼓励和引导学生进行发散的、逆向的、富于想像的思维活动，使学生的学习、思维在不违反学习规律的前提下呈现出多元化状态。传统观念支配下的课堂教学，在思维能力的培养方面强调守成性，即固守于某种思维模式，甚至解题技巧，而这又往往表现为教师个体的思维习惯、教学运行方式。这样，就必然制约着学生的思维，束缚了他们想像的翅膀。当这种守成性思维与教师的专制作风结合在一起的时候，课堂上就会出现"附和"与"标准统一"，就会表现出死气沉沉的、"万马齐喑"的教学场景，久而久之，就会使人感觉到学生"学得很死"，思维不活跃。

3. 新课程教学观把教学过程看成是一个开放的系统，教学不再只局限于某一单一的学科，教学设计与教学过程不再受课堂与教材的限制。学科课程标准更灵活，给教师的教学空间更开放、更宽阔。强调从社会的生产、生活中提取教学内容，主张在教学活动中让学生多活动、多体念，强调自我感悟，鼓励学生主动践行，通过自主、合作、探究的方式获取新知识，进而提高学习、运用、交往、协作等能力；同时为学生进行创新性、开拓性的学习活动提供物质技术条件，提供来自于学校和教师的精神支持。

传统的教学观念把教学过程看成是一个封闭的系统，教学内容只局限于单一的学科、课堂与教学范围，没有学科间的交叉与联系；始终固守于前人的经验与"祖传"的知识，强调课堂学习的纯接受性、知识的传承性；思维习惯上更多地采用被假设的方式，并且"两耳不闻窗外事，一心只读圣贤书"，教学内容远离社会实际和学生生活；教学方法单一陈旧，习惯于注入式、讲授式的教学，注重同一知识的不断重复训练，强化学生的"死记硬背（甚至数理学科的公式、定理都要求学生"死背"），认为只有强制刺激才能达到掌握知识的目的。

4. 新课程理念强调知识与技能、过程与方法、情感态度与价值观"三维目标"在课堂教学过程中的和谐统一与自然达成。强调促进学生的全面发展、培养学生的多种能力；注重学生掌握知识的过程以及运用知识、促进知识转化的能力；关注学生在学习过程中的心理健康，渗透人文精神的培养，帮助学生形成正确的人生价值观、世界观。新课程理念下的课堂是学生适度张扬个性的外显性的课堂，是充满生机与活力的生动的课堂。

传统的教学观单纯而过分地强调学科知识的传授，在教学活动中注重学生掌握知识的状况；强调传统的基础知识的内容及知识的纵向深度，强调知识本身及掌握的熟练程度与技能技巧；更多地关注学生在书本知识方面的掌握情况（分数），忽视对学生综合能力的培养，特别是忽视对学生创新思维能力、运用所学知识解决实际问题能力的培养；在教学的目标定向中，很少甚至根本就没有对学生情感、态度、价值观的关照。因此，在传统教学观笼罩下的课堂教学，缺乏学生们来自内在需求的一种普遍、生动活泼的学习情境，学生们在一种压抑的、急切盼望下课铃响的状态下学习。久而久之，厌学的学生越来越多，他们的个性得不到合理张扬，他们因忍受而走向麻木与内敛，课堂必然失去生机与活力。

新课程教学理念与传统教学理念的最本质区别在于，前者的核心理念是：以学生的发展为本位；后者的核心理念是：以知识的传输为本位（见表一）。

表一 传统课堂教学方式与新课程理念下课堂教学方式的区别

以知识传授为重点	以学生发展为中心
将知识、技能分解，并从部分到整体，有组织地加以呈现。学生通过倾听、练习和背诵，再现教师所传授的知识，让学生回答教材中的问题，记课堂笔记	通过相互矛盾的事物引起学生认知的不平衡，引导学生完成解决问题的活动，监测他们发现后的反思，教师引发并适应学生的观念，参与学生开放式的探究，引导学生掌握真正的研究方法和步骤，引领学生在合作学习中去发现真理和培养创新精神

两种对立的教学理念在课堂教学中交锋、抗争,使教师们从迷惑中开始思考:为什么现在的学生越来越难教了?我在试着用新课程所提倡的教学方法教学,但"我感觉自己已经不会教书了",我该怎么办?

三、新课程对学习主体及主体性教育的全新阐释

(一)学生是学习的主体

新课程背景下教师如何认识课堂上学生的地位与作用,是能否正确实施课堂教学改革,激发学生主动、积极学习,进而持久提高课堂教学效益的关键。在新课程实施过程中,教师要把学生看作是社会的人,不断追求发展的人,全面而又自主发展的人,有着个性差异的人。在课堂教学中,教师必须尊重学生独立的人格与尊严,尊重每一个学生的个性差异,相信每个学生身上都蕴藏着不可估量的发展潜力,而学生的发展不仅是多方面的,同时也是自主的、主动的,他们不是消极地、被动地吸收老师或其他渠道传递的信息,而是有选择地加以辨别与吸纳。课堂上,学生是按照自己已有的认知结构来评估教学内容的,所以,学生是学习的主体。教学过程中,师生的双边活动是一种"思维对话"的活动,是师生间的思想、信息和方法等实现交流互动的生动展现,师生间交往的本质就是教师人格精神与学生的人格精神在优良的教学情境中的相遇。在"思维对话"的课堂氛围中,学生既是已有知识技能的学习者,同时又是新知识、新技能、新方法甚至新思想的建构者。在这样的课堂上,学生与教师一样,都处于教学过程的动态环境之中。在这里,学生的主动探究、自主学习、真实体验、自觉感悟,使他们成为课堂上能动的学习主体。

(二)"主体性教育"

学生是学习的主体,认清这一点,就要求教师在新的课堂教学中有意识地开展"主体性教育"。

主体性是指人在自觉活动中体现出来的主动性、独立性与创造

性，它是个体自由全面发展的内在动力和必然途径。

主体性教育是指教育者从主体利益出发，为促进受教育者主体性发展而实施的教育策略。由于长期的传统的单一接受性学习，学生的主体意识亟待唤醒与催生，因此，主体性教育就显得尤其重要和迫切。

主体性教育要求在教师与学生之间建立起民主平等的关系，教师要给予学生选择的权利和承担责任、表现自我的机会，鼓励学生在自主探究与合作学习中发展自己的创造力。主体性教育要求教师注重学生个性的自由发展，以发展的眼光看待每一个学生，尊重学生的独立性和独特性，给学生一定的按自己的方式发展的空间和时间，因材施教，促进每个学生的发展。

主体性教育强调以学生的需求、学生的发展为出发点，强调热爱、信任、尊重学生，但它并非杜威式的"学生中心主义"，更不排斥集体教学、教师主导。主体性教育在强调学生是学的主体的同时，也强调教师是学生"学"的主导，是"教"的主体。因此，学生作为学的主体和教师作为教的主体是一个矛盾的两个方面，是既对立又统一，并且在一定条件下可以相互向着其相反的方向转化的两个方面。

主体性教育的基本内涵包括：

1. 在学生观上，充分尊重每个学生的主体地位和主体人格。

2. 在教学价值观上，关照每个学生的生活世界，满足学生身心发展的全方位需求。

3. 在师生观上，强调师生平等、互助、民主、和谐，注重学生之间和师生之间的交流。

4. 在教学方法上，强调知能统一、知情和谐，创设有利于学生主体参与、促进学生主动发展的学习环境。

5. 在教学评价和教学质量观上，发挥教学评价的导向性和激励性功能，以学生主体性素质生动活泼地发展为评价标准。

在主体性教育的课堂实践中，教师要善于以自身的行为为学生作示范，如以激情去焕发激情，以能力去培养能力，以民主去造就民主，以思想之火去点燃思想，真正体现教师在学生学习中的导向作用。同时，教师还要善于根据不断变化的教学情境，去调整教学的目标和方法，努力营造课堂教学的良好氛围，把学生的思考一步一步地引向深入，帮助学生纠正自己的认识偏差，激发起他们的创造潜能。

第二节 新课程对课堂教学改革的作用与影响

课程对课堂教学的作用与影响是多方面的。有对知识内容选取情况的，有对课程结构与课程管理以及课程价值本身的，还有对课堂控制方式的，以及对考试与评比制度的作用与影响的。同时，不同的课程环境也总是在课程设置所发挥的作用与影响下形成的。

一、课程内容与教材知识对课堂教学的作用与影响

在课堂教学中，课程的授受知识纷繁多样，但大体都包括了以下三个方面（如图一所示）：Ⅰ型，教科书及教学参考书提供的知识；Ⅱ型，教师个人知识；Ⅲ型，师生互动产生的新知识。

在中国传统的课堂教学中，课程的授受知识以Ⅰ型，即教科书及教学参考书提供的知识最多。而且在传统理念指导下，以学科教学为中心，强调学生所学知识的系统与规范，注重对原理和经典知识的阐释，教材内容繁、难、窄、旧。教学中强化学生对概念、法则的掌握，强化练习巩固，教学目标注重知识结论，获得书本知识。

在新课程理念指导下的课堂教学中，课程所授受的知识增加了新的内

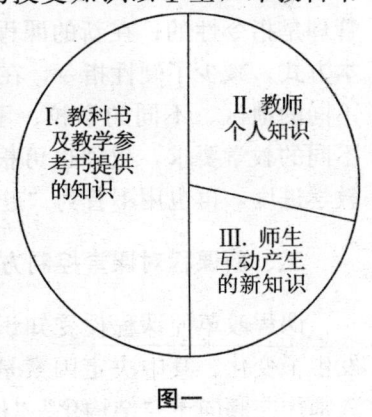

图一

容，Ⅱ型和Ⅲ型知识显著增加，教师个人的经验，教师跨学科的、非教科书的知识积累对课堂教学的作用与影响越来越大，而师生在课堂上交流互动所产生的新知识往往成为最让师生兴奋的、有成功感的和有价值的知识。在新课程理念下，课堂教学不再囿于学科中心，而是更加关注学生的经验，注重运用知识解决问题，关注知识的应用价值，特别是有现代特征的内容。因此，教材编写和教学的实际知识不再繁、难、窄、旧，而趋向于简、浅、宽、新；教师在教学中注意以已有经验（师与生的）为出发点，引导学生运用所学知识去思考，去应用；特别关注学生学习的过程，强调学生在学习过程中的体验。同时，按新课程标准编写的教科书所提供的知识也必定会引发教师个人知识及师生交流互动产生新知识的变化。

二、课程结构与课程管理的差异及其影响

新的课程结构和课程管理与传统的课程结构和课程管理有着很大的差异。在传统的课程结构中，"学科基础"和"知识基础"是其基本准则，强调知识的唯一性、一元化，专业性很强；新的课程结构强调以生活为基础，以学生的发展为基础，强调学生掌握知识的多元性与综合性，不强求答案的唯一与标准统一。在传统的课程管理中，管理者关心的是如何统一教材、统一课时、统一教学要求，管理是指令性的；在新的课程管理中，"灵活性""指导性"是其基本方式，减少了硬性指令，在一个课程标准下，众多教材应运而生，不同的地区、不同的学校、不同的教学内容，允许有不同的学时、不同的教学要求，教师也可根据学生实际和自己的实际，灵活调整教学进度，再也用不着为"赶教学进度"而置学生的实际于不顾了。

三、新课程对课堂控制方式的作用与影响

课程改革使课程授受知识中，Ⅰ型、Ⅱ型、Ⅲ型三者的比例也发生了变化。其中决定因素是教师的控制方式。传统课堂教学中的教师往往倾向于"结构化""封闭式"的权力型控制方式，非常强调

学生对教科书内容的记忆与内化。因而,这种控制方式所维持的,Ⅰ型知识占绝对优势,很少有Ⅱ型知识,几乎无Ⅲ型知识。教师在新课程的授受时,将更多地采用"非结构""开放式"的控制方式,特别注重学生的创新品质的境况,因而Ⅰ的比例相对减少,Ⅱ+Ⅲ的比例较大。这样一种新的"控制方式"是对传统"集权式社会控制方式"的挑战,是生成性、可持续发展的(如图二所示)。

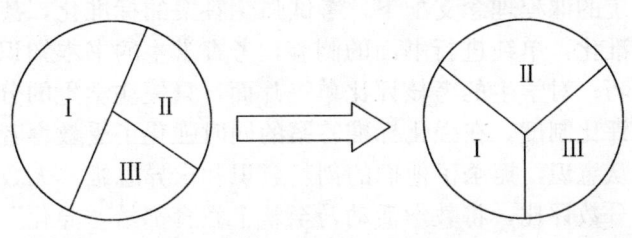

传统课堂的"控制方式"　　　　新课程课堂"控制方式"

图二

就整体的课堂管理常规活动方式而言,新课程中的课堂与传统课堂有了很大的不同,这些不同反映着截然不同的教育教学理念,预示着新课程改革将要重新确立和认可的全新的课堂教学方式必然代替传统的、单纯的以接受学习为重点的课堂教学方式。

四、课程价值和课程观的差异及其影响

传统的课程价值是培养精英,从小学到大学最终形成了金字塔式的升学教育结构,每上升一级,都有众多的人被淘汰,有人称之为"培养失败者的教育"。这种课程观不重视每位受教育者的不同的发展需求,片面强调群体乃至国家利益,轻视个人利益;强调稳定的计划、大纲、教材,注重系统知识,不追求变化以及在变化中调整,不关注生活经验对学生学习的作用。新的课程价值是面向大众的,是激励和帮助全体学生走向成功的,是"培养成功者的教育",它强调课程改革的目的是"为了一切学生,为了学生的一切,一切为了学生",即以全体学生的全面发展健康成长为课程改革的出发点和最终归宿，彰显"以学生为本"的教育教学理念。新课程观关注每个受教育者的不同发展需求，强调群体利益、国家利益与个人利益的和谐统一；强调在计划安排、课程标准确立和教材的编写上，关注师生的生活经验，追求变化与自主，"跑道"（课程）共同构建。

五、考试与评比制度的差异及其作用

在传统的课程理念支配下，考试强化答案的标准化，甚至试题也追求标准化，单纯进行书面的测验，考查学生的书本知识、解题的技能技巧；对学生的考核评比单一片面，只关注学生的分数。这种考试和评比制度，在强化标准答案的同时强化了受教育者的规范意识、服从意识，扼杀了他们的创新意识和求异思维。无数次的书面测验、分数评比，将教学活动乃至整个教育都给"异化"了。教师为了分数而教（分数成了许多地区和学校考核教师业绩的重要的，甚至是唯一的"硬性指标"），学生为了考高分而学（评"三好"成了评成绩好，其余两项成为"软指标"），师生都成了应试教育的牺牲品，成了分数的奴隶。在传统的课程理念影响下，师生往往熟练于用一种方法去解决多个问题，而不善于用多个方法去解决一个或多个问题，它导致学生的思维是渐进式的，没有跳跃。培养出来的学生被动、沉静、谦恭、腼腆，缺少自信；不活跃、不主动、不大胆，不敢也不善于质疑；导致学生实践能力差，缺少自尊，缺少情感，甚至出现人生观与价值观的迷失（如表二）。

表二　传统课程条件下的学生状况

优势	问题
基础知识掌握好	实践能力差
基本技能扎实	缺少创造性
解题能力非常强	缺少情感体验与自尊自信
勤奋与刻苦	人生观和价值观迷失

新的课程观不否定考试，认为只要有教育就必定需要检测，要

通过考核去认定教与学的效果,进而改进教师的教和学生的学。但是,新课程观鼓励师生的个人思考,考核成绩的形式是多样的,而不仅仅是一套有标准答案的试卷,对学业的考核中不追求答案的唯一;学习过程注重学生的参与,培养学生终身学习的能力、动手能力、实践能力和创新能力。评比制度科学,评比方式多样,特别关注评比本身所起的实际作用,关注人的发展。

六、新课程对课堂环境的作用与影响

由于课堂控制方式和常规活动方式的改变,必然就会形成新的课程环境,这种新课程环境与传统课程环境有很大的区别(如表三),从其表现方向上可以看出二者理念的本质不同。

表三 传统课程环境与新课程环境的区别

表现方向	传统的课程环境	新的课程环境
教师与学生的位置	教师中心	学生是学习的主体
学生发展的关注范围	单方向发展	多方面发展
学生的学习方式	独立学习	合作学习
学生的学习状态	接受学习	探究式学习
学生的学习反应	被动反应	有计划的行动
学习活动的内容	基于事实知识的学习	批判思维和基于选择、决策
教学的背景	孤立的人工背景	仿真的现实生活中的背景
教学媒体	单一媒体	多媒体
信息传递	单向传递	双向多项交换

新课程环境中的教学有着许多的不确定性,其主要表现有:

1. 教学目标与结果的不确定性:知识、能力、态度、情感、价值观由多元价值取向所引起。

2. 教学对象的不确定性:不用统一的规格、不用统一的评价标准进行个别化教育。

3. 教学内容的不确定性：课程的综合性加大，教材、教参为教师留有极大的余地，得分点大大减少和淡化，得分点不再起支配作用，教师要花很多时间去查找资料，补充教材的内容。

4. 教学方法与教学过程的不确定性：教师有较大的自主性，将更为灵活地选择与使用教学方法，教学中教师可支配的因素增多，学生的活动时空增多。

教学的多样性、变动性要求教师是个决策者和创新者，而不再仅仅是一个执行者。在新课程环境下，教师具有创造新形式、新内容的空间，需要教师创造出班级（课堂）氛围，创造某种学习环境，设计教与学的双边活动，表达自己的教育理念。教师必须是一个真正的专业人员。

第三节　新课程理念下的理想课堂

一、理想的课堂是生活化的课堂

杜威说过："教育即生活。"

马克思主义者认为，实践产生认识，真理来源于实践，是对客观事物及其规律的正确反映。作为真理性认识的任何科学理论都在实践中、在生活中产生，反过来又指导着人们的实践生活。

教育的内容也来源于生活实践，但它不能等同于生活实践，教育给受教育者以科学的理性，但任何科学的理性又终究离不开感性的生活实践。

教育就是沟通科学理性与生活实践的桥梁。

如果课堂教学离开了对生活的理解与感悟，那么，课堂就失去了生命的活力。所以，必须清醒而鲜明地认识课堂教学与社会生活（包括师生的个性生活）的紧密关系。回归生活，让课堂与生活连接起来，是新课程教学的基本特征。只有植根于生活世界并为生活世界服务的课堂，才是具有生命活力的课堂。

新课程强调突破学科本位,砍掉学科内容的繁、难、偏、旧、窄,把课堂变成学生探索世界的窗口,学生活中的数理化,读生活中的语文,理解生活中的政治、经济与哲学,在生活中把握生物学知识,在生活中体验与感悟道德的力量,成为能动的道德主体。新课程要求教师的教学要引领学生去探寻大自然的奥秘,获得合作的乐趣。生活融入甚至成为课堂教学,课堂本身就是生活,是师生的生命历程。经历、体验、探究、感悟、思考,构成了教学目标的最为重要的行为动词。

同时,回归生活的课堂教学,并不是否定教材内容的教学,不是不要间接经验的教学,恰恰相反,教学回归生活,可以使既定的教材知识也"生动"起来,使间接经验能真正转化为孩子们的直接经验,与他们更亲近。这样,教材内容和其他的间接经验才具有教育价值,才能成为人的发展价值,为学生们所吸引,所接受,所融入。

二、理想的课堂是师生心灵相通的课堂

至今,还有许许多多的教师抱着这样的观念:上课就是不折不扣执行教案或者事先设计好的教学思路的过程,教学活动就是教师完成教案设计的过程,教材是教学的"圣经",课堂是教师演讲的舞台,教学是"我讲你听",教学活动主要就是教师完成知识传授而极少顾及学生情感的独角戏。

于是,在一些公开课或研究课上,上课的教师往往要上演事先准备好的"精彩"节目。面对自己熟悉或不熟悉的学生,教师笑容可掬、从容不迫、有板有眼地开始授课,师生之间以短平快的一问一答或集体回答为主,一切顺着事先设计好的方案推进,教学环节丝丝相扣,衔接得天衣无缝。听课教师的视线始终集中在授课老师的身上,全神贯注于娴熟的教学技巧表演,这时的授课老师更像一位牧羊人。课毕,在一片掌声和啧啧赞叹中,学生们满载着标准答案走出教室。

这样，课堂教学在不知不觉中被"异化"了，异化为教师的"精彩"表演，再也不是学生生动活泼的生活历程。同时，教学的目标和教育的理想也被"异化"了。

不能让学生在理想的活动境界中体验与感悟的课堂绝对不是理想的课堂。

那么，什么样的课堂才是理想的课堂呢？

只有焕发出师生共同的生命活力的课堂才是理想的课堂，只有让学生在理想的活动境界中去主动自觉地体验与感悟的课堂才是理想的课堂。这样的课堂，也就是新课程所追求的课堂。

这样的课堂，应是师生互动、心灵对话的舞台，而不仅仅是教师（哪怕是最优秀的教师）展示授课技巧的表演场所。

这样的课堂，应是师生共同创造奇迹，唤醒各自潜能的时空，而一旦离开学生的主体活动，这个时空就会破碎。

这样的课堂，应是师生共同向未知方向挺进的旅程，随时都有可能发现规定方向以外的通道和美丽的图景，而不是一切都必须遵循固定线路却没有激情的行程。

这样的课堂，应是向课堂上每一颗心灵都敞开温情的怀抱，平等、民主、安全、愉悦、轻松而又不失紧张，这些都是它最耀眼的光点，没有人会被无情打击，更没有学生会受到"法庭"的审判。

这样的课堂，应是点燃学生智慧的火炬，而给予火炬、火种的是一个个具有挑战性的问题。学生带着问题思考、讨论、争辩、解决问题，又在走出教室（其实应该称其为"学室"）的时候带着新的问题，怀抱着好奇。

……

新课程明确提出要实现知识与技能、过程与方法（能力）、情感态度与价值观这"三维目标"的和谐统一，构建起现代课堂教学比较完整的目标体系，由以知识本位、学科本位转向以学生的发展为本，真正对知识、能力、态度进行有机整合，体现了课堂教学对人的生命存在及其发展的整体关怀。

三、理想的课堂是人性化的课堂

在新课程中,教学的根本任务是促进每一位学生的发展,因此,教学不仅要面向学生的现在,更要面向学生的未来。只有当教学走在学生发展前面的时候,才是好的教学。

在新课程理念指导下的课堂上,我们可以看到学生潜能如鲜花般绽放,师生之间智慧和谐交融。这样的课堂必然面对无数的不确定性,它乐意向这些不确定性开放。一个对新课程理念融会贯通的教师明白,这些不确定性很可能具有独特的价值,更能体现教育对不同特性受教育者学习行为的认可、理解与尊重,而且它们本身就是教学活动不可或缺的一部分。正如布卢姆所说:"人们无法预料教学所产生的成果的全部范围,没有预料不到的成果,教学也就不成其为一种艺术了。"

教学是一种艺术,而不是技术,因为从一般意义上讲,"技术"一词更多地体现的是有生命力、有智慧的人与没有生命力或没有智慧的物(物体、其他动物等)的关系,如果把教学看成是一种技术,那么教学本身就容易成为一种没有情感、没有心灵感应、没有交流互动的、机械重复的行为。说教学是一种艺术,就在于教学的对象是活生生、有感情、有智慧的人,是具有主体人格的人。学生永远都不是任何教育者可以随意摆弄的机器或机器部件,不是被当作可以无数次重复训练而"学会"表演的马戏团里的兽类。所以,教育的真正目的是为了学生的发展,课堂教学应是人性化的教学,是充满着对学生的关注、对生命的关怀和人文主义精神的场所。正如叶澜教授所希望的那样:在新课程理念指导下的课堂上,教师具备了真正的学生意识(按照学生思维来思考教学)、童年意识(把学生提出的稚嫩问题和"天真"想法当作宝贵的教学资源),知道敬畏生命,并用"给知识注入生命,知识因此而鲜活,给生命融入知识,生命因此而厚重"这样的座右铭来激励自己。

因此,在新课程的课堂上,即使是知识、技能的传授,也融入了师生共同分享成功的喜悦,也充满了美丽的想像,有时还不乏人生智慧的火花,就更不用说那些本身就富有人文气息和生命诗意的教学内容了。这样的课堂,是师生人生中美好的记忆,是不可重复的生命体验。

所以,新课程理念下的理想课堂教学应该包蕴三大理念:生活性、发展性和生命性。

第四节　用新课程理念推进课堂教学改革

一、摆脱困惑,走进新课程

新课程为教师的课堂教学提供了自由度很大的创造性空间,这是增进教师专业化,增强教师的教育教学责任意识的一个重要的起点。没有这一步,教师永远只能被别人牵着走,有了这一步,教师才有可能独立思考:面对新课程的挑战,我该如何教学?

教师要摆脱困惑,可以从以下策略入手:

1. 独立思考。在教学实践中发现问题,观察对比材料,进行理性的分析,并将自己的思考写成文字。

2. 把自己的问题、困惑提出来,与同事、同行进行交流、探讨,在思维的撞击中寻找解决问题的办法。

3. 向书本学习,学习理论,开阔视野,寻找解决问题的办法。

4. 回到课堂,走到学生中去,在学生那里寻找摆脱困惑的灵感和精神动力。

这是真正发生教育行为的场所,是教育研究的最前沿。尝试着蹲下你的身子,与你的学生一起平等对话、交流和协商。

只有当每一位教师都能认真反思自己,能独立思考,能将自己的困惑与体会和同行分享、交流,能够与学生平等对话、协商,那么,我们才能说自己真正走进了新课程。

新课程给教师的发展提供了一个非常好的发展契机——打破了

对日常生活的熟视无睹与理所当然,"每天不就这样吗?备课、上课、改作业、找学生谈话"。很多教师在这种简单的重复中有了一种害怕心理:由于没有挑战,"教书教到最后,我们的水平变得和我们的学生差不多了"。有的教师长年累月,就在一两个年级循环,重复着同样的教学内容,重复着固定的教学模式,逐渐地陷入了一个非常狭隘的发展空间。课程改革就是要打破这种机械的重复,促使教师对已做过的和将要做的进行积极的思考。

所以,新的课程改革不是以更换相对静态的学科教学大纲和教材为目的,而是立足于关注不断变化的学生和教师,特别是要关注学生的发展。这样,教师就始终处于挑战之中,充分地感受到自我成长的发展空间,在教育教学的实践中实现自我的更新与发展。

二、在教学实践中促进学生的本质发展

几乎所有的教师都认可,作为课程目标,必须关注"知识与技能""过程与方法""情感态度与价值观"这三维目标,但前一个目标是容易量化检测的,后两者却难以测量,加上现行的大部分考试很难关注后者,结果,课堂教学仍然主要围绕着知识与技能进行。

那么,应如何看待新课程所追求的"过程与方法""情感态度与价值观"方面的目标呢?三维教学目标应如何实现呢?

应当看到,对于每一个成长中的人来说,能力的问题,情感、态度、价值观的问题,显得尤为重要,不是说知识、技能不重要,知识技能仍然是新课程重要的目标,但现实生活的无数正反事例都让我们不得不承认的是,能力与情感、态度、价值观之于每一个人的一生更为重要,意义更为深远。当然,能力的问题,情感、态度、价值观的问题,又都是依附于知识的发生、发展过程之中的,是在探索知识的过程中得以形成和发展的。

还应当看到,越到一个人的素质的核心部分,是越难量化的,无论是在学术界,还是广大教师的感受,都是这样。知识和技能的东西是外显的,是比较容易量化的,越到能力,越到情感、态度、价值观，越难以测量。正因为如此，它与人们现实利益或者现实需要之间出现了一定的剪刀差。现实中，种种选拔机制、用人机制，特别是在东方文化的熏陶下，人们崇尚书本，崇尚考试，崇尚学历，这种情况下，评价一个人的能力的高低，自然就变成了简单地用知识和技能这种外显指标去测量，去评判。所以，许多教师认为："中考、高考不改革，课程改革就寸步难行！"

但是，教育工作者之所以成为教育工作者，绝不仅仅关注于学生外显的指标，并以此作为衡量自己教育教学水平高低的唯一尺度，正如香港中文大学一位教授所说的："难道是因为情感、态度、价值观不可测量，我们就可以不给予关注吗？"真正优秀的教师是教给学生终身受益的东西，他们总是关注着学生的更本质需要。在他们眼里，学生的生存能力、发展能力以及道德品行是第一位的，是最本质的方面。教学生做人，"教人求真，学做真人"是他们教学的宗旨。目前，这对许多教师而言都是一个极大的挑战，我们要做的就是准备好迎接这一挑战。

三、在优良的教学情境中实现三维目标的和谐统一

过去，我们惯用的做法是"堂堂清，周周清"，一节课结束，马上做一个教学质量的测验，看学生是否掌握了该学的东西。这样做有其正确的道理，但每节课能清的，能测的，多是知识和技能方面的东西。能力的要求，情感的目标，绝不是靠某一节课，某一周能完成的，但是每一节课又都必须体现这些目标。因此它更多的是靠在一个比较长的阶段，通过教师利用课程资源去熏陶，由学生去体验，通过潜移默化的积累而获得的。这正体现了教育的复杂性，也正是挑战教师的地方。所有的教育工作者都应当思考，如何创造一个良好的氛围，让教师对学生的能力、情感、态度、价值观的关注成为一种内在的教学品质和教学行为。

因此，三维目标不是三块，而是一个整体。不是要在知识、技能上加情感。因为实际上在整个教学过程中，情感、态度、价值观是始终存在的,并渗透于师生活动之中,只不过它有时并没有成为一些教师清醒的自觉的行为而已。但学生在学习过程中,总是有一个态度、情感倾向的,可能是积极的,也可能是消极的。有的课堂上,甚至有相当多的学生是带着消极的情感在学习。课改就是要把课堂变成学生积极的、快乐的、热爱学习的时空,教师要有意识地把激发学生的学习兴趣自觉化。

所以,不要把一节课分成三大环节,分别去完成三大目标,在教学的实践层面上,它面对的是完整的人,必须要做到三位一体,绝对不可机械地、人为地分开。

有这样一个认识误区:认为情感态度与价值观是完全可以通过讲授来实现的,但实际并非如此。在新课程中,越是能力、情感、态度和价值观的目标,越不是通过讲授来达到的。它需要通过创造情境,创造氛围,让学生自己去体验,去领悟。课程的功能变了,相应的实施方法也应该变化。

这并不是说新课程抛弃了接受学习。提倡自主、合作、探究学习,并不是不要接受学习,两者不是对立的。从古至今,所有的教学都与讲授联系在一起,越是知识、技能性的东西,越是需要通过讲授获得。但新课程功能的改变必然会引起学习方式的改变,新课程目标不可能单纯地通过讲授去实现,它还需要给学生以体验和领悟的机会。同时,也并不是说接受学习就没有情感、态度、价值观的教育。事实上,老师声情并茂地读课文(或让学生读),或者充满激情的讲解,或者组织学生看电影、参观等,都有学生的情感体验,有学生自己的理解在里面。但是,这样的行为对多数教师来说是无意识的,许多教师都单纯地理解教学就是教学生尽可能多的知识和技能,甚至在实际教学中,可能是以牺牲学生的创造性、积极的情感体验和良好的价值观的形成为代价的。然而未来社会的挑战更需要后者,因此我们要把它变成一种自觉的目标,在课堂教学中给予更多的关注。

比较而言,以听讲、记忆、模仿为主要标志的接受学习,更容易导致学习者的被动，学习过程中的消极，学习结果指向知识与技能。这样的课堂教学容易产生沉闷、抵触的不和谐氛围，其知识与技能目标的达成情况也会打折；而以探究、理解、亲身实践、分享与合作为特征的新型学习方式，更容易引导学生理解知识的意义，发展创造性，形成积极的学习态度和正确的价值观。例如，一次数学老师给学生提供了圆形硬纸板、软布以及画在黑板上的圆，组织学生测量圆的周长和直径，老师为了尽快得出结果，只选择了结果在3.0～3.5之间的数据，与圆周率3.14相差较大的数据一概没要。

这看起来是件小事，但却传达了一种陈旧错误的课堂价值观念：数据是可以人为选择的，为了某个目的可以修改客观得到的数据。其实老师可以利用这个契机，教育学生尊重客观事实，认识到测量是有误差的。减少误差有两种方法：第一，尽可能认真、仔细；第二，多次测量，取平均值。由此也可以看到，知识、技能的教学与能力，情感、态度（如科学态度）与价值观的教育是完全可以水乳交融、和谐统一的，这不是针对某一目标，人为添加上去一些教学环节。可以想像，学生在课堂上亲自动手实验、测量、表演、探究，无论是心理上的掌握激励、自信心的增强，还是遇到问题想办法去克服，都会得到体验。学生一会儿清楚，一会儿迷糊，产生思维碰撞，创设出积极参与的优良学习情境，直至最后解决问题。由此，情感、态度、价值观也就与其他两个目标和谐统一起来了。

面对新的竞争，中小学课程改革成为必然的趋势，教育从未像今天这样关注个人与社会发展之间的联系，关注受教育者个体的发展需求。平等、民主的课堂，师生间、生生间交流互动的课堂，以生为本，体现学生作为学习主体的课堂，将工具理性与人文价值理性相结合的课堂，将传统的优良的教育教学理念和方式与新的教育教学理念和方式相结合的课堂，形成了一种全新的课堂教学情境。这是注重生态的课堂，是师生共同发展的课堂。教师只有更新自己的教学理念，才能真正投身于这样的生态型课堂，并在其中发展自己。

第一章 观念：在教学实践中更新

附：

《基础教育课程改革纲要（试行）》（摘录）

改革开放以来，我国基础教育取得了辉煌成就，基础教育课程建设也取得了显著成绩。但是，我国基础教育总体水平还不高，原有的基础教育课程已不能完全适应时代发展的需要。为贯彻《中共中央国务院关于深化教育改革全面推进素质教育的决定》（中发[1999] 9 号）和《国务院关于基础教育改革与发展的决定》（国发[2001] 21 号），教育部决定大力推进基础教育课程改革，调整和改革基础教育的课程体系、结构、内容，构建符合素质教育要求的新的基础教育课程体系。

新的课程体系涵盖幼儿教育、义务教育和普通高中教育。

一、课程改革的目标

1. 基础教育课程改革要以邓小平同志关于"教育要面向现代化，面向世界，面向未来"和"三个代表"重要思想为指导，全面贯彻党的教育方针，全面推进素质教育。

新课程的培养目标应体现时代要求。要使学生具有爱国主义、集体主义精神，热爱社会主义，继承和发扬中华民族的优秀传统和革命传统；具有社会主义民主法制意识，遵守国家法律和社会公德；逐步形成正确的世界观、人生观、价值观；具有社会责任感，努力为人民服务；具有初步的创新精神、实践能力、科学和人文素养以及环境意识；具有适应终身学习的基础知识、基本技能和方法；具有健壮的体魄和良好的心理素质，养成健康的审美情趣和生活方式，成为有理想、有道德、有文化、有纪律的一代新人。

2. 基础教育课程改革的具体目标：

改变课程过于注重知识传授的倾向，强调形成积极主动的学习态度，使获得基础知识与基本技能的过程同时成为学会学习和形成正确价值观的过程。

改变课程结构过于强调学科本位、科目过多和缺乏整合的现状，整体设置九年一贯的课程门类和课时比例，并设置综合课程，以适应不同地区和学生发展的需求，体现课程结构的均衡性、综合性和选择性。

改变课程内容"繁、难、偏、旧"和过于注重书本知识的现状，加强课程内容与学生生活以及现代社会和科技发展的联系，关注学生的学习兴趣和经验，精选终身学习必备的基础知识和技能。

改变课程实施过于强调接受学习、死记硬背、机械训练的现状，倡导学生主动参与、乐于探究、勤于动手，培养学生搜集和处理信息的能力、获取新知识的能力、分析和解决问题的能力以及交流与合作的能力。

改变课程评价过分强调甄别与选拔的功能，发挥评价促进学生发展、教师提高和改进教学实践的功能。

改变课程管理过于集中的状况，实行国家、地方、学校三级课程管理，增强课程对地方、学校及学生的适应性。

二、课程结构

3. 整体设置九年一贯的义务教育课程。

小学阶段以综合课程为主。小学低年级开设品德与生活、语文、数学、体育、艺术（或音乐、美术）等课程；小学中高年级开设品德与社会、语文、数学、科学、外语、综合实践活动、体育、艺术（或音乐、美术）等课程。

初中阶段设置分科与综合相结合的课程，主要包括思想品德、语文、数学、外语、科学（或物理、化学、生物）、历史与社会（或历史、地理）、体育与健康、艺术（或音乐、美术）以及综合实践活动。积极倡导各地选择综合课程。学校应努力创造条件开设选修课程。在义务教育阶段的语文、艺术、美术课中要加强写字教学。

4. 高中以分科课程为主。为使学生在普遍达到基本要求的前提下实现有个性的发展，课程标准应有不同水平的要求，在开设必修课的同时，设置丰富多样的选修课程，开设技术类课程。积极试行学分制管理。

5. 从小学至高中设置综合实践活动并作为必修课程，其内容主要包括：信息技术教育、研究性学习、社区服务与社会实践以及劳动与技术教育。强调学生通过实践，增强探究和创新意识，学习科学研究的方法，发展综合运用知识的能力。增进学校与社会的密切联系，培养学生的社会责任感。在课程的实施过程中，加强信息技术教育，培养学生利用信息技术的意识和能力。了解必要的通用技术和职业分工，形成初步技术能力。

6. 农村中学课程要为当地社会经济发展服务，在达到国家课程基本要求的同时，可根据现代农业发展和农村产业结构的调整因地制宜地设置符合当地需要的课程，深化"农科教相结合"和"三教统筹"等项改革，试行通过"绿色证书"教育及其他技术培训获得"双证"的做法。城市普通中学也要逐步开设职业技术课程。

三、课程标准

7. 国家课程标准是教材编写、教学、评估和考试命题的依据，是国家管理和评价课程的基础。应体现国家对不同阶段的学生在知识与技能、过程与方法、情感态度与价值观等方面的基本要求，规定各门课程的性质、目标、内容框架，提出教学和评价建议。

8. 制定国家课程标准要依据各门课程的特点，结合具体内容，加强德育的针对性、实效性和主动性，对学生进行爱国主义、集体主义和社会主义教育，加强中华民族优良传统、革命传统教育和国防教育，加强思想品质和道德教育，引导学生树立正确的人生观、世界观和价值观；要倡导科学精神、科学态度和科学方法，引导学生创新与实践。

……

义务教育课程标准应适应普及义务教育的要求，让绝大多数学生经过努力都能够达到，体现国家对公民素质的基本要求，着眼于培养学生终身学习的愿望和能力。

……

四、教学过程

10. 教师在教学过程中应与学生积极互动、共同发展，要处理好传授知识与培养能力的关系，注重培养学生的独立性和自主性，引导学生质疑、调查、探究，在实践中学习，促进学生在教师指导下主动地、富有个性地学习。教师应尊重学生的人格，关注个体差异，满足不同学生的学习需要，创设能引导学生主动参与的教育环境，激发学生的学习积极性，培养学生掌握和运用知识的态度和能力，使每个学生都能得到充分的发展。

11. 大力推进信息技术在教学过程中的普遍应用，促进信息技术与学科课程的整合，逐步实现教学内容的呈现方式、学生的学习方式、教师的教学方式和师生互动方式的变革，充分发挥信息技术的优势，为学生的学习和发展提供丰富多彩的教育环境和有力的学习工具。

五、教材开发与管理

12. 教材改革应有利于引导学生利用已有的知识与经验，主动探索知识的发生与发展，同时也应有利于教师创造性地进行教学。教材内容的选择应符合课程标准的要求，体现学生身心发展特点，反映社会、政治、经济、科技的发展的需求；教材内容的组织应多样、生动，有利于学生探究，并提出观察、实验、操作、调查、讨论的建议。

积极开发并合理利用校内外各种课程资源。学校应充分发挥图书馆、实验室、专用教室及各类教学设施和实践基地的作用；广泛利用校外的图书馆、博物馆、展览馆、科技馆、工厂、农村、部队和科研院所等各种社会资源以及丰富的自然资源；积极利用并开发信息化课程资源。

……

六、课程评价

14. 建立促进学生全面发展的评价体系。评价不仅要关注学生的学业成绩，而且要发现和发展学生多方面的潜能，了解学生发展中的需求，帮助学生认识自我，建立自信。发挥评价的教育功能，促进学生在原有水平上的发展。

建立促进教师不断提高的评价体系。强调教师对自己教学行为的分析与反思，建立以教师自评为主，校长、教师、学生、家长共同参与的评价制度，使教师从多种渠道获得信息，不断提高教学水平。

建立促进课程不断发展的评价体系。周期性地对学校课程执行的情况、课程实施中的问题进行分析评估，调整课程内容、改进教学管理，形成课程不断革新的机制。

……

（注：以上内容摘引自朱慕菊主编：《走进新课程——与课程实施者对话》，北京师范大学出版社2002年4月版，第253～258页）

第二章

教师：在课程改革中成长

进入21世纪，我国基础教育课程改革正逐步进入全面实施阶段。新的课程体系在课程的目标、功能、内容、结构、实施、评价与管理诸多方面都对原有的课程体系进行了重大改革。教师只有努力于新课程的实践，在其过程中不断完善、更新自我，提升自己的专业素质，促进自身专业化发展，才能与新课程同行，适应新课程的需要。

第一节 新课程呼唤教师的专业化发展

一、教师专业化是教育发展的客观要求

在新一轮基础教育课程改革实践中，教师的工作职能出现了前所未有的变化，这种变化极大地提高了教师劳动的复杂程度，突现了教师劳动的创造性质，没有教师的发展，没有教师专业上的成长，教师历史使命便无法完成。所以，教师的专业化发展，是历史发展的必然要求，更是信息时代教育发

展的必然要求。

面临时代与教育的深刻变革,教师不得不重新审视自己的职业价值与职业生命的发展,以不断适应社会的需要。

首先,深刻理解教师职业的专业特性,明确教师职业的目标定位和发展方向,是每一位教师持续发展的关键。国际劳工组织、联合国教科文组织共同发布的《关于教师地位的建议书》中清楚地表明了教师职业的目标定位和发展方向:教育工作是一种专门职业,这种职业是一种要求教员具备经过严格而持续不断的研究才能获得并维持专业知识及专业技能的公共业务,它要求对所辖学生的教育和福利具有个人的及共同的责任感。教师职业的特性决定了教师必须持续不断地学习和发展自身专业素养。

其次,社会不断发展,科技日新月异,知识经济与信息时代的到来,也促进了教师职业的更加专业化。教师不仅应当成为学科领域的专家、课堂教学的艺术家,而且还应当成为教育的专家,成为学生持续发展的引路人,教师的专业性是不可替代的。1986年,美国的卡耐基工作小组、霍姆尔斯小组相继发表《国家为培养21世纪的教师做准备》《明天的教师》两个重要报告,同时提出以教师的专业性作为教育改革的教师职业发展的目标。今天,教师专业化已经成为世界性潮流,教师专业化发展的潮流与社会文明的不断进步决定了教师必须在自己的职业生涯中,坚持终身学习,提高自己的知识水平,加强自身修养,调整知识结构,从深度和广度上持续发展自我。唯其如此,才能更加适应社会的需要,适应教育变革的需要。

二、课程改革需要教师成为研究者

基础教育改革的核心是课程改革,课程改革的关键是课程实施。课程改革的基本趋势和发展理念,潜在地规定了教师的基本素质结构。今天,所有的中小学教师都感受到了课程改革给自己素质提出的新要求和严峻挑战。

《基础教育课程改革实施纲要》对教师提出了如下主要的要求:

1. "建立教师不断提高的评价体系。强调教师对自己教学行为的分析与反思,建立以教师自评为主,校长、教师、学生、家长共同参与的评价制度,使教师从多渠道获得信息,不断提高教学水平。"

这一要求明确而着重强调了教师对自身教学行为进行反思,因为这是教师改变教学方式,不断发展自我、完善自我的最根本的要素,教师进行教育教学研究的真正动因就来自于教师内心的需求和自我更新的愿望。

2. "改变课程过于注重知识传授的倾向;强调形成积极主动的学习态度,使获得基础知识与基本技能的过程同时成为学会学习和形成正确价值观的过程。"

这一要求强调了新课程理念下的课堂教学目标定位:知识与技能,过程与方法,情感、态度、价值观。这三个维度缺一不可,且相互渗透于课堂教学之中。现实中,许多教师对于那些可以表达的、显性的知识已具有相当的教学经验,而对于那些诸如方法与技能、情感、态度和价值等隐性的课程目标及内容,尚不能较准确地理解和把握。

3. 课程结构一改过去单一、固定的学科模式,呈现出既有学科的,也有综合的;既有必须的,也有选修的、灵活多元的课程结构,师生对课程学习有了更大的可选择性。

课程结构改革使教师们面临一系列以前从未面临过的问题与挑战,如综合课程的教学、活动课程的实施、研究型课程的设计等,这些问题从来没有像今天这样一齐冲向教师,且没有现成的答案。这就要求教师必须具有基本的教育教学研究能力和创新意识。

4. 课程内容的改革更多地着力于现代化与生活化。除最基本、最基础的内容外,新的课程内容更具有时代特色,更贴近现实生活与学生生活实际,更体现时代所需求的科学精神与人文精神。

课程内容的变革要求教师深层次地理解"文本",并在知识价值的理解上,超越学科的局限,去深切体验和领悟知识的生活价值及其对学生人生发展的重要意义。而要达到这一点,同样需要教师保持一种持续的探索意识和学术敏感,并在研究方法和研究能力上有所积累,有所提高。所有这一切,又都可归结为教师学术视野和学术能力的提升。

三、教师专业化发展的特征与内容

(一)什么是"教师专业化发展"

教师专业化发展是指教师通过接受专业训练和自身主动学习,逐步成为一名专家型、学者型教师,不断提升自己专业水平的持续发展的过程。它是教师在其专业素质方面不断更新、演进和完善的过程。

(二)教师专业化发展特征

1. 自主性。即教师必须具有自我专业发展的意识,独立的、内在的需求和选择等等。

2. 阶段性。即教师的专业发展过程是分阶段的,有发展、有高潮、有停滞、有低潮。在课程改革推动下,教师的专业化发展往往因外部因素的推动,促使内在需求的增长,呈现出一种迅速发展的高潮状态。

3. 连续性。即教师的专业发展不是间断的,而是连续的。教师只有不断地进修和研究,才能确保教师的知识和能力符合时代的需要。

4. 情境性。即教师角色的最终塑造必须在实践中进行,教师的专业化发展是在教学实践中,在教学的多种情境中实现的。

5. 多样性。教学工作的复杂性决定了教师专业结构的复杂性,从而决定了教师专业化发展的多样性。所以,教师专业化发展应注意认知、技能、情意、德行等多个方面。

(三)教师专业化发展的主要内容

1. 知识系统。教师的专业化发展要求建构教师合理的知识结构,提高教师基本的专业素养。教师不仅要具备普通的文化知识、学科专业知识、教育教学知识、心理学知识、还要具备个人的实践知识,具有建构自己的知识体系的能力。

2. 能力系统。包括教育实践能力和教育研究能力。教育实践能力是衡量教师专业能力与水平的一项重要指标,是教师专业能力中的核心内容,包括语言表达能力、组织能力、学科教学能力等。教育研究能力体现着教育实践与教育理论的结合态,是教学创新对教师发展的必然要求,是教师专业化发展的基本保证。

3. 师德修养系统。教师要有高尚的人格,世人所效仿的道德风范以及积极乐观的情感、端正的专业思想和坚定的专业(或职业)信念。

(四)教师专业化发展的主要途径

教师专业化发展是通过多种途径实现的。主要包括:

1. 实践反思和行动研究。以问题为中心的实践反思和行动研究,是促进教师专业可持续发展的真正动力和有效途径。

2. 教师继续教育培训。这种培训的形式很多,有校本的和非校本的,有专家讲座,也有教研活动、小组讨论,在条件具备的地方,也可以开展网络学习活动以及高校与中小学合作培训等。但无论哪种形式,都应与中小学教师的实际相结合,在研究解决现实问题的实践中提高教师继续教育的培训效果,使广大教师获得自我完善和有效的持续发展。

3. 加强形成性评价。通过形成性评价,让教师了解自己教学工作的优点、缺点和专业化发展中所欠缺的能力,促进教师的自我进修与自我专业发展。

四、教师专业化发展与团队合作

新课程改革强调教师专业发展的同伴互动和合作,建立积极的新的内外伙伴关系,以便双向学习(例如与学生的、家长的和学校以外的团体、个人)。教师需要进一步开放自己,加强教师之间以及师生之间在课程实施等教学活动中的专业对话、师生对话,交流沟通、协调合作,共同分享经验,通过互动,相互支持与借鉴,以减少教师由于孤立劳作而导致的自发的、偏狭的、低效的行为。通过团队合作，建立起一个具有共同目标的、有凝聚力的校园文化。从学校领导层而言，要善于形成相互合作的教学场景、教学空气，培养支持教师合作发展的学校文化。

新的专业价值观关注的是教师在教育过程中推动社会发展所扮演的角色、专业态度，认同教师即学习者、即研究者，教师之间的同伴互助，相互依赖和相互欣赏，互相支持和合作，具有团队的凝聚力。所以，优秀的教师应该：

1. 承认自己的不足，并因此有必要取得同事的支持。
2. 经常地、真诚地对深造或参加专业发展的同事给予鼓励。
3. 认为教育教学的研究与发展对自己的教学能产生作用与影响。
4. 懂得怎样与同事合作，相互支持。
5. 能够尽力维持教师之间的良好关系。
6. 善于相互学习、借鉴，共享教育教学资源。
7. 尊重每一位同事的个人特质。
8. 认为同事普遍支持自己做出的专业决定。
9. 真实、诚恳地接纳同事对自己在教育教学方面的意见。
10. 愿意与同事分享教育教学成果，分担责任与困难。
11. 能够找到新的方法改进自己的教学。
12. 认为工作团队的凝聚力对教师之间的合作产生很大的作用和影响。

在教师专业化成长的道路上，有越来越多的教师开始领悟到：研究教育最好的方式在于研究教育者自身。研究自己，就在于必须认真地对待和研究我们教师和学生自身教与学的经验，来变革我们的教学工作。任何变革只能是一个彼此共同发展和发自于教师内心的行动过程和结果，是一种源自于教师的内在需求，而不是一个强加于人的东西。

新课程理念正呼唤着教师的专业化发展，呼唤着适应时代发展的新型人民教师的大量涌现。因为，没有教师的专业化发展，新课程改革难以成功，我国中小学教育所肩负的历史使命也就难以完成。只有广大教师自觉地、主动地投身于新课改的实践中，去探索、去反思自己的教学行为，去改变自己原有的过时的教育教学观念，改变那些不能适应学生成长的陈旧落后的教育教学行为，重树自我、重构课堂、重建教学，在实践中不断提升自己的专业素养，完成自己的专业化发展进程，才能无愧于时代，无愧于学生，无愧于中华民族。

第二节　教师在新课程中的作用

"教师与新课程共成长"，这已逐渐成为广大中小学教师的共同认识。如何实现新课程背景下的教师专业化成长，可以从教师在新课程中所肩负的责任和所发挥的作用谈起。在实践新课程的过程中，教师应当：

一、具有新课程的意识

在传统教学中，教师往往只有大纲意识、教材意识、教参意识，教学当中也往往是"教教材"，课程意识十分淡薄。新一轮基础教育课程改革，将课程意识提到了重要位置，强调课程是由教科书、其他教学材料、教师与学生、教学情境、教学环境构成的一种生态系统。这是全新的课程观。

不能把课程仅仅理解为教科书，理解为教师教的材料，课程是教师、学生、教材、环境四个因素的整合。课程由这四个因素组成，就决定了它的独特的，并且是永远变化着的特性。课程不仅是文本课程，更是体验课程；课程不再只是知识的载体，而且是教师与学生共同探求新知识的过程。每个学生都带着自己已有的旧经验，带着自己独特的感受，来到课堂进行交流，这本身也是课程建设，学生从同学身上，从教师身上学到的东西远比从教科书里学到的多。从这个意义上讲，有多少个班级、多少个学校，就有多少种课程。

教师和学生是新课程的共同创造者和主体，共同参与课程的开发。从这个意义上说，教学不只是忠实地实施计划、教案的过程，更是课程创新和开发的过程，教学过程成为课程内容持续生成和转化的过程，这些都需要教师和学生创造性的劳动。这就要求教师要转变教学观念，树立全新的课程意识，与学生一道，共同开发新课程，并在此过程中成长和发展自己。

二、成为学生学习的促进者

在传统教学中，课堂上基本是老师讲，学生听，人们形象地将这种教学模式称之为"满堂灌""填鸭式"等等。新的课程观强调：教学是教师和学生共同学习、共同体验、共同感悟、共同成长的生命历程，教与学的统一，其实质是交往。教学是师生之间的一种对话、一种沟通，是合作，是"跑道共建"，是以教促学、互教互学。教师不仅帮助学生获取知识，更是与学生一起分享对课程的理解。所以，没有交往（认知的、方法的、情感的、价值观的）就不存在真正意义上的课堂教学。把教学的本质定位为师生之间的交往，是对教学过程的正本清源，把教师看成学生学习的促进者、合作者，更超越了历史上的"教师中心论""学生中心论"等观点，不仅在理论上有所突破，而且在实践中有重要的现实意义。

三、帮助学生建构知识

布鲁纳说过："认知是一个过程，而不是一个结果。"他强调，教一个人某门学科，不是要使他把一些结果记录下来，而是要使他参与把知识建构起来的过程。这种教学模式的主要特征是教师"讲"得少，学生"想"得多。从追求教科书的结论到注重学生知识的建构。例如作文教学中，教师要引导学生去自己观察、发现和思考，要尊重学生富有个性的情感体验和思维方式，鼓励学生说自己想说的话，写自己想写的作文，而不要把学生的思维纳入既定的模式，更不能以成人的理解去代替学生的感受，教师的作用就是引导者和学生学习的参谋。

在新的课堂教学中,教师特别应当考虑学生在某一知识领域已经积累了哪些生活经验,显示生活中哪些经验可以作为本次教学的铺垫,让学生从事哪些活动可以活化对这些知识的掌握等等。要给学生以时间和空间去操作、观察、猜想、探索、归纳、类比、发散、分析、质疑、幻想……而如果向学生预示解决问题的方法乃至结论,则有碍于学生积极的思维,有碍于学生自己建构知识。

这是对传统学习方法的挑战,但这又必须是教师应当肩负起的一种职责。

四、培养学生的问题意识

在传统的课堂教学中,几乎是清一色的标准答案,上完一堂课,如果没有问题或者解决了所有问题,那么,这就是最成功的教学,最完美的课。而今天,新课改强调的不是一堂课完成了所有预定的目标,解决了所有课堂上需要解决的问题就是好课,而是要给学生留下问题,要让学生产生新疑问走出教室,走入同伴或老师那里去继续探究、继续思考。在新课程面前,没有问题的课不能称之为成功的课。

在新课程中,"以问题为中心的学习"是课堂教学的一种新模式。以前,教师认为做题是为了解决问题,而新课程强调的是,通过设计真实、复杂、具有挑战性的开放性问题情境,引导学生参与探究、思考,让学生通过一系列问题的解决来进行学习。比如生物课程"种子萌发条件"的学习,可以让学生在观察的基础上提出种子萌发可能需要的条件,例如空气、土壤、水、阳光、温度、肥料等,然后设计实验,通过实际操作,收集实验数据和资料,分别验证种子萌发的必需条件有哪些。

以持续发展为关键。国际劳工组织、联合国教科文组织共同发布的《关于教师地位的建议书》否定了以教师为中心的传统的课堂教学,取而代之的是强调激励学生自主学习,为学生提供探究问题、解决问题的机会（包括跨学科学习的机会）。学生在课题探究的过程中，运用和整合不同学科领域的内容，使学习更有针对性与实用性。同时，这种学习也为教师提供了与学生建立"学习伙伴关系"的机会，师生可以围绕项目的实施进行交流和探讨，民主对话，共寻真理。另外，课题学习活动还为教师提供了建立与社会联系的机会，家长以及社会团体都可能参与学生的学习活动，从而使课程资源扩大，教学资源的配置得以优化。

"以问题为中心的学习"，要求教师要有问题意识，即具有发现问题的敏锐性，探讨问题的思辨性，解决问题的灵活性；要有引导学生发现、探究、解决问题的睿智与教学习惯。

五、引导学生形成积极的人生态度

新课程理念强调课堂教学三维目标的和谐统一。其中，学生的"情感态度与价值观"这一隐性的教学目标是渗透于教学过程始终的。一个完整的教学过程，不仅包括认知方面的信息传递，能力方面的示范传授，而且还包括情感方面的信息交流。在课堂教学中，教师、学生、教材之间会有一个情感、能力、认知信息的交流回路，而积极的情感信息交流，将有效地促进认知信息、能力信息的传递。因此，在教学过程中，教师要通过多种方式去激发学生的积极情感。例如，优化教室生态环境，合理安排课堂座位，灵活运用多种教学方法和手段等教学环境因素去引发学生的积极情感；以饱满的热情、适度的激情、师生间真挚的友情等教师良好的主导情绪去激发学生积极学习的情感；以教材内容、教学内容中的情感因素，引发学生对知识的渴望，对问题的主动思索，促成学生的积极情感。

事实证明，良好的教学环境、积极的主导情绪和教学内容中蕴含的情感因素，能有效地引发、激发、促成学生产生积极的情感，进而使学生形成良好的学习态度、人生态度和正确的价值取向。而要达到这些目的，教师在课堂教学和日常教育活动中与学生的情感交流是必不可少的，教师在教学过程中的情感导向作用更是不可缺少的。

第三节 走进新课程,在课改中发展自己

中小学实施素质教育,关键在教师,没有高素质的教师队伍,就没有真正意义上的素质教育。正如没有创新精神和创新能力的教师,就培养不出具有创新精神与创新能力的学生一样,新的课程改革呼唤、推动着高素质的、可持续发展的、有创新意识与创新能力的教师群体的出现。

作为教师个体,应当怎样在新的课程改革中重新认识自己、改变自己、发展自己呢?

一、需要重新认识的五个问题

(一)"这么多年来我的教学都受到了学生的欢迎,说明我是胜任教学的,有必要再提高吗?"

这是许多有丰富教学经验的教师的"内心独白"。对于如何提高自己的业务能力和发展水平,他们多认为那是青年教师的事,与自己没多大关系。

对此,需要思考的是:"我"的教学受到过去学生的欢迎,也受到现在学生的欢迎吗?"我"能保证下一届新生也欢迎"我"没有多少改变的教学方式吗?面对新的课程改革提出的新要求,"我"还能在多大的层面上坚持"以不变应万变"呢?

这里,需要树立的新观念是:事物都在变化中,个人也应当与时俱进,适应变化着的人和事。要使自己的教育教学受到一届又一届学生的欢迎,要不断提高教学质量,要在变化着的教学实践中始终胜任工作,甚至得心应手,就必须不断充实自己、改变自己、提高自己。这就需要学习,既充实专业知识,提高学科专业素养,又充实教育教学理论知识,提高自己作为教师应具备的专业素养;既通过教师继续教育培训,加强自主学习,又注意在实践中积累、总

结、观察、分析、探索、反思。

有的青年教师以为，在基本胜任了教学以后，只要多去听课，多争取上一些公开课、研究课，这样就可以提高自己。

是的，青年教师特别需要向实践学习，尤其是向有丰富教学经验的优秀教师学习，多听他们的课，并通过上公开课、研究课等途径迅速提高自己，成长起来。但只有这些还远远不够。青年教师的成长同样离不开科学理论的指导。几年的大学生活，理论学习了一些，但与教育教学实际相脱离，真正有启发性、指导性的东西并不多。而今在教学实践中遇见了许多新情况，发现了许多新问题，重温所学理论，对照思考，学以致用，并将问题作为课题展开深入研究，在教学实践中去解决问题，多次反复循环，只有这样才能很健康地成长起来，成为教育教学的行家里手。

（二）"提高专业素养，就是提高教学技能，只有通过脱产的专业学习，提高学历层次，才是最好的途径。"

这是一种受"学历至上"思想影响的模糊认识。它把教学技能等同于专业素养，并且片面地将提高教师素养的途径理解为脱产进行学历培训。

对此，需要思考的是：教师的专业素养是什么？它包括哪些方面？在职在岗的教师应当怎样提高专业素养？

教师的专业素养是指教师在其职业生涯中所具备并外显于教育教学活动过程中的学科知识、学科思想以及教育教学艺术水平、职业修养。它主要应包括三个方面：其一是所教学科的知识掌握情况、学科思维能力与发展能力；其二是作为"教师"这一职业所应当具备的教育学、心理学知识及其运用能力；其三是教师的职业道德水准，如热爱教育事业，热爱学生；积极上进，具有奉献精神；待人诚恳，具有健康的心态和团结合作的团队精神。等等。

显然，教师专业素养的内涵是很丰富的，"提高教学技能"只是提高教师专业素养的一个方面，是一种"业务能力"的提高，而不是专业素养的全部。

同时，教师提高专业素养的方式与途径应是多元化的。有机会脱产集中学习当然好，能通过学习使自己的学历达标或提高当然更好。然而对于广大辛勤工作的教师来说，这样的机会还是显得太少。但不能就此成为不能提高自身专业素养的借口。正如前面所述，教师继续教育培训（集中的或分散的；通识的或学科的；区域性的或校本的；集体的或个体自学的），在教育教学实践中的积累、总结、分析、探究、反思等都不失为一种提高自身素养的好办法、好途径，问题的关键在于自己是否愿意成为自我成长的有心人。

（三）"好课的标准在于：把自己知道的、最好的、最多的、最精彩的、最有趣的、最与众不同的东西教给学生，让学生学懂。自己不会的没必要告诉学生。"

这是许多青年教师在教学中的所作所为，它表现出青年教师对工作的极大热情，对学生的热切期望和对事业的忘我追求。

对此，需要思考的是：一堂好课的标准究竟是什么？我们能保证自己每堂课都能将"自己知道的、最好的、最精彩、最有趣的、最与众不同的"教给学生吗？假如在某一堂课、某一段时间的课堂教学中我们做不到这些，那么自己的教学是否就不是好的教学？课就不是好课？而且，教师不是"万能博士"，难道我们不会（不懂、不知道）的就不能告诉学生或向学生请教吗？

这里，需要树立的新观念是：课堂教学是师生之间的双向交流互动，教师是学生学习的指导者，学生发展的引导者，课堂教学的组织者和平等的参与者，教学中居主导地位；学生是课堂教学中自主学习、合作学习和探究性学习的主体，即使是接受性学习，他们也是积极主动的参与者，表现出他们的主动性；课堂不是某个人的领地，教师只是课堂中平等的一员（是平等的首席）；每堂课的时间是一个常数，在这一时间内，应合理安排师生教与学的双边活动，而不是教师兴趣盎然的"满堂灌"。身处信息时代，教师与学生同处一个信息平台，而且在这一平台上，教师要勇于在学生面前承认自己不知道的、不会的东西，并虚心向学生学习，这样才能赢得学生的喜爱、接受与尊重。

同时，在新课程理念下，"好课"的评价标准发生了很大的变化，例如：

1. 教师应更关注学生态度的生发，情感的滋养，信念的形成，人格的完整；关注学生整体生命的健康成长，而不仅仅局限于教学的认知目标。

2. 教师能根据教学实际随时改变原来的计划，调整教学活动和进程，而不只是严谨地执行写得详细、系统、完整的教案。

3. 教师把教科书当作与学生进行交往、对话的部分资料，能够根据学生的需要来改变教科书中的次序，或在内容上有所补充与舍弃，而不是视教科书为金科玉律，教师不只是"吃透"教材，准确无误的宣讲教材。

4. 教学过程不只是目标准确、计划周密、环环相扣、层次清晰，而是有着一些松散、一些随意，甚至一些杂乱，以及在这些松散、随意、杂乱、休闲的情景中师生智慧、情感的真切流露与展现。

5. 教学气氛不是刻意营造的，而是在相互理解，彼此尊重，共同合作的活动中自然生成的。

6. 教师的活动范围不只是在讲台上，而是经常走到学生中间，以朋友的身份给予学生关怀和帮助。

7. 教师不只是精心设问、接连发问，而是让学生自己去发现问题并有时间自由提问。

8. 教学不是把学生的活动安排得又多又密，以显示教学的形式多、容量大，而是真正从学生的实际情况出发，多留些空白让学生有自主活动的时间。

9. 教学不一定每堂课都很完整，都完成了预定的任务，但却实实在在地解决了临时遇到的问题，取得了预料之外的效果。

10. 教师对学生的赞扬不是为了活跃一下气氛或是鼓励学生，配合教师的教学进程，而是发自教师内心的热望、欣赏与赞叹。

11. 教师把眼光放在每一个学生身上，对所有学生都充满着期待，让每个学生都有表现的机会，都能体验到成功的喜悦。

12. 教学更多地显示的是学生尽情施展的才华与优良的品行，而不是教师的"博学"。

13. 师生双方都沉浸于教学活动中忘掉了各自的角色，共同感受生命力量的涌动和生命质量的提升。

14. 教学的成功不仅仅是预定目标的达成，问题的解决，而且还是新目标的生成与新问题的产生，师生带着问题进入课堂，又带着新问题走出课堂。

15. 教学是生活的一部分，是师生生命的乐曲，生活化的教学活动使师生都能体味到生活的浓浓气息。

这样的教学才是好的教学，这样的课才是好的课，才是教师应当努力为之践行的课。

（四）"一线教师没时间搞科研，即使要搞，也就是做点解题研究或写点教学体会之类的文章。"

这是很多一线教师在面对"教育科研"这一话题时的共同认识。他们把教育科研想像得很神秘，认为那是教育科研机构做的事情，是教育专家们的"专利"，自己没有能力也没有时间去进行理论研究。

对此，需要思考的是：究竟什么是教育科研？教育科研只是理论研究吗？只是理论专家们的专利吗？一线教师到底有没有时间和能力搞科研？教师应当怎样进行教育科学研究？

这里，需要树立的新观念是：教育科研只有与教育的实践相结合，才会开出绚丽的花朵，结出有价值的果实；来自一线的教师既是教育科研成果的应用者，也是其开发者，他们应当成为教育科研的行家里手；做一名研究型教师，是新时代对教师专业化发展的基本要求；问题就是课题，探究、发现和解决问题的过程就是在搞教育科研。

所谓"教育科研"，是指教育工作者（专家、学者、教师等）针对教育过程中出现的各种教育现象和问题，运用相关的科学理论

（哲学的、教育学的、心理学的）和方法所开展的研究活动，其目的是为教育教学工作提供正确的指导，以增强教育教学工作的针对性和实效性。就教育科研的方式而言，它包括纯理论问题的研究（如"关于素质教育的研究"）、教育理论与教育实践相结合的研究（如"预防和转变学生非正常群体的研究"），也包括在教育教学活动中所进行的纯应用型研究（如"学科多媒体教学的实践研究"）。

作为身处教育工作一线的教师，要树立在实践中搞科研的理念，并在教育科研中成长和发展自己。不是将教育教学工作与教育科研相分离，当成两回事、"两张皮"，以为搞科研就必须有专门的时间、地点，有高深的理论素养，否则就没法进行。其实，教育科研并不神秘，留心于教育教学过程中所产生的问题与现象，并对这些问题和现象进行认真的分析、思考、归类、探究，寻找共性的、带有规律性的东西，形成一系列解决问题的策略、措施与方法，这些都是一线教师能够做到并且已被实践无数次证明了的事。这就是一线教师的教育科研。

教育科研的内容很多，可以说，凡是教育教学所涉及的问题，都可以作为教育科研的内容。一线教师在开展教育科研时，不应拘泥于某种规范化的形式，只要有利于教育教学本身，有利于提高教育教学的效益，有利于教师自己的专业发展，什么形式都行。例如写教学随笔、日记、课后反思、阶段小结，开展对比调查与实验，在研究中不断修正原有计划与方案，重新确定研究方向与目标等等，都是可行的方法与形式。

北京大学附中副校长、特级教师张思明认为："教育教学工作中处处有学问，处处有课题，只有把自己的工作当学问去做，当科研去搞，当艺术品去雕琢，才能有所领悟、有所发现、有所创造，从而在实践的过程中使自己的教育素质真正有所提高。"（张思明：《更新教育观念，促进教师发展》，2004 年 4 月 10 日在"新课程背景下的名师成长与名师发展"全国论坛上演讲词。）

（五）"学生能有本质上的创新吗？学生所谓的创新表现就是一

题多解这类东西。"

持这种观念的教师虽然不是多数，但却很有代表性。多年来所形成的师生围着分数转的应试教育，确实麻木了学生（特别是"优生"）的"创造神经"，弱化了他们的求异思维，窒息了他们创新的、批判的灵气。如果说学生没有创新的意识与能力，那么，归根结底还是教育出了问题，教师出了问题，责任不在学生。

对此，需要思考的是：学生的创造性思维与能力从何而来？教师应当如何认识自己的教学成果？教师在培养学生创新能力方面究竟应该怎么做？

这里，需要树立的新观念是：儿童是天生的好奇者、学习者和探究者，绝大多数学生都有创造的潜能；学生创造潜能的开发者是具有创新精神和创新能力的教师；教育的创新是开发和培养学生创新能力与创新精神的前提。

马克思主义认为：人区别于其他动物的本质在于人的能动性，即认识事物的本质与规律，并运用对规律性的认识去自觉地、主动积极地改造客观事物，造福于人类自己。

大量的教育实践和心理科学实验证明，人的创造性是从婴幼儿时期就开始的，例如他们对许多问题"打破砂锅纹（问）到底"的好奇；他们在拨耍玩具时那种长久的注意力以及"擅自"拆卸玩具部件的探究精神都足以证明：他们具有探索的勇气和创造的潜能。

然而，孩子们的探索勇气和创造潜能却在成人们不经意的"失当教育"中逐渐消磨和泯灭掉了。例如，当儿童较长时间拼接玩具模型的时候，家长们总是想方设法转移他（她）的注意力（如："宝宝，快来吃饭了"、"乖乖，该睡觉了"等等）；上课了，当他（她）举手回答问题而又多次出错时，老师亲切的话语："下次想好了再举手，好吗？"又让他（她）不知如何是"好"，于是，孩子举手发言的次数少了，敢于说出自己意见的学生少了。所以，不是学生没有创新的思维与能力，而是教育者缺乏发现孩子们创新潜能的眼睛和理念。

学生的创造性是有层次的、渐进的，更多地是相对于他自己的已知世界的一种开拓，是一种"内创新"（别人早已创新，但对自己而言，是一种新发现、新创造）。学生的创新应该从愿意独立思考、有主见、乐于表达自己的思考、敢于批判、乐于求新、勇于求异开始，逐渐发展到真正意义上的创造，直至"外创新"（独创性的）。此时，教师所应做的就是利用现有的条件，点燃学生思维的热情火花，能动地、艺术地为学生创设可激发探索欲和创造欲的问题情境。这个问题情境的设计不仅仅是问题本身的设计，它还包括问题的引入方式、利用方式、预计解决方式、连锁引发新问题的方式等等。

具有创新精神的教师懂得：真正被学生理解掌握的知识，往往是学生自己建构的，因此学会发现问题、合理有效地提出问题的过程往往比结果更重要。而教师的教学成果并不单纯体现在学生考上某所学校的"瞬间"，作为一名对学生终身发展负起责任的教师而言，好的教学成果常常体现在学生经过遗忘后所剩下的那些东西上。在这些"沉淀"物中，更多的将是：怎样发现问题、怎样提出问题、怎样把问题转化成更易于解决的形式、怎样做学问、怎样面对未知和困难、怎样利用信息、怎样使用工具……教师的作用在于，通过自己的教学，能使自己的学生有一种在学习与生活中运用所学去思考和解决问题的理念和习惯；通过为学生在课内外创设的"问题情境"，使他们得以培养起一种勤奋求实、不断探索创新的精神和能力。

从对以上问题的重新认识中，可以得出这样的结论：教师的观念更新是推动和落实新课程的关键性因素。从宏观上讲，更新教育观念就是要引导广大教师牢固树立"育人为本"的生本主义教育观，树立"人才多样性，人人都能成才"的全新人才观，树立"德智体美全面发展"的教育质量观，树立"为学生的一生发展和幸福奠定基础"的教育发展观，树立终身学习，走可持续发展之路的自我发展观。

二、走进学生心灵，在和谐的师生关系中发展自己

教育是一门科学，也是一门艺术，一门走进学生心灵去发挥伟力的艺术，一门点燃学生心灵之火的艺术。在很多名人的传记里都记载着这样的故事：在自己成长的年代里，是某一位恩师的教诲，甚至他（她）与自己的某一次谈话，更甚至是某一句话拨亮了自己理想的火花，激发起自己奋斗的勇气与毅力。许多教师在教育教学的实践中也经常发现：学生因为喜欢自己，进而逐渐开始对自己所教学科产生愈加浓厚的兴趣，并最终影响着他们的人生选择。

那么，怎样才能真正走进学生的心灵世界，成为受学生欢迎的、其教育行为能产生高效能的教师呢？

1. 走进学生的活动空间，在与学生进行生活化的对话中了解学生的喜好与需求，使自己的教学行为有效能。乐于与学生交流，理解学生心理。不同年龄段的学生，不同性别的学生都有不同的心理需求与心理表现，甚至每一位学生在学习上的心理表现也是有差异的。教师要在与学生的交流中了解学生的不同心理，常常站在学生（甚至是某一位学生）的角度去分析、思考问题，才能真正理解学生，从学生实际出发开展教育教学活动。只有这样，教师才能被学生所悦纳、所喜爱，教育的效能才会提高。

2. 平等对待每一位学生，教育教学的作风民主。在班级里、在课堂上，绝大多数学生，即使成绩再差，行为习惯再不合规范的学生都希望老师关注、关心和关爱他们，他们最反感偏心眼的教师，他们盼望着老师能够平等地给予他们发言、参加各种集体活动、获得某种奖励的机会，他们将这些视为自己应有的权利。同时，他们希望老师能听取并尊重他们的意见，采纳他们的建议，如果老师在许多事情上能够与他们商量，能够发扬民主（而不独断专行），甚至替学生着想去处理一些问题，那就更受学生欢迎和爱戴。

3. 心胸开阔，幽默风趣。一个心地善良的教师一定要使自己成为一名心胸开阔的人，要善于化解学生之间的矛盾，也要善于化解

师生间的矛盾，要能够原谅孩子们的缺点、错误与过失（当然，这不等于不指出、不纠正、不教育）；要真诚而又耐心地帮助学生改正缺点和错误，决不能凡事记在心头，与之计较；更不能搞"新账老账一起算"之类的惩罚。同时，幽默风趣的教师总是受到学生喜爱的。教师要善于捕捉生活中、教学中的幽默素材，培养自身的幽默感，恰如其分地表现自己的幽默与风趣（见表一）。

表一：

有效能的教师	无效能的教师
合作、民主、仁慈、体谅、能忍耐、兴趣广泛、和蔼可亲、开朗活泼	脾气坏、无耐心、喜怒无常、独断专行、偏听偏信、不和善、忧郁
公正，了解和理解学生，并给予鼓励，办事有伸缩性、灵活性	不公正、不愿帮助学生、讽刺挖苦学生、顽固、言行霸道、不灵活、骄矜自负
言行稳定一致、有兴趣倾听学生意见、研究学生的问题、注意仪表、表率作用好	朝令夕改、言行不一、啰唆、外表讨厌、对学生的事情不感兴趣、无表率作用
有幽默感、教育教学方法多样、教学技能高、吸引学生、效果好	无幽默感、教育教学方法单一、不吸引学生、效果差

4. 热心教学，工作负责，用自己的行动感染和带动学生，进而提高教育教学的效能。任何一位教师，只要他（她）充满着对所从事的教育事业的热爱与执著追求，以满腔的热情投入到工作之中，他就会不断学习、不断实践、不断反思，就会在工作中认真负责并取得成效。就会"有所发现、有所发明、有所创造、有所前进"（毛泽东语）。这样的教师必定会受到学生的尊重、敬佩，使学生产生向上努力的信心，并由此形成恒久的学习热情，确立起自己的理想与追求。在教学实践中我们常常发现，热心教学，工作认真负责并卓有成效的教师，总是被他们的学生所感动，学生们也因为拥有这样

的教师而自豪、而兴奋,其良好的精神状态也常溢于言表,落实于学习生活之中。

5. 热心于学生的课外活动,并常常给予指导和帮助。一个只耕耘于三尺讲台而对学生的课余生活不感兴趣的教师是不会被学生喜爱的。教育是培育人的艺术,而人是这个世界上最富有情感的、最复杂的生灵。作为成长中的青少年,他们的心灵世界既单纯又丰富,他们既期望通过课堂学习获取所需的知识与技能,获取做人的真谛;同时他们又渴望校园生活更丰富多彩,充满生机与活力,渴望老师能组织他们到大自然中、到社会中去观察、去体验、去思考。其实,教育的功效也往往体现在那些看似平常的活动之中。一个热心投入学生课外活动的教师总是受到学生欢迎的:参与到学生的体育活动、小组实验、研究性学习、综合实践活动中,既给学生的活动出主意想办法,又虚心向他们学习,向实践学习,成为学生活动中平等的一员;同时又肩负起保护学生安全的责任。这样,既能使自己的工作更有效能,又能提高自己的专业化成长水平(见表二)。

表二　中国、日本、美国三国初中学生最喜欢的教师形象

国别＼项目	亲近学生、理解学生心情	待人平等作风民主	乐于交流宽容大度	幽默风趣	热心教育工作负责	热心课外活动、帮助学生
中国	79%	77%	59%	71%	76%	52%
日本	94%	92%	92%	54%	66%	57%
美国	95%	93%	93%	96%	83%	69%

总之,在课程改革的时代,教师要走进学生的心灵世界,就必须走进学生的活动空间,在与学生富于生活情趣的对话中了解学生的喜好与需求;在与学生交流、谈心中理解学生的心理;在平等、民主地对待每一位学生的理念中开展教育、教学活动;心胸开阔、幽默风趣;并以满腔激情投身于教学,投身于事业;积极主动地参加学生各种形式的课外活动,指导和帮助学生。这样,才能在师生

之间建立起平等和谐的关系,进而提高教育教学的效能,发展自己,提高自己的专业水平。

第四节 教师在新课程理念下的反思和超越

一、教师在新课程中的反思

(一)反思的功能与步骤

反思,是指人能够以自己及其行为为对象而进行的审视与思考。卡西尔说过:"认识自我乃是哲学探讨的最高目标。"所以,能够进行反思的人即可达到一种新的境界——一种思想的自觉或精神的自觉的哲学境界。勤于反思的人在反思中重新认识自我,能够获得思想的自觉,进而获得思想的自由和幸福。

反思是一种可贵的思维方式。在反思中生活,才是智慧的,充满进取乐趣的,具有思辨意味的生活。只有学会反思,一个人才能不断矫正错误,不断发展自我,在不懈的追求和探索中走向新的境界。

杜威认为,反思的主要步骤为:①形成一种产生思维活动的怀疑、犹豫、困惑、心灵困难的状态;②为了发现和解决这种怀疑,消除这种困惑而进行的探索、收集、探究的行为。反思的明确目的是消除困惑,解决问题,促进实践,增强合理性。反思需要良好的道德和坚强的意志,因为反思通常是自己在与自己较真,缺乏优良的道德和坚强的意志品质的人往往会畏难而退。

(二)怎样认识教师的反思

优秀的教师懂得从自己的经验出发,把教育教学工作作为一种开放的能够与自己的经验之间进行交往的过程,并且能够从本身的教育教学问题出发,进行研究与评估,从而提升自我的专业素质。教师不只是完成行政交付任务的技术执行者,而且应该是一个自觉的反思者。教师作为研究者就是对自己的教学抱开放的态度,在经常的"是什么？为什么？怎么样？怎么办？怎么会？何时会"的自我追问中改善自己的教学行为。使教师对自己的教学行为获得真实深刻的理解，作出更好的行为选择，继续进行自我学习，提高工作效能。

教师也需要在反思中成长。教师的教育反思，是指教师能够以学生学习的指导者，学生发展的促进者和学生做人成才的引导者的角色对自己的教育理念和教育教学行为进行经常性的审视与思考。人类从事的一切活动，最根本的和最终的目的都是为了人，而人的素质如何又关系到他所从事活动的是否正确，是否有效，是否优质高效。教师的工作就是培养人，这不像工人、农民的劳动是生产产品，产品生产出来，经检验会发现有废品，而教师的教育教学工作是不应该也不允许产生"废品"的。所以，教师素养的高低直接或间接地会影响着学生素质的形成，提高教师素质已成为新课程条件下的一个基本要求。而教师的教育反思能力，则必然成为每一位教师可持续发展所必备的素质之一。

新课程的实施，对教师的素质提出了前所未有的挑战，促使教师经常对自己的教育思想和教育教学行为进行反思。由于新课程具有许多不确定性，如：多元智力和多元价值取向决定了教学目标和结果的不确定性，个别化教学决定了教学对象的不确定性，学科的综合性决定了教学内容的不确定性……教学的这些多样性、变动性，决定了教师必须是个娴熟而高超的教育教学设计者、决策者、支配者、发展者和创造者。如果不是一个善于反思的教师，是绝难胜任的。

（三）教师如何进行教育反思

学会反思，应从以下几方面做起：

1. 常使自己处于"思维活动的怀疑、犹豫、困惑、心灵困难"的状态。教师是天生的思考者，也必定应该成为天生的质疑者、困惑者。在新的历史时期，教师以其所接受的传统的教育思想和教学理念去观察，去审视日益变化的客观现实，就必然会产生观念上的困惑，产生质疑：现在的教育怎么了？现在的学生为什么越来越难教？我为什么没有了教学的激情与内心的冲动？

有困惑，有犹豫，产生了心灵的困难，对一名有着强烈的使命感和事业心的教师而言是一件好事，它促使教师自己去学习新知识，认识新课程，走进新课程，在与同行、与学生的思想和教学行为交流中反省、改变、重塑自己。

例如，有的教师会思考，我的教学为什么越来越力不从心？学生为什么不愿上我的课？根源到底在哪里？具体表现是什么？是学生普遍厌学了吗？还是我自身的原因？为什么会有许多教师尤其是中青年教师会在现实中脱颖而出？自己有没有为改变现状作出力所能及的努力？怎样才能使自己执教的课堂充满师生的共同快乐与幸福？课程改革的本质是什么？新课程的理念有哪些？我该从什么地方进行课改？等等。这样的反思是一种主动积极的心态，是一种真正触及心灵并使自己持续发展，不断充实与提高的高层次的反思。

2. 为解决怀疑，消除困惑而在实践中进行探索。反思的目的是为了更好地改进教师自己的教学实践，优化课堂教学，提高教育教学质量。因此，实践为教师的教育反思提供了最佳的客观条件。

（1）勤读书、勤思考，在读书与思考中警醒自我

实施新课程，首先要转变观念，而转变观念的过程又是一个不断用新的教育教学理念代替旧的教育教学观念的痛苦的思想改造的过程。如果教师只满足于已有的甚至早已陈旧的学科知识与教育理论而不更新和充实自己的知识与思想宝库，不主动读书学习，就不知道当今教育观念的转变和教育形势的发展，也不知道自己的教学观念和行为落后陈旧到何种程度。只有把自己重新置身于学习化的环境之中，树立终身学习的理念，多读新书，读好书，才能发现自己的差距，警醒自我，使自己心里紧张起来，敞亮开来，在与优秀教师的对话中，在科学的教育理论之光照耀下反思自我、改变自我、提高自我。

（2）在审视自己的教学实践中反思与改变自我

每一位教师的教学生涯少则几年十几年，多则二三十年甚至更长，但有些教师工作几十年，天天备课、上课，如"时钟"般机械准时，学生送走一批又一批，却到头来自己的知识狭窄了，"教初中的老师变成了初中生"，"教材还是那本教材，教法还是那种教法"，很少反省自己，站在教学的"镜子"面前去审视自己，反思自己，很少考虑教学内容的重组，教学过程的优化，教学策略的变革，学生的兴趣和需要；很少对自己的教学行为进行记录与点评，也很少写教学札记，进行案例分析，建立学生学习和自己教学的档案；同时也很少给自己出难题，压担子，提出新目标，甚至极个别者把评上高级职称作为"让自己处于半退休状态"的终极追求……这样，日复一日，年复一年，依然故我，成了僵化的"教书匠"。教师只有勇于实践，积极审视自己，"跟自己过不去"，工作中不满足于已有的成绩，不断给自己出难题，提出新的奋斗目标，才能不断超越自己，完善自我。所以，天天反思，天天出新，天天有一个新自我，天天就会有新收获。

（3）在交流学习中反思与提高自我

①利用各种机会观摩名师、优秀教师上课，多看多听多参与一些青年教师的优质课竞赛活动，做好笔记，细心听取课后点评，并试着写下自己的体会、见解，写一点"教学随笔"。

②抓住机会，听取教育专题讲座、学术报告，并争取与专家学者进行面对面交流，让思想的火花在碰撞中闪烁。

③多与同行交流，热心于同年级、同学科的集体备课、说课、小组讨论、专题研究、研究示范课等活动，在交流活动中细心体会，积极思考，用心揣摩。

不论哪种交流形式，根本的都在于教师在过程中进行反思性思考，要做"有心人"，如细心观察，详细笔录，主动发言，真情感悟，反复推敲，寻找差距，博采众长等等，不断充实、更新和提高自我。

（4）在教育教学评价中反思与发展自我

教育教学评价包括多方面,如学校评价、同事评价、家长和学生评价等。无论哪种评价,都是对教师教育教学工作的一种反馈,有利于教师在教育教学"坐标"中找到自己的位置,能为教师的反思提供较为客观的信息。因此,教师应正确对待各种评价,将其看作是准确了解自身优势、不足和进步情况的大好机会,教师要善于分析自己进步和不足的各种原因,以获得成就感,增强自信,重新制定发展目标,促使自己在不断的反思中提高自我,发展自我,并将其转化为促进学生和学校共同发展的动力。

3. 以优良的道德素质和坚强的意志品质进行自我反思。新课程改革从理念到实践,从个体局部到全局,从教师到学生,从课堂到管理、到评价,都是全新的变革,都可能会遇到脱胎换骨的改造,都会遇到意想不到的困难和矛盾。其间,教师要承受各种压力和负担,要付出智慧和精力,要学习和掌握许多新的理念,抛弃许多旧的东西,甚至是那些多年积累的已经驾轻就熟的经验,会历尽各种坎坷、挫折、困惑和迷惘。但我们应当清醒地认识到,这场改革是中国教育发展的方向,是大势所趋。同时,传统课程中的教师只是渐燃渐消的蜡烛,是越磨越短的粉笔,是教师自我的迷失和本体的退化。而新课程带给教师的,是与学生一起发展成长,让师生的兴趣与向往、生活与理想、生命与创造在宽松自然的情境中得到焕发与张扬。因此,不管遇到多少艰难困苦,都要有良好的道德素质和坚强的意志品质,充满胜利的信心,自觉投身于新课改的实践中去反思与提高自己,发展自己。

因此,在新课程背景下,教师要勤于反思,善于反思,在反思自己中逐渐成长起来。

二、教师在新课程中的自我超越

有人把课堂教学中的师生关系划分出三种情形。具体表现为:第一种是"服从":借助制度管理课堂,上课枯燥无味,缺乏人格魅力(最低水平);第二种是"认同":有学识和人格魅力,语言生动,学生崇拜认同（不是最高水平）；第三种是"同化"：融合在一起，分不清师生，打破对教师的崇拜，超越创新（最高境界）。

清华大学附小的赵颖校长认为：教学要冲破以教材为中心，以课堂为中心，以教师为中心的樊篱，去超越教材、超越课堂、超越教师，把一个充满创新活力的课堂带入21世纪，让学生的学习焕发生命活力，让学生的学习充满成功气息，让学生的学习绽放智慧的花朵。

教师专业化成长离不开不断的学习和创新，离不开教学的实践与研究，离不开对自我的不断否定和超越。

在新课程中，教师的自我超越包括以下几个方面：

（一）用好教材又超越教材

任何作品一旦选入教材、走进课堂，它就不仅表现出本身所具有的文本价值，也赋予了重要的科学意义。这就要求老师必须从学科教学和个体持续发展的角度出发，创造性地处理和运用教学材料。这种处理和运用不能仅局限于文本的内容归纳、思路梳理和主题提炼，而应该着眼于个体对话意识的强化，语言感受力的增强和生活表达欲望的激发等方面。

所以，教师超越教材的过程就是让学生多角度、多渠道、全方位从书本中积累文化科学知识，间接获得情感体验、生活经验等人生涵养的过程，是"用教材教"而不是"教教材"的过程。教学中，既要把教材看成是一个"例子"，又要把它作为可以认真对待、正确运用的"好例子"。教师超越教材的过程有三个阶段：投入其中，钻研教材，这是立足教材又囿于教材的阶段，所以又是超越教材的初始阶段。在这一阶段里，教师很容易被教材内容所控制、所左右，是"趴在教材上""身在此书中"的阶段。此时，教师对教材的把握表现出"横看成岭侧成峰，远近高低各不同"的状况；第二个阶段是教师从对教材逐渐熟悉到娴熟于心的阶段。这时，教师开始注意分析和把握教材间的内在联系，逐渐摆脱教材内容的控制与左右，能够以具有个性的学术眼光去审视教材，教学中也开始表现出更多的个性化特征,是"从教材中站立起来"的阶段。此时,教师已能站在教材之上,从整体宏观的角度去审读教材,处于"会当凌绝顶,一览众山小"的境界;当教师能够以批判者的角色去审视教材内容体系时,就实现了对教材的真正超越。这时,教师是站在教材之外看教材,能从整体上把握并驾驭教材,教师宽广的知识面,解决问题的多种能力与经验使自己对教材的处理灵活机智,运用自如,并多有创新。这是一种很高的境界,是教师实现自我超越的境界。在这一阶段里,教师"可上九天揽月,可下五洋捉鳖",走入了教学的"自由王国"之中,并不断地发展着自我。

(二)立足课堂又超越课堂

新课程观认为,课程应该根植于现实、面向世界、面向未来,课堂应该是开放而富有创新活力的。因此,教师要站在时代发展的高度,在"大教育观"指导下,探求教育"整体大于部分之和"的系统效应,在教学实践中,开展丰富多彩、学生乐于投入的实践活动,引导学生用惊奇而智慧的双眼面对世界,去直面精彩纷呈的生活场景。

作为为学生生命奠基的教师,应时时提醒自己,给学生"一双慧眼吧,让他们把这个世界看得清清楚楚、明明白白、真真切切"。因此,超越课堂,在学生的生存空间里去寻找学习的元素,他们的生活活动、情感活动和心理活动等所具有的生命运动都是学习的过程,只有这样的学习才能使他们的身心得到健康的发展,才能为他们终身学习奠定坚实的基础。

教师超越课堂的过程就是用与时代精神相一致的价值观、人生观去引领学生思考问题,丰富人生经历的过程,是将复杂而精彩的社会生活引入课堂,使课堂走向开放,学生迈入生活的过程,是培养具有创新精神和创新能力的一代新人的光辉历程。

(三)让学生学习教师又超越教师

教师应引导学生超越自己,这实际上也是教师的一种自我超越,是时代赋予教师魅力的行为表现。教师自己应当成为不断学习、不断进步、不断创新的人，成为学生心目中一本百读不厌的大书；这一过程是学生超越了教师的搀扶和点化后学会质疑、学会批判，最终让教师自己成为学生学习伙伴的过程。

显然，超越教师的理念在提醒我们：教师和学生的真正关系应该是教学相长、双主（体）互动的关系。因为教师和学生作为生命的主体，共同生活在同一时代、同一空间，这种共时性、共进性决定了师生都是发展的主体。教师应该放下架子去与学生一起探求真理，发现真理，开创教师和学生平等对话的平台，与学生建立起交流互动的学习伙伴关系。在这样的环境中培养学生敢于超越教师的精神和能够超越教师的能力。

敢于让学生超越自己的教师是心胸开阔的教师，善于让学生超越自己的教师是具有慧眼与睿智的巨人般的教师，他让学生站在自己的肩膀上攀登。而那种一味地津津乐道于"经过几年的教育，学生们的气质、风格、习惯都越来越像我"的教师则应冷静思考：难道我们忘记了教育的目标之一就在于培养出"青出于蓝而胜于蓝"的学生吗？难道我们就只是希望自己培养的学生"长大后我就成了你"吗？

学生超越教师的过程，不仅是体验自己学习获得知识的过程，而且是师生思想碰撞和观点交锋的过程，也是学生独立思考、独立判断的过程，更是他们追求真实、探求真知、献身真理的过程。如果我们把陶行知的"先生最大快乐是培养出值得自己崇拜的学生"作为思考教育、追求事业的座右铭的话；如果学生把柏拉图的"吾爱吾师，吾更爱真理"作为思考未来、实践人生的金钥匙的话，这就是教育的真正进步，是人类真正的进步。

敢于超越自我的教师应该懂得：优秀的教师应以高尚的道德引领学生走向高尚，以渊博的知识促使学生博学，以创新的精神培养学生的创新意识，用健康的心理塑造学生心理的健康。

附：
案例一：

重复着，快乐着

阎　丽

又一年的春天到了，日子是一本没有终结的篇章。在这亩田里，我似乎重复地做着相同的事情：上课，下课，日复一日。但却上演着不同的故事。这种琐碎与快乐，只有自己明白。

重复着，积累着。学生和自己都在反复中成长着。刚工作不久，学校领导要来听课。我想，我该全力以赴上好这堂课，于是反复琢磨着教案，做好一切的准备。头脑里时常还排演着自己预定好的"剧情"。临到上课那天，心情说不上沉重，却也有点紧张。刚开始，一切都在计划中完美地进行着，可是上到中途的时候，调皮的孩子便坐不住了，我使了几个眼色后，他们依然不听招呼。心里真不是种滋味，计划真没变化快，心里嘀咕着，这节课泡汤了。这一想，这节课真的不算成功。下了课后，自己很是气恼，心想，准备了那么多，就是被这几个捣蛋鬼给搞砸了，便狠狠地批评了孩子们，孩子们被我说得哑口无言，心理好像舒服了些，但一定睛，看见了孩子无辜的眼神，心里也隐隐觉得不舒服。孩子们垂头丧气地走出课堂，待到放学的时候，体育老师对我说："今天，你们班好多孩子没精打采的，说是让阎老师生气了。"等到排队集合放学的时候，有的孩子一看到我便说："对不起，阎老师，我再也不让你生气了。"我不知道，我发火后的结局是这样。

教师的教与学生的学不可能分开，只顾自己教，不管学生如何学的教师不是有经验的老师。课堂是活的，是教师与学生互动的过程；知识是生成的，只有让知识真正成为学生自己的，才是最有价值和效率的；排练是毫无意义的，毕竟学生不是一面死板的镜子。

"我为什么要生气？"课后我问自己，无非是生自己的气。生气是自私的，学生快乐地学习比什么都重要，快乐的情绪，对他们的学习，对他们建立起学习数学的信心都非常重要。学生的不配合是自己教学的一种失败，而不是学生的过错，况且教学的策略也是可以调整的。对自己和学生的期望太高，可以把一个小点放得很大。而调整教学策略正是让自己上课成功的机会。

  在琐碎的工作里，有时会抱怨。殊不知，学生和自己的感情，在一天天里，渐渐增强。在用心工作的同时，自己也在收获一颗颗美好的童心。自己的情绪和才智无时无刻地都在影响着学生，学生的情绪和状态也在影响着自己。想起了一个学生说的："教室就是一辆快乐的列车，老师是驾驶员，学生是乘客。"这样天才的话，只有我的学生才说得出。是啊，课堂上下，我和我的学生一起成长。

  那堂课，我上得不怎么好。可是却让我度过了很有意义的一天，我知道其实得到了更多。它让我更了解自己，更了解自己的学生，也让我知道一个教师成功成就之所在，不是仅仅在一节课堂里，而是在每一天里，每一个课堂内外，是日积月累的成果。

  我期待每一天，虽然我似乎做着相同的事情。我知道，每一天都是新的，每一天都会上演不同的故事。教学故事没有终结，因为相同而不同，我痛并快乐着。

  （注：该文作者系成都市武侯区龙爪小学教师）

案例二：

记我的一次教学经历反思
——缘起"坑人"事件

  二年级上册《数学》（义务教育课程标准实验教科书新世纪版）中有关于概率的初步认识——"可能、一定"。大家都在研究如何上好这节课。有的研究课我觉得上得有点偏，主要偏在教学定位上。这节课的编写意图是让学生通过活动感受到有些事件的发生是可能的，有些事件的发生是一定的，也就是初步认识可能事件和确定事件，仅此而已。而有的老师上这节课的时候，把"可能性有大有小"和列举可能性的若干种情况都包括进来了。这主要是不太清楚教材的结构体系造成的。

我在上这节课的时候，先让孩子们从装有三个黄球和三个白球的盒子里摸出一球，让孩子们感受"可能"——可能是黄球也可能是白球。然后再让孩子们从装有六个黄球（没有白球）的盒子里摸出一球，让他们感受"一定"——一定是黄球，不可能是白球。但事先不告诉孩子们盒子里装的是什么球，而是——

师：刚才同学们摸球了，有趣吗？

众生：有趣。（声音不高）

师：现在还想摸吗？好，（拿出事先准备好的盒子）如果你摸出的是白球，将会得到这个奖品（出示奖品），一个很好玩的小东西。（学生的情绪一下子被调动起来，都举起了手，好多孩子竟站了起来）谁来摸呢？看谁坐得端正！

（我指名一男生到讲台前来摸球，孩子的手刚要从盒子里拿出来却被我按住）

师：他摸到的是什么球？

生1：黄球。

生2：是白球。

生3：可能是黄球。

师：他用上了"可能"这个词，真好！请你拿出来吧。

（男生将球拿出，是黄球，孩子们发出一片惋惜声。再指名一女生，又摸出了一个黄球，孩子们又是一片惋惜声。这时学生情绪高涨，争先恐后）

师：（再指名一女生）这一次摸到白球了吗？（停顿，让孩子们在脑子里猜测）好，请拿出来。

（她摸到的也是黄球，她自己笑了，同学们也笑了）

师：（再指名一男生）他能得到华老师的奖品吗？

（他拿出来的还是黄球，孩子们有些骚动）

师：还想摸吗？

（还是有不少孩子都举起了手）

师：有没有人有意见？有没有想法？

女生：我觉得这盒子里全部都是黄球。第一，你怕同学得到奖品在课上玩。第二，这奖品是买来的，你以后还要用。所以，我觉得这盒子里全部都是黄球。我肯定这一点了。

师：真的吗？那么想知道真实的情况是怎样的吗？

众生：想！

（我打开盒子，让学生看到了六个黄球，众生哗然。猜对的同学大喜。我将球一个一个拿出来，最后将盒子倒扣过来，孩子们都笑了。有一男生的声音："上当了！"）

师：上当了？是，这是华老师跟大家开了个玩笑，这个盒子里面装的都是黄球，可能摸出白球吗？

众生：不可能！

师：（板书：不可能）从这个盒子里面摸出一个球——

生1：百分之百是黄球！

生2：一定是黄球。

（我板书：一定）

接着，我又创编了一个看连环画、听故事的活动，让学生用上已形成的"可能"和"一定"来分析和判断。

出示连环画，画外音：一个公司老板急需招聘一些员工。于是，他就在公司的门口贴出了一张特别具有诱惑力的广告。上面写着："来我公司工作，工资高，每天你可能得到8枚金币。"这个广告贴出去之后好多人都看到了，它真是太具有诱惑力了。于是真的有很多人来大公司打工。大家辛辛苦苦干了一个月，该拿工资的时候，却发生了这样一件事——老板提着一袋金币过来，打工的人刚想拿，老板说："不许动！要想拿到金币，还得做一件事情——你们把它们抛起来掉在地上的时候全部正面朝上，你们才能把这袋金币拿走！"

打工的人能拿到这些金币吗?

接下来就让学生说想法。

……

男生:如果是和盒子里的球一样的话,那些人也只有一个答案,只有反面。因为我猜测金币两面都是反面。如果在盒子里的话,盒子里有两个字,你也能猜到。

师:让我来猜哪两个字?

男生:(点头)就在盒子里面,你自己应该能猜到。看是看不见,但你脑子里面应该能想到。

师:挺厉害的!盒子里的两个字是什么?

女生:(善意提醒)没有。

男生:(重重地说)坑人。

(全场哄堂大笑)

师:(放声大笑之后)对,华老师就是想让大家知道:刚才那个摸球游戏就是坑人的!

(全场掌声和会意的笑声)

……

上完这节课,我深深地为孩子们积极的参与、独特的体验、大胆的表达而高兴。新课程下的孩子们真是了不得!

反思与再实践:为什么她说"肯定"

那个女孩固然判断出了盒子里都是黄球,但她是从前四位同学摸出的球的情况来判断的吗?不得而知。因为从她的解释来看,却是另一个判断过程:"我觉得这盒子里全部都是黄球。第一,你怕同学得到奖品在课上玩。第二,这奖品是买来的,你以后还要用。所以,我觉得这盒子里全部都是黄球。我肯定这一点了。"或许,这位女孩的思维是两者兼而有之,但她表达出来的却是来自她课堂生活积淀的合情推理,并不是根据摸出的球的情况而做出的"可能"猜想。

她为什么会这么说呢？

新课程实施以来，有一股非常好的潮流，就是我们数学课堂尽可能地和孩子的生活接近，取材于孩子们的生活，既调动了他们的学习积极性，又让他们体验到数学的价值。但是，有的老师为了让学生围着自己转，许诺奖给学生卡通玩具；有的老师让学生运用所学的知识为老师、为学校、为市长"排忧解难"、"出谋划策"……然而，"图穷匕首见"，忘了兑现，不予兑现，不可兑现。这样，学生们积淀下何种情感呢？我曾在一个礼堂听过这样一节"设计方案"的课——在课的最后一个环节，老师说："我们刚才是坐车来的，现在我们一起来设计一个坐车回去的方案，大车最多坐几个人，中巴车最多坐几个人，小车最多坐几个人。"学生们设计得很好，老师的组织和引导也很好。临下课前，大家评议出了一个最佳方案。下课了，我跟在学生们后面一起下了楼。结果看到的是上课的学生和讲课的老师挤上了一辆大巴车。

我们的一堂课犹如一场足球赛。要有绝妙的攻防方案、流畅的传切配合，更要有踢好"临门一脚"的意识和功夫！

回味"坑人"二字

"有奖摸球"是有意设计的。设计的意图：一是调动孩子们参与的积极性，摸到白球有奖，孩子们会更来劲；二是孩子已经形成了"可能"的概念，那么他想自己摸到白球的愿望会更强烈，未能如愿，就会迫使他作出猜测。原先摸到白球的愿望越强烈，后面"从这样一个盒子里摸出来一定是黄球"的体验也就越深；三是促进孩子的社会化。西安的"宝马车案"不就是这样的吗？街头摊贩就常有这样的把戏。

不过，我没想到学生会诘问出如此激烈的"坑人"二字。小学生，特别是低年级的孩子对老师非常敬佩，他们觉得老师特别高大。可是今天的这个活动做完以后，他们觉得"上老师当了"，他们觉得老师在"坑人"。这样对于教师形象的负面影响是很大的。亲其师才能信其道，怎么解决这个问题呢？

如果没有奖，就没有这样的问题，学生是不会说老师"坑"人的。但没有奖又怎样让学生参与兴致高呢？后来想到：摸出一个黄球，就不放进去，然后再去摸的时候，摸到白球的愿望也就会越来越强烈。但我后来再想：这样的设计不好，它和后面将讲到的统计概率的游戏规则相冲突。摸球这类游戏的规则是摸出来还要放回去才能再摸。不放回去，样本就不一样了。

我还是不想把"有奖"去掉，那怎么办呢？

想了两天以后，我儿子的一句话启发了我。我到学校后面的小商店里拍了一张相片，小商店的货架上是琳琅满目的商品。开始上课时，有意不穿外套。到了"有奖摸球"前，我穿上外套，投影那张相片。然后说："我是这个商店的老板，你看我这里有吃的，有喝的，有玩的，还能摸球得奖呢！"然后，组织学生摸球……当孩子们情绪开始激愤、有意见、要说"坑人"的时候，我把外套脱了。"同学们，老师来了，你们有什么话想说？"相当于一次采访，让学生谈感受。一件外套，将老师保护了起来，还这类游戏的本来面目。

第二次上这节课时，我这样做了，真有效，没有学生再说"上老师当了"。为什么这么有效呢？这就是一种角色扮演。有没有这种角色的扮演，效果就是不一样。正像我们讲"方向和路线"的时候，会设计问路的情景一样。如果老师一边问话一边做打电话的动作，那一下子就把学生带入一个打电话问路的情景。有做打电话的动作，你就是一个问路人；而没有做打电话的动作，你就是一个老师。

有时候一件小小的道具，一个小小的手法的作用是挺神奇的。

后来我又想：还有没有更好的办法？有道是"没有最好只有更好"。不久想到一个办法：把两次摸球的先后次序颠倒一下，还是有奖，先摸六个黄球，再摸三个黄球三个白球。先摸六个黄球，当孩子感觉"没有白球"、"上当了"的时候，老师有一个很好的解释就是："对不起，老师拿错盒子了。"不是老师有意而是老师的疏忽。分析、揭示"一定"之后，接着再来摸三个黄球三个白球，感受

"可能"，真把奖品奖出去。

"大道至简。开始怎么没有想到呢？"先后次序的调整，往往就会别有洞天。

第三次讲这节课，我尝试了新的设计，效果却不好！

这是怎么回事呢？我想最主要的原因就是次序调整后，孩子们没有先摸装有三个黄球和三个白球的盒子，还没有形成"可能"的概念，摸一个球出来会是什么结果呢？学生心中是无数的。同时，事先没法交代盒中球的情况，真有点"盲人骑瞎马"的味道。所以这样设计的教学效果就不好。

看来还是要先摸三个黄球三个白球，再摸六个黄球。摸六个黄球有奖但不可能得到，如果后面能再设计一个活动，让学生有可能得到这个奖品就好了。我在思索……

顾盼四幅连环画

回头看看创编的看连环画听故事，挺欣慰。那是费了两天的工夫才编成的，可以达到多个目的：尝试课程标准中提出的改变题目呈现方式；让学生在饶有兴趣的情景下，运用"可能、一定"来进行分析、判断；在富有挑战性的情景中，积累应对智慧。

再细想，觉得这个故事也有不妙的地方。金币落到地上有没有可能全都不正面朝上？从理论上说应该是有的，只是可能性太小了。这个微乎其微的可能性，能让二年级的学生来认识吗？

有一天，看中央电视台的《今日说法》，突然悟出撒贝宁讲的故事可以"拿来"一用。于是，我将录像剪成两段。

撒贝宁：古代有一个将军打了败仗，他和他的手下被敌军追到河边，走投无路的时候，将军决定拼死一战，但是手下的人都觉得凶多吉少，将军拿出一枚铜钱说："如果抛出去是正面，那么我们就必定胜利；如果抛出去是反面，你们就跟着我投河自尽。"

故事播放到这里，挺悲壮的。然后组织小学生发表感想：铜钱落到地上可能正面朝上，也可能反面朝上；将士们可能胜利，也可能投河自尽。

撒贝宁：结果铜币抛出来是正面，士气大振，他们把敌军杀得片甲不留。最后，将军拿出铜钱给大家一看，两面都是正面。

再让孩子在笑声中分析：如果两面都是正面，那会怎么样？一定是正面。

这样，用一个现成的故事，把"可能""一定"很好地串起来。

感悟：教学的生命力在于"刷新"

面对变化不定的课堂，面对课堂上发生的教学事件，当我们以经验的方式无法化解的时候，就需要通过反思来提升我们的教育智慧。同时，反思教学会使我们从"日常教学"中觉醒过来。叶澜教授说，一个教师写一辈子教案不一定成为名师，如果一个教师写三年的反思，有可能成为名师。有学者指出：对教师而言，能否以"反思教学"的方式化解教学中发生的教学事件，这是判别教师专业化程度的一个标志。不断地反思，我们的教育智慧也随之不断增长。

反思之后当以再实践来检验。实践才是检验真理的唯一标准。再实践以后再反思：为什么有的方法是行的，有的方法是行不通的，再寻求新的解决方法。在这样的循环往复中，就可以提升我们的专业素养。

反思之后要学习。孔子曰："学而不思则罔，思而不学则殆。"思而后学，学得更有效，思得更深刻。捧读专著是学，请教同仁是学，观天赏花看电视也是学。

实践、反思、学习应当是一个不间断的循环，是相互融合的。正如《中庸》所言："博学之，审问之，慎思之，明辨之，笃行之。有弗学，学之弗能弗措也；有弗问，问之弗知弗措也；有弗思，思之弗得弗措也；有弗辨，辨之弗明弗措也，有弗行，行之弗笃弗措也。人一能之，己百之；人十能之，己千之。果能此道矣，虽愚必明，虽柔必强。"

新课程要求我们教师具备的不只是操作技能技巧，还要有直面新情况，分析新问题，解决新矛盾的本领和在更高的起点上不断实现自我超越的精神。我们教学的生命力不是"复制"而是"刷新"。

（选自《人民教育》2004年第22期，作者华应龙，系北京第二实验小学教师）

资料一：

好教师的十二种素质

美国《时代》刊登的《好教师的十二种素质》一文，是保罗韦地博士在收集了九万个学生关于他们心目中喜欢怎样的教师的想法之后而写出来的。这好教师的十二种素质是：

1. 友善的态度——"她的课堂有如一个大家庭，我再也不怕上学了。"

2. 会尊重课堂上每一个人——"她不会把你在他人面前像猴子般戏弄。"

3. 耐性——"她绝不会放弃而直至你能做到为止。"

4. 兴趣广泛——"她带我们到课堂以外，并帮助我们去把所学到的知识用于生活。"

5. 良好的仪表——"她的语调和笑容使我很舒畅。"

6. 公正——"她会给予你应得到的，没有丝毫偏差。"

7. 幽默感——"她每天会带来少许的欢乐，使课堂不致单调。"

8. 良好的品性——"我相信她与其他人一样会发脾气，不过我从未见过。"

9. 对个人的关注——"她会帮助我去认识自己，我的进步赖于她，使我得到松弛。"

10. 伸缩性——"当她发觉自己有错，她会说出来，并会尝试其他方法。"

11. 宽容——"她装作不知道我的愚蠢，将来也是这样。"

12. 颇有方法——"忽然间，我能顺利念完我的课本，我竟然没有察觉这是因为她的指导。"

（《文汇报》1986年8月21日）

资料二：

教师必须具备的十一种能力

苏联C.涅德巴耶娃在《教师必须具备哪些才能》一文中，提出教师应具有以下十一种能力：

1. 教师必须对自己的工作有兴趣，这是教师工作取得成绩最根本的一个条件。

2. 教师工作最需要的一种能力——能根据儿童的年龄，条理清楚、明白易懂地给儿童传授知识。

3. 教师的工作主要靠语言。口齿要清楚，讲课时能用各种不同的声调表达，要有口才。

4. 教师需要有观察力，能够了解学生的个性和他们的情况，能及时判断出学生的情绪，观察到学生的内心活动。

5. 教师必须具有感召力，这种感召力主要取决于教师的毅力和对自己学生未来的责任感。要善于直接通过情感和意志来影响学生。

6. 教师的交际能力——是指教师善于同整个集体和学生建立正确的相互关系。这包括教师的机智，即应变能力。

7. 教师的组织才能，即善于组织学生集体，团结他们，指导他们的活动，维持班级的纪律。同时，教师还要善于正确组织个人的活动，注意自己的一举一动。

8. 教师必须具有的个性品质中，首先是忍耐力和自制力，并要善于控制自己的感情和情绪。

9. 教师的业务能力，是指教师对所教这门学科知识的掌握情况，具体来说就是，教师在本门学科领域里掌握的知识是否渊博，眼界是否开阔，是否努力完善自己的这门知识。

10. 教师还要有教学的想像力——这是指教师能预计到自己工作的效果，能想像到将要采取什么办法才能从学生身上收到效果，能估计到学生品质的发展和学生个性的形成。

11. 教师还要具备一种重要的能力——善于分配自己的精力，做到照顾周全。

（《外国教育资料》1982年第6期）

第三章

课堂：让学生学习的方式更科学

教育部颁布的《基础教育课程改革纲要（试行）》中提出，要"改变课程实施过于强调接受学习、死记硬背、机械训练的现状，倡导学生主动参与、乐于探究、勤于动手，培养学生搜集和处理信息的能力、获取新知识的能力、分析和解决问题的能力以及交流与合作的能力"。新课程理念是在不否定接受学习的前提下，大力倡导在课堂教学中开展学生的自主学习、合作学习和探究性学习，并将这三种学习方式有机统一，与接受学习一起，构成完整的课堂学习方式，灵活运用以彰显在新课程理念下中小学课堂教学的生机与活力，促进学生在课堂学习中的健康成长与全面发展。

第一节 深刻领会新课程理念下的学习方式

学习方式较之学习方法是更为上位的东西。它不仅包括学习方法、学习策略、学习手段等方法、技术层面的外在表现，而且还包括学习态度、学习状态、学习品质等智慧、性格层面的内在品质。在这里，新课程更强调内在的品质，强调一种态度，一种精神，一种品质，这些东西是必须着重强调和倍加关照的。

一、学习方式转变的基本含义

我们现在提到的学习方式转变有两个方面的基本含义：一是由单一性转向多样性，学习方式转变绝不意味着用一种方式代替另一种方式，例如，不是要用自主学习代替指导学习，用合作学习代替个体学习，用探究学习代替接受学习，而是强调由单一性转向多样性，由片面学习转向全面学习，由狭义学习转向广义学习，让学生在读中学、玩中学、做中学、游中学、听中学、思中学、合作中学……让学生了解和掌握更多的学习方式，让身体更多的器官参与学习，从而获得学习中的乐趣与全面和谐的发展。另一个方面是提升学习品质和精神。不同学习方式不可比，但同一种学习方式有优劣。学习方式转变意味着完善每一种学习方式，提升每一种学习方式的内在品质。比如，学生在听的时候，边听边思考，边质疑，很专注地听，而不是机械地听，不假思索、被动地接受，老师讲什么记什么。探究也不是随意的、走马观花的，而是一种仔细的观察，从不同角度旁敲侧击，深入思考。也就是说，学生在探究的时候就像真正在探究，不在多而在于精；合作的时候是真正在交锋，在生成，在互动；自主的时候就是自己在独立地思考，像数学家一样在阅读数学，思考数学。总之，要着眼于提升每一种学习的品质。

二、新课程凸显自主、合作、探究性学习方式的原因

原因之一（针对性）：在教与学的关系上，传统教学过分强调教，以教为中心，以教为基础，冷落、淡化、忽视学，学的自主性丧失了，萎缩了，学生越来越不爱学，越来越不会学。基于此，新课程提倡和强调自主学习。在学与学的关系上，传统教学过分强调

和利用竞争机制，从而造成了同学之间的隔阂、排斥，形成了利己损人的不和谐的人际关系，不但影响了学习本身，而且妨碍了学生人格的健全发展。基于此，新课程提倡和强调合作学习。在接受与探究的关系上，传统教学过分突出和强调接受与掌握，冷落和贬低发现与探究，使学生学习书本知识变成了仅仅是直接接受书本知识（死记硬背为典型），学生学习纯粹成了被动接受、记忆的过程。这种学习窒息人的思维和智力，摧残人的学习兴趣和热情。它不仅不能促进学生的发展，反而成为学生发展的阻力。基于此，新课程倡导和凸显探究学习。

原因之二（时代性）：自主学习强调学习的主动性、独立性、自控性（规划性），有助于弘扬人的主体性和自主精神；合作学习强调学习的交往性、互动性、分享性，有助于培养学生合作的精神、团队的意识和集体的观念；探究学习强调学习的问题性、过程性、开放性，有助于形成学生内在的学习动机、批判的思维品质和思考问题的习惯。自主、合作、探究学习体现了时代精神，有助于培养时代所需要的人的品质和素质。正因为如此，新课程倡导和凸显自主、合作、探究。

三、新学习方式的实质与理念追求

教师不能把自主、合作、探究性学习方式理解为外在的东西。也就是说，不能把关注的焦点放在学习方式的具体方法等外在表现上，那样会有很大的局限性。

比如，老师在讲台上讲授，这并不是说，学生就没有进行独立的思考。学生自己在看书，也并不等于学生就真正自主学习了。有的时候，内在的实质和外在的表现并不一致。

再比如，我是老师，我请学生起来回答问题，学生回答得特别精彩，特别棒，这同时也是在培养其他学生认真倾听、欣赏、接纳回答者，发现他（她）回答问题的闪光点，从而向他（她）学习（观察学习），这本身就是一个很好的合作学习（互相学习），是最本质意义上的合作学习。合作学习最重要的就是培养学生学会倾听、学会观察，学会尊重，学会欣赏，学会共享，学会助人，有与人交往交流、合作的愿望，这是核心的、根本的。有了这种理念，即便在大班额教学中也可以开展合作学习。当然，为了使合作学习更有效，在实践中，老师可能会觉得需要对学生进行分组。比如，让学生四人一个小组开展合作学习，这样学生的交往会更丰富，交流的面更广，表达的机会更多，对学生的促进也就会更大。这个时候，四人小组就会成为很好的合作方式了。如果缺乏对合作学习精神实质的把握以及对开展小组合作学习的需要，硬性规定要四人小组开展合作学习，这种合作学习就未必有什么效果。自主学习、探究学习，道理也一样。

一旦对教育理念理解不深入、不透彻，就会出现表面化、形式化、绝对化的倾向。如果老师理解为在新课程的课堂上只能用自主、合作、探究，至少在公开课的时候是这样的，这就绝对化了。

无论采用什么方式，我们都要理解它背后的精神实质和理念追求。

四、新学习方式下教师的作用

很多老师上课的时候不敢讲，以为提倡自主、合作、探究，老师就应当尽量"退居二线"。其实，教师的理念要高，但切入点要低，使精神有一个落脚点。学生读书，谁也不是天生就会，所以必须要老师来教。但是老师在教的时候应该有一个意识，我是在培养他学会读书。这就不一样。什么是探究学习？为什么课本上的这个问题本身就没有定论，只是作者的一种看法和见解？这些都需要老师的引导和示范。合作学习也是一样。什么是探究？为什么我想的和你想的不一样？原来每个人都有不同的想法，有个性，所以这种交流就显得很有价值、很有意义。而这些都是由原始起步的。这个过程离不开教师的帮助。当然，我们不能泛泛地来谈教师的主导作用。老师的作用在不同的阶段表现的形式不一样。从量上来讲，在起始阶段老师的指导要多一些，在随后的教学过程中，指导的量是在不断减少的。无论是老师的指导、讲授，还是老师与学生的互动，从质的角度来讲都不能削弱。

比如自主学习，为什么教师的作用不能减呢？因为自主学习是没有上限的，并且在不同的领域是有程度差异的。学生在小学能自主学习，到初中就一定能自主学习吗？某个学生在语文学习方面自主了，但他（她）在数学学习方面就一定自主了吗？所以，不同阶段有不同阶段的自主、合作、探究。从教学本身来说，没有一个阶段可以完全脱离老师的教、老师的引导、老师的帮助。

现在对"教"有个定义，就是"促进者"。虽然教师在教，甚至在手把手地教，但是他（她）的着眼点、立足点是促进学生学，而不是控制他——你只能按照老师讲的学，你只能学老师教的东西，老师教的东西是没有错的。这种控制就会使他丧失了智慧和能力。他虽然一次从你手中获得一条鱼，但却丧失了捕鱼的能力。因为你"授之以鱼"而没有"授之以渔"。现在是促进，虽然我现在是手把手地教学生，但我的着眼点是为了不手把手地教，在这个方面，学生下次可以自己解决，甚至可以根据老师的方法举一反三。所以，这是一个辩证的过程。新课程把教师看作是学生学习的"促进者"，一切立足于促进。

"促进"包括讲授，包括指导，促进者包含很多角色。在传统教学中，小学、中学、大学甚至研究生阶段，教师仍在一样地教学生，学生一步也不能离开老师，这实际上就不是一个促进者，虽然你也在启发，但从内在的角度来看，却是一种控制。传统中，很多优质课表面上都是启发，实际上却是控制，一种"请君入瓮"式的控制。我们现在是要从"控制者"变成"促进者"，同样是在讲授，但立意不同。

对于教师的作用，不能机械地理解。任何时候，不管哪个国家、哪个阶段的教育，哪一次的课程改革，教师的作用都不是削弱的，而是加强的问题。以前，教师备课的时候，是在琢磨我怎么讲，能讲得漂亮，讲得到位，学生能听得懂；现在教师们需要琢磨的是，学生是怎么学的，为了让学生学得更多、更好，更会学，更乐学，我该怎么办？着眼点不一样。教师从一个讲授者、精神的控制者变成学生学习的促进者，角色不一样，但绝不意味着教师的作用下降了。小学一年级的老师作用大，还是博导作用大？没有小学一年级的"质"，哪有博士时候的"质"？教师的作用要朝着促进学生发展、帮助学生学会学习的方向转变。

五、灵活运用新课程的学习方式

无论是校长、教研员，还是身处教学第一线的教师，都不能把新课程倡导的学习方式仅仅理解为自主、合作、探究，片面地认为没有它们的课堂就不是新课程的课堂。其实，任何事物的发展都是一种"扬弃"，是批判与继承、继承与创新的统一，新课程背景下的学习方式也不例外，它有创新，也有继承。我们要改变的是过于强调接受学习，死记硬背，机械训练的现状，但这并不意味着要完全放弃和全盘否定接受性学习。接受性学习现在和将来都会有存在的价值和意义。

以听讲、记忆、模仿、练习等为特征的接受学习，其主要作用在于引导学生在尽可能短的时间内获得尽可能多的知识和技能，它并不必然导致学习过程的机械与枯燥。在中小学课程中，有许多陈述性的、事实性的知识，运用接受学习的方式更为有效。

但接受学习有其自身的不足与缺点，它的学习内容是以定论的形式直接呈现出来的，学生是知识的接受者。这就意味着，接受学习有其强调接受和掌握的被动的一面。若长期的过于强调单一的接受学习，其结果必然导致人的主体性、能动性、独立性的不断消失，冷落和忽视发现与探究。而且，对学生来说，长时间的,持续六年、九年甚至12年的学校生活，如果主要以听讲、记忆、模仿、练习等方式学习的话，就会使他们的青春年华失去光彩，没有了探寻的欢乐，教育者乃至国家就不可能指望他们在走向成年后，能够独立思考，富有个性，充满自信和勇于创新，并且具有强烈的社会责任感。正是如此思考问题，课程专家们才大声疾呼：为了中华民族的复兴，为了每个孩子的成长，课程改革迫在眉睫。

新课程也正是致力于改变接受学习的不足所造成的不良状态，提出学生课堂学习方式的改变，其目的就在于引导学生理解知识的意义，发展创造性，形成积极主动的学习态度和正确的价值观，把自主、合作、探究这些对人的成长很重要，但曾经被忽视的东西凸显出来，变成教师教学的自觉追求，使学生的学习过程更多地成为学生发现问题、提出问题、分析问题和解决问题的过程。

而自主、探究、合作交流等亲身体验的学习，能够更大限度地调动学生学习的主动性、积极性，更能激发学生的内在学习动力（内驱力），更能培养学生的创新精神和实践能力。大力倡导这样的新的学习方式，是现实的要求和未来发展的需要。即使是采用接受学习方式，也要尽力把这样的学习变得有价值、有意义。新课程就是要创造性地继承传统的学习方式，并发扬光大。所以，从这个角度去讲，新课程倡导的学习方式与以前相比较，就更加的丰富，富有活力。

在课堂教学的实践中，教师要善于根据自己所教学科和该学科不同的教学内容，灵活运用适当的教学方法，从而影响、引导或决定学生的学习方法。一般而言，陈述性的、事实性的知识，可以让学生运用接受的方式进行学习。一些公式、定理、符号，有的是在理解运用的过程中记住它们，有的则是必须要"这样"，而不能作其他表述的。比如，符号"＋"怎么写，你可以让学生先做一道题"3加5等于多少，结果如何表示？"学生可能会用各种符号来表达，但是教师最后还是要告诉学生，我们约定俗成，这是人类的文化遗产，如果你不这样写，你就不能与别人进行交流。

但是，即便运用原来的方式让学生进行接受学习，也不要那样地机械、那么地消极，尤其不要做过量的训练，要尽量减少它的负面影响，避免挫伤、损害学生的好奇心和探究欲望。教师应善于营造一个安全、宽松的课堂学习氛围,师生平等、民主地进行对话,让学生在愉悦、积极的心态中接受新知识。这种状态的出现,意味着新课程所倡导的现代学校文化的"生根"。

每门课程都有一些关键知识、核心概念、规律和原理,教师必须引导学生通过动手实践、主动探究、交流合作的方式,亲身经历知识的发生发展过程,引导学生在获得知识的过程中学会学习,独立思考和与人合作。

总之,新课程所倡导的学习方式并不排斥和否定早已被实践证明是行之有效的传统学习方式,而是在批判中继承和发展,是对传统学习方式的"扬弃"。同时自主学习、合作学习、探究性学习三者又是相互统一、渗透运用的,切不可将其割裂开来,机械搬用,甚至在课堂上分环节实施。只有将传统的、优良的教学方式与新课程所倡导的学习方式相结合,将新课程的三种学习方式与传统学习方式有机整合,自然渗透于课堂教学之中,才有可能创设出一种和谐民主的教学氛围,也才有可能真正使学生习有所得,提高课堂学习效益。

第二节 正确把握学生自主学习的内涵

一、自主学习的基本内涵:我是学习的主人

自主学习不是没有他人引领的独自摸索。儿童天生具有好奇心和探究精神,所以,他们是天生的学习者。课堂教学中,教师的指导和激励,是学生自主学习的重要条件。在新课程条件下,要正确认识学生自主学习的内涵。

我们所说的自主学习是一个与他主学习相对立的概念,是对学习本质的概括。

他主,就是他人作主,他人(往往是教师)指导,老师牵着鼻子走,学生亦步亦趋地跟着老师学,老师是学生学习的主人,学什

么，怎么学，时间怎么安排，第一段看什么，第二段看什么，碰到问题怎么思考，都由老师作主，老师说了算，这就是他主学习，学生没有自主性。但是学习还是学生自己在进行，他的经验和积累、变化，还是他自己的，只是需要在别人的引导、规划下实现这一点。

自主学习就是自己作为学习的主人：学习是我的事情，我能够学，我尽量自己学；不懂的，不会的，我在同学的帮助下，在老师的引导下再思考。

一位朋友曾对我谈起她的儿子，脸上充满了自豪的神情："我感到自己培养儿子最成功的一点，就是从小就让他明白，学习是你自己的事情，老师也好，爸爸也好，妈妈也好，所有的人都只是帮助你，而不可能代替你。正因为如此，儿子的学习很自觉，独立判断与决定的意识很强，主动性也很强。"

二、自主学习的基本特征：主动性

什么是主动性？不是教师要我学我才学，家长要我学我才学，而是我需要学，学习是我发自内心的一种内在需求。

主动性是怎么来的？

一个是兴趣。怎么培养兴趣？新课程提供了很多平台，创造了很多条件，比如教材强调生活性，科学探究的都是与学生有关的东西——我吃的食物原来有这么多"玩意儿"，数学就是我天天在生活中比如买笔、书、食品和衣服等都会遇到的问题。教学内容和学生的生活相关联，和他们的经验相整合，就容易激发学生的学习兴趣，还有就是要让学生有成就感、满足感，新教材砍掉繁、难、偏、旧的内容，就是让学生容易学会，有成就感、有自信，这样才有可能激发他们的兴趣。

另一个是责任。并不是每一项学习内容都能让学生马上有兴趣或能成功的，也不是马上就能看到每个知识点在生活中的作用、价值，但是这个学习对充实自己、提高自己，对我的将来、我的家庭，对国家、对科学都有价值，有意义。这样就不能说兴趣高于一切，还要有责任感。学习是我自己的事情，现在不好好学习，将来怎么对我的父母负责，怎么对他人、对社会负责？所以，学习也是一种责任，一种主动承担的精神和态度。

所以，要让学生从"要我学"转变为自我内在需求的"我要学"，第一，要以兴趣为主，第二，把责任感培养起来。起始年级主要是培养学生的兴趣，但是越往后责任感应该越来越强。如何培养责任感？这不是一朝一夕之事，对于教师来说，不是告诉学生你要有责任感，而是不断地把知识与他的生活、他的成长、他的未来建立起联系。当然，兴趣和责任感也是相辅相成的关系，两者是可以相互转化的。

三、自主学习的核心品质：独立性

如果说主动性表现为我要学，那么独立性则表现为我能学。因此很重要的就是要让学生有自主学习的能力。但我能学是要有过程的。

当我们进入一个新的领域时，如果有个老师引领一下，这个时候我们老老实实、规规矩矩跟着老师学，这就是刚才说的"他主"、依赖，有的时候甚至完全依赖他人。这样可以少走很多弯路，所以这个过程是不可以缺少的。然后在这个基础上一步一步走向独立。比如一二年级，由于身体、心理、认识上的原因，儿童主要或更多地依赖老师，到了三年级、四年级，有了一点独立性，他（她）的经验增加了，思考增强了，依赖性就越来越少，独立性越来越多。到了初中就相对独立，到了高中就基本独立，到了大学就完全独立。这个是从大的教学过程来讲的。

从小的过程来讲，比如任何一门功课的学习，也是这样。

所以，学习是从依赖走向独立的过程。如何理解这里所说的"独立性"？教学论专家江山野是这样论述的：首先，每个学生都是一个独立的人，学习是学生自己的事情，这是教师不能代替也是代替不了的，我们只能让他们自己读书，自己感受事物，自己观察、分析、思考，以让他们自己明白事理，自己掌握知识；其次，教师要想使学生接受自己的教导，首先就要把学生当作不以自己的意志为转移的客观存在，当作具有独立性的人来看待，使自己的教育教学适应他们的实际情况和思想认识的发展规律；再次，每个学生都有独立的要求，他们在学校的学习过程同时也是一个争取独立和日益独立的过程；最后，每个学生（当然不包括一些有特殊原因的学生），都有相当强的独立学习能力。总而言之，独立性是客观存在的，是学生普遍具有的一种根本特性，也是自主学习的灵魂。

四、自主与他主的不同点

简单地说，就是着眼点和立足点不一样，新课改着眼和立足于独立来强调依赖。

例如：读书，学会学习，这个过程必须要有。自主学习不是一下子就让学生自己学。学生从他主学习到自主学习要有个过程，通过这个过程，教师慢慢地把方法教给了学生，教是为了不教。由教到学要有个过程，这个过程是不可缺少的，老师要充分发挥引导和示范作用，但不要成为一种专制。

但是，现在有许多老师不注重这个过程，没有着眼于独立而强调依赖，尤其喜欢"抱着"学生走路，结果学生也就无法真正地从他主走向自主。

从教师主导到学生主体，教师的作用不是弱化而是加强了，这对教师自身的素养是一个很大的挑战。一个不会自学的老师绝不可能培养出学生自学的能力。

因此，培养学生自主学习，从教师方面的阻碍来看，就是教师读书、自学、研究的体验太少，这是个非常重大的缺陷。试想：一个很少自己看书，很少自己搞学问，很少自学的老师，对自学的坚定不移的理念会有多少认同呢？会坚定不移推行自主学习吗？会有耐心吗？他（她）可能做两下子就回头了。

解决的办法就是：教师自己要不断读书，不断自学，不断反思，不断开展研究,提高自己的研究能力,起码要有自学和反思的能力和习惯。而这所有的提高与改变,又都必须与自己的工作实际紧密地结合起来。

第三节 正确认识和指导学生的合作学习

目前,我国中小学课堂教学的特点之一是"大班额"。班级中的学生人数通常都在40~50人以上,有的学校一个班甚至有60~70人之多。在如此班级规模的情况下,"秧田式"的课堂排座方式就成了中小学最为普遍的课堂管理设计。这种"大班额"既是一种教学组织形式,同时又包含着我们习以为常、驾轻就熟的"常规课堂教学模式"。这种模式的显著特征是:分科教学,强调各学科教学的系统性和学生对学科内容的掌握,学生水平统一,教学要求"一刀切"等等。在这样的条件下开展合作学习,必然产生很大的困难,但并非无所作为。

一、充分认识合作学习的价值内涵

一提到合作学习,许多教师想到的就是小组讨论,所能做的就是在一节课里挤出几分钟时间让学生匆忙分组讨论,实际上这只是一种外在的"合作"假象,是"有合作之形、无合作之实"的现象。

作为一种学习方式,合作学习有别于传统教学中的双边互动,它强调课堂教学中的多边互动,不仅要求教师对整个课堂教学设计进行整体把握,分配学习任务,控制教学进程,同时要求教师关注与学生的交流互动,注重学生之间的相互启发,相互帮助。简言之,即:关注师生互动,生生互动。作为一种学习方式,也可将合作学习定义为:学生在团队中为了完成共同的任务,有明确责任分工的互助学习。合作学习有助于促进师生之间的理解与沟通,增强集体荣誉感,有助于调动学生学习的积极性和主动性,提高解决问题的能力;有助于学生形成健康的竞争意识与合作意识,增进友谊;有助于形成学生亲社会的行为。

合作学习的实质是什么?合作学习相对于单个人的独立学习而言,是一种学习者的群体思维活动,它既是一种学习的方式,更是一种生活的方式、生活的态度,是一种文化、一种精神。今天的社会是一个开放的社会,无论是科学研究、社会生产还是政治经济事务,合作都是一种强有力的润滑剂,推动着社会不断发展,有序前行。所以,作为教师,有必要通过各科教学使学生意识到,虽然竞争、单干是社会的客观存在,但合作更是现代人必备的时代精神。在学习中学会合作,乐于合作,善于合作,在帮助别人的同时也施惠于自己。

认识到合作学习价值内涵的教师和仅仅视合作为学习方式的教师在教学中的表现是不同的,后者简单地把"小组讨论"等同于合作学习,关注于学习活动的外部形式,因此,大班额教学条件就成了他们实践合作学习时迈不过的"坎"。例如,他们常常困惑:全班那么多学生,如何分组学习?既然分组学习都难以开展,合作学习又如何进行?而前者则不然,他们极为认同、赞赏、推崇合作意识,即使是在课堂讲授中,他们也会时时体现师生之间、生生之间的合作精神。例如,在他们的课堂上,当学生回答出错时,老师不会简单地说:"错,请坐下。"他会亲切地说:"还有其他想法吗?""想想看,准备请谁来帮助你?""有谁能帮助他?"等等。这里没有小组讨论,也没有什么任务切块,但谁能否定这其中的师生合作、生生合作的精神呢?因此,尽管合作学习的实施离不开众多教学技术的支持,但关键的还在于我们应当真正理解合作的实质,合作意识才能自觉地体现在教学工作的各个环节之中。合作精神随处存在。

二、把合作技能当作重要内容教给学生

"学生不会与人交流,没有合作经验,也没有合作习惯,我有什么办法?"许多老师常这样埋怨。这个看似浅显的问题实际上反映了课堂教学中运用合作学习方式的一大误区:合作学习是为完成教学

任务服务的，采用合作学习方式就是实现了教学方式的转变。这种认识忽略了合作本身就是一种学习的内容，合作的过程就是一个学习的过程。应该懂得，合作不只是用来完成学习任务的，它同时还兼具了教会学生人际交往技能的功能。因此，在大班额教学条件下，教师应该通过讲解、示范、练习的方式，将合作技能的培养作为一个重要的教学目标予以落实。

  首先，要如同传授学科知识一般教会学生各项合作、人际交往技能，使他们真正理解这些技能的确切含义。例如"善于倾听"是一项重要的合作技能，教师要使学生明白，所谓"倾听"，就是当别人发言时要神情专注地听，眼睛注视着对方，不东张西望，有时可以用微笑、点头等表示感兴趣或赞赏，先听后说，多听少说，不随意插话，不打断别人的发言等等。再比如，讲到"述说"技能时，教师可以告诉学生，没有述说就没有交流，没有述说，也难以合作。教师可以用生动有趣的事例向学生说明，述说技能的优劣会影响表达的效果，"一句话可以说得让人笑，也可以说得让人跳"，从而使学生懂得，善于述说的人，阐释问题条理清晰，心不慌脸不红，有述说的诚意，甚至风趣幽默。

  其次，教师要为学生做出示范，使学生通过仿效形成合作技能。和事实、概念、原理、规则的学习不同，技能的形成不可能仅仅依赖讲解，教师的示范是技能学习中必不可少的重要环节。从某种意义上说，影响合作学习效果的，不是教学条件，不是学生，而是教师自身的观念和素养。一位教师在板书时，一时忘了一个字怎么写，于是她转过身去问学生"谁知道'精髓'的'髓'该怎么写吗？"几个学生举起了手，一些学生开始查阅《新华字典》。老师微笑着请了一位女生到讲台前写下了这个字，可也写错了，老师于是鼓励道："你比老师强多了，我的错误是不知道这个字怎么写，而你仅仅是少了两画，而且你很乐于帮助老师改正错误，所以我非常感谢你。"老师一番真诚纯朴的语言激发了学生合作的热情，一位男生手拿字典在黑板上写下了该字的正确写法。于是，这位教师又因势利导，让学生思考和讨论：从这件小事上你想到了什么？学生竞相发表看法："老师忘了'髓'字怎么写，说明老师不是万能的，老师也会犯错误"；"老师有错误也可求助于同学帮助改正"；"学习中需要师生之间的相互帮助"等等。这里，教师用自身的行为告诉学生，应该怎样寻求别人的帮助去解决自己所面临的困难，并对别人的帮助表示诚挚的谢意。这位教师还通过这件小事引导学生进行道德行为的反思，取得了良好的效果。

真正实现教学方式的多样化，教师面临的一个非常现实的问题，是如何抵御做信息的呈现者和知识裁判的诱惑，转而成为学生的伙伴，真正做到善于沟通、善于合作。

三、在异质分组的前提下合理排座

异质分组是合作学习的基本原理，也是合作学习的显著特征之一。一般而言，马蹄形、圆桌会议形是极为理想的合作学习排座方式，它能使学生面对面交流，有利于增强人际交往的亲和力。可大班额的教学条件决定我们做不到这一点。要做到在大班额条件下实施合作学习，教师们可以从以下四个方面考虑：

首先，小组成员应该坐得彼此近一些，靠拢一些。因为这将有利于学生共享资源，并用较轻的声音相互交流而不影响到别人。从某种程度上说，如何安排座位，影响着学生合作品质的形成和发展。即使是条件极佳的小班课堂中，合作学习也不一定能很好地体现出来，原因就在于有人要么坐得离小组其他同伴很远，要么坐在小组的一角相互说一些悄悄话。因此，排座时应坚持就近原则。

其次，学生座次的安排应便于教师在教室中的巡回指导，且应便于教师到达每一个合作小组的座位边，与学生轻声交流。

第三，最理想的座位排序是，每一个学生都能始终和自己小组的同伴在一起，他们不必为了参加合作小组的活动而不停地东跑西跑。

第四，各小组的成员数相同（如都是4人）。如果这样，可以给每一个小组的同学分别编上不同的序号（如1.2.3.4），相同序号的同学可以在各组的相同位置上。这一做法的好处在于，当开展小组活动（如各组向全班汇报或各组派一个代表和邻组相互交流）时，老师只需说"请每组的2号同学来汇报"即可，且老师能轻松地了解各组执行指令的情况。

在确定了上述四点的基础上，我们可以清醒地看到，尽管大班额条件下的人多、空间小，老师难以做到让学生在教室里随意走动，但我们完全可以采用前排同学转过身和后排同学面面相对，从而组成四人合作学习小组，实现生生之间的交流互动。

四、小组合作学习的成员分工与交往素质培养

合作学习小组一般不提倡学生自愿组合，学生个人的意愿只能作为参考。教师要向学生说明，合作学习小组不是纯粹的交友小组或娱乐小组，而是一个协同共事的团队。就像到了社会上，我们不能选择单位里的同事，难以选择与谁做邻居一样。我们要学会与不同的人相处，尤其是要关心那些交往能力弱、学业成绩不理想的同学，愿意接近他们，争取共同进步。

合作学习分组一般不需要做正规的测评，各类考试成绩，班主任的评语，与家长、学生沟通时所得到的信息都可以作为分组的参考依据。

是不是每一门学科都要有自己单独的合作学习小组呢？理想的情况应该是这样的，但实际上恐怕难以一步到位，可以先做试点。

在教师组织合作学习的过程中，容易出现一种现象，即教师抛出一个问题（或者该问题来自学生）后，教室里立即嗡嗡声响，感觉小组内每个人都在发言；一两分钟后，教师喊"停"，请小组代表（往往是固定的）站起来发言，学生一张口就是："我觉得……""我认为……"如何看待这样的现象？

首先，这种一两分钟的讨论，并不是真正意义上的合作学习。不能想当然地认为，组建了合作小组后，学生围坐在一起，进行简

单的讨论，就会出现合作的效应。合作小组还必须遵守一定的规则，比如，小组内应该有一定的分工，每一位学生都要被指定担任一种特定的角色，如领导者、激励者、检查者、读题者、协调者、报告者、操作者等（较常见的角色有4种，见下表），而且应该轮流担任，实现小组角色的互换，增进生生互动的有效性；再如，学生在讨论前一定要有独立思考，否则，就容易出现"搭便车"的情况等等。

合作学习小组成员角色所需的技能或任务

角色	技能/任务	范例
领导者	引导小组活动，确保指定作业都能全部按时完成	"我们正在完成主题，估计有10分钟剩余。"
激励者	激励所有小组成员参与活动（确保没有垄断讨论和没人被忽略），要求小组成员各抒己见	"某某，你对我们全员参与活动感到愉快吗？" "某某，你对我们的问题有何看法？"
记录者	分发小组练习材料 记录小组讨论成果	"我们今天要完成以下内容……" "这是我们小组对这个问题的所有看法，大家同意它代表本组的讨论结果吗？"
检查者	检查小组中每个成员的掌握程度	"让我们花点时间单独在纸上写出选择的理由，然后比较答案。"

说明：如果小组人数超过4人，则小组中将会增加一些角色；如果小组人数为3人，则可将4种角色中的两种进行合并，如将领导者与激励者合二为一，也可把记录者的职责整合进检查者的任务范围内。在2人组合的合作学习小组中，角色就简单地分为操作者和检查者，如"你说，我听"这一典型策略。

其次，学生常常以"我"而不是以"我们"进行表达，这实际上与学生缺乏必要的人际交往技能有关。人际交往技能，从大的方面可以划分为"对话"与"共事"技能。教师应将常用的人际交往技能

（例如请求发言、遵循指导、称赞他人、澄清观点、支持反馈、互相检查、表示疑义、提出建议、概括小结等）编成儿歌、故事或以漫画、板报等形式让学生进行训练，例如：杭州市胜利小学张晓敏老师在开展合作学习时，曾自编了一首七字诀，琅琅上口，学生很喜欢。

合作技能"七字诀"（一）
（小学三四年级适用）

听取发言要专心，注视对方动脑筋；
说明紧紧扣中心，有根有据说得清；
求助别人要有礼，得到帮助表谢意；
反思自己有勇气，肯定别人得诚心；
自控守纪勿喧哗，依次发言从多数；
帮助同学要热情，耐心周到把难除；
支持对方露微笑，点头鼓掌拇指跷；
说服别人把理表，态度诚恳不嘲笑；
建议大胆有设想，人人献策大步闯；
协调组员共商量，指正让步齐向上。

合作技能"七字诀"（二）
（小学五六年级适用）

听取发言不插嘴，分析比较求领会；
说明理由要充分，启发大家同思考；
求助别人要心诚，注视对方稍欠身；
反思敢于承认错，肯定别人学着做；
自控发言尽量轻，服从集体留个性；
帮助同学要主动，诲人不倦情意浓；
支持对方心坦荡，高明见解备赞赏；
说服旁人先肯定，语气婉转少批评；
建议之前多思考，分工合作效果好；

协调彼此求默契，交往合作争第一。

五、教师在小组合作学习中的作用与策略

学生在参与小组合作学习时，很多教师仍然在讲台上等待，或者做自己的事情（比如准备下一环节的教具等），那么，是不是教师真的不应该介入合作的进程呢？

其实合作学习的成功与否，同教师的引导与参与是分不开的，在此，教师不是更清闲了，而是担负起了更大的管理和调控职责。在合作学习中，教师的重点是如何精心设计合作学习，从学生分析、目标设置、任务选择、策略匹配、教学过程展开与估计等全程把握。但是，要使合作学习能始终卓有成效，仅仅依靠教师事先的设计是远远不够的。在开展合作学习过程中，随时都会有意外的问题发生，如果这些问题得不到及时有效的解决，往往会阻碍合作学习的顺利开展。因此，除了事先宣布合作规则外，在很多情况下，教师必须对各个小组的合作学习进行现场的观察和介入，为他们提供及时有效的指导。比如说：

1. 小组活动开展得非常顺利时，教师应给予及时的表扬。

2. 对小组的任务还不清楚时，教师要有耐心，向学生反复说明任务的内容及操作程序。

3. 小组讨论的声音过大，教师可以抽取小组中的一人做噪音监督员，或让这组学生的位置相互移近一点。如果小组讨论接下来声音小多了，教师应及时返回去表扬。

4. 小组活动出现问题时，教师应及时进行干预指导。虽然小组出现问题的原因和方式都不会相同，但教师如果事先在准备阶段作出问题预测，并采取一些相应措施，也能避免临时的手忙脚乱。

5. 小组提前完成任务时，教师应检验他们是否真正完成了任务，教师可以开展一些备用活动，帮助其他组完成任务或可以自由活动，前提是不能影响他人。

6. 小组讨论偏离主题或讨论一时受阻时，教师应及时发现，及时制止,或为小组讨论提供及时的点拨,使小组讨论顺利开展。

除了这些,还可能出现别的情况,比如说学生不愿意参加小组活动、学生经常缺席等等。当然,这些头疼的问题也不是一朝一夕能解决的。教师应有耐心和爱心,经常鼓励和帮助这些学生,让他们充分体会到合作学习的乐趣,被人尊重的滋味,然后慢慢引导他们加入小组学习。

另外,不需要也不可能所有的课堂学习内容都采用合作学习方式,一般来说,较简单的认知学习任务,只需要个人独立自学或开展全班教学即可。而较复杂、综合的学习任务,可以采用不同的合作学习方式。全班教学、小组学习与个人独立学习是三种基本课堂组织方式,其作用难以互相取代,应该依据教学任务、教学主体与教学环境条件等因素恰当地选择匹配。

教师在教学中,可以考虑将合作学习的两种基本策略(帮助型与协同型)加以匹配,如此区分出帮助——接受型、协同——接受型、帮助——发现型和协同——发现型四种合作学习具体策略。这样从易到难,可以适应不同学科内容和不同学生合作技能发展水平的需要。

六、合作学习中,教师应注意的问题

(一)让学生明确合作学习的目的和任务,了解合作学习的程序

合作学习开始前,教师要使学生明确合作学习的目的和任务,并对操作程序给予说明。例如开展小组讨论时,教师既要向学生讲明讨论的内容、目的和各小组的任务,叮嘱学生各司其职,以保证讨论的有序进行,同时还要让学生了解讨论的程序,使每位学生都有发言的机会。教师要注意培养学生学会倾听,尊重他人的合作规范意识,要向学生说明,评价的标准是以小组的表现而不是以个人的表现为依据的,奖励也是以小组为单位的。教师应根据学生的特点,在组织学生进行合作学习前,关注他们合作意识的养成,帮助学生建构积极的相互依赖关系,发展学生之间的友谊和亲社会行为,使学生愿意合作,愿意与别人分享自己的思考所得。教师可以用语言向学生解释一起合作学习的意义,也可以通过让学生分析例子,感受到合作学习的必要性。

(二)灵活调控,为学生提供指导与帮助

在小组讨论式的合作学习中,教师首先应考虑时间的调控问题。教师要向学生提出时间要求,告诉学生利用好时间的重要性,提高合作学习的时效性。另外,教师给学生合作交流的时间要适当,不宜过短,否则蜻蜓点水式的形式上的合作根本达不到目的,而且也浪费了时间;也不宜过长,否则学生讨论易偏离主题,也浪费时间。教师可以根据学习任务的难易程度和学生讨论的实际情况决定何时终止,也可以采取更民主的方法,让学生举手决定终止的时间。

其次,教师应为学生提供力所能及的,及时有效的指导和帮助。在学生小组合作学习过程中,教师应深入到学生中去,倾听并观察各小组的活动,注意学生在合作学习中出现的问题。如果小组活动开展得相当顺利,教师要给予及时的表扬;小组提前完成规定的任务(如实验操作),教师应检查他们完成的质量好坏;发现小组内角色分工不明确,讨论混乱无序时,教师要耐心讲解,帮助学生明确角色,尽快进入有效的讨论之中;讨论偏离主题时,教师要及时发现,及时制止,将学生引回到主题中来;讨论受阻时,教师要及时点拨,引导学生寻找解决问题的恰当方法和途径;如果学生讨论时找不到本节课要求学生深入理解的问题,教师便可以拿出来供全班同学思考、讨论,引导各小组去关注该问题,尽量让学生自己找规律,解决问题,如果学生已经解决了这一问题,教师也需就学生的发言进行适当的总结。

(三)给学生展示成果的机会,即时反馈和总结

首先,在小组合作学习结束时,教师应尽量让更多的小组充分展示他们的成果。每位学生的发言都代表着全组的意见,组内的其他成员进行补充,其他组的成员有不理解的地方可以提问。教师要引导提问的小组围绕发言组所阐述的内容有针对性地发问,以防止

问题偏离到与之无关的内容上去。教师要鼓励学生对问题提出不同的看法，互相争论，以激发学生深入地思考问题。如果课堂时间有限，不能让各组都展示成果，教师可以根据对合作学习过程的观察选择较有特色的小组发言，以便给学生最好的范例，本节课上没有机会展示的小组，可以让他们下课与老师或同学交流汇报，也可以将其成果在教室里展出。总之，要通过各种方式使学生认识到自己的劳动是受到了老师和同学们尊重和认可的，以保护学生合作学习的积极性。

其次，在小组总结发言时，教师要对各小组展示结果的科学性予以及时的评价，避免导致学生认识的模糊性。教师对各小组的总结发言不能只是听听而已，应将其规范、概括、提升，使之条理化、逻辑化，以便学生更好地理解，从而对问题形成一个清晰明确的认识。

最后，教师要根据合作学习开展前所提出的评价标准，对小组合作的情况给予评价（或学生点评），从不同的角度肯定各小组的合作，并给予奖励。奖励的方式可以根据实际情况而有所变化。

第四节 正确认识和指导学生的探究性学习

一、课堂探究性学习的基本特征

探究性学习是一种在好奇心驱使下的、以问题为导向的、学生有高度智力投入且内容和形式都十分丰富的学习活动。其总的特征可以概括为"活"与"动"两个字。"活"一方面表现为学生的积极性与主动性，另一方面表现为学习活动的生存性，教室里实际所发生的一切不可能完全由教师所预设，学生在思维和行动上常常迸发出令教师意想不到的充满童趣的智慧火花；"动"则表现为学生真正的动手动脑，投入到学习的过程之中。

具体到学科学习，课堂探究性学习可以细化为五大基本特征：

首先，学生是围绕着科学性问题展开探究活动的。这里的"问题"要与学生必学的科学概念相联系，并且能够引发他们进行实验研究，搜集数据和利用数据对科学现象做出一定的解释。还要有一定的难度，否则就不能激起学生的兴趣。同时又要能让学生尝到探究的成果，使其难易程度能够引发学生探究、求知的欲望，并能引出另一些问题。

其次，学生需要搜集用于解释和评判科学性问题的依据。比如，对月球进行观察并绘制图表说明其变化情况；用不同的材料接入电路并记录所引起的电路中电流的变化。观察、实验是获取科学事实和证据的最基本的方法，但不是唯一的途径，学生还可以从教师、教材、网络或其他地方获取证据，对自己的探究进行补充。

第三，学生要根据所搜集到的事实证据进行归类甄别，制作加工，形成有说服力的解释，对科学性问题作出回答。所谓解释也就是学生将所观察到的事实与已有知识联系起来，它就是我们学习新知识的方法，对学生而言，那就意味着对现有理解的更新和知识的增长。比如，学生根据观察到的实验现象解释受热和遇冷时液体的变化情况及其原因。

第四，学生通过比较其他可能的解释，特别是那些体现出科学性理解的解释，通过进一步观察和实验等方法，对自己的解释进行求证和评价。由于原因往往藏身于现象背后，人们容易找到的是事物间表层的、非本质的联系，加上学生认知差异，对同一个现象有不同的解释是完全正常的。所以，评价解释并对解释进行修正甚至是抛弃，是科学探究的本质特征之一。在真正的探究性学习中，学生需要面对面地对不同的解释结果展开讨论，通过比较各自的结果，或者与教师、教材提供的结论相比较，学生可以检查自己提出的结论是否正确，推理过程是否还存在缺陷等，以保证学生在他们自己的结论与适合他们发展水平的科学知识之间建立联系。

第五，学生要交流和进一步论证他们所提出的解释。学生相互交流信息对建构个体与群体的理解来说至关重要。当学生公布自己的解释时，别的学生有机会就这些解释提出疑问，审查证据，挑出逻辑错误，指出解释中有悖于事实证据的地方，或者就相同的观察提出不同的解释。在学生的讨论中，往往会引发新的问题，导致进一步的求证活动和最终的建立在实验基础上的共识。

具有上述基本特征的探究性学习过程，将科学知识与科学方法以及科学本质的学习融为一体，应该是探究式教学所尽力追求的。教师只有深刻认识并把握这些基本特征，才能在课堂教学中正确地策划和引导学生开展自己的探究性学习。

二、怎样在课堂教学中认识和体现探究性学习的特征

必须看到：探究性学习并不是课堂科学学习的唯一方式。尽管基于直接经验的探究式的学习最有利于学生的全面发展，但间接经验的学习在学生的学习活动中仍然大量存在。要组织起有效的课堂探究性学习活动，除了受教师、学生和教学设施条件等因素制约外，还与所学的科学知识有关。有些知识内容是基础性、概念化的，不易设计成通过探究性学习活动去获取。有时，对特定的学科知识和学习内容，也许基于间接经验的接受学习会更好。

对探究性学习而言，五个基本特征都可以根据实际情况作出调整。只要学生学习的过程是围绕教学目标来进行的，并能激发学生思维，促使探究的问题展开，那么为特定的教学目标所作的任何调整，都是可以接受的。比如，学生的学习始于教师或课本安排好的实验，那么探究的一个特征就不具备，但学生后续进行探究完全可以是探究特征明显的学习内容。所以，在课堂教学中，要组织起以上五个方面都具有高度探究性的活动是不容易的，也没有必要去追求这样的境界。

比如第一个特征：探究的问题假如完全由学生自己提出来，这当然很好。但这并不意味着我们一定要等到学生能够自己提出好的探究问题之后才能组织探究性学习活动。相反地，在优质的课堂教学中，切实可行的而且效果良好的方法往往是教师设置问题情境，

并通过引导优化和集中学生的问题，使得后续的研究有明确的目标和内容，这样的教学也可以培养学生提出问题的意识和能力。实际上，筛选出那些可能会引发富有成效的研究活动的问题，与提出好的问题同等重要。

如果这样的程度也不容易达到，就完全可以由教师直接提出探究的问题。根据别人提出的问题，学生也完全可以进行有高度探究性的学习活动。例如，高中一年级思想政治课教学中，教师在教学"劳动者的基本权利和义务"时，就可以从"农民工讨工钱"现象提出探究性的问题，让学生探究维护农民工利益的有效途径。这时，只要学生真正投入了探究知识，寻求解决问题的方法的过程之中，就会提出这样那样的问题。实际上，真正的学生探究活动整个地就是由问题引导的，培养学生提出问题的能力可以贯穿于探究性活动的始终，自然地进行。

美国国家研究理事会 2000 年出版的《科学探究与国家的科学教育标准》中，对每一类活动中学生自主探究的程度分别进行了划分和描述（如下表）。这对我们教师理解和在具体教学中把握探究性教学会有裨益。

基本特征	探究的不同程度			
1. 问题 学习者探究科学性问题 ↓	学习者自己提出一个问题 ↓	学习者从所提供的问题中选择，据此提出新的问题	学习者探究的问题来自教师、学习资料或其他途径，但问题并不那么直接，需要有所改变或自己体会其含义	学习者探究来自教师、学习材料或其他途径的问题
2. 证据 学习者针对问题搜集事实证据	学习者自己确定什么可以作为证据并进行搜集	学习者在他人的指导下搜集某些数据	数据直接给出，学习者进行分析 ↓	数据和分析方法都给了学习者 ↓

3. 解释 学习者从证据出发形成解释	学习者总结事实证据之后作出解释	学习者在得到指导的情况下搜集证据形成解释	使用证据形成解释的可能途径已知	证据已知 ↓
4. 评价 学习者使解释与科学知识相联系	学习者独立地考察其他事实来源，建立事实与已有的解释的联系	学习者被引导到科学知识的领域和来源之中 ↓	可能的联系被给出 ↓	
5. 发表 学习者阐述和论证自己的解释	学习者用合理的、合乎逻辑的论据表达自己的解释	学习者阐述自己解释的过程得到他人指导 ↓	学习者阐述自己解释的过程得到广泛的指导 ↓	表达的步骤和程序被给出 ↓
	多←学习者自主探究的程度→少 少←教师和学习材料指导的程度→多			

所以，教师如果把握了探究性学习的本质，就能在具体的课堂中灵活地设计和取舍，使探究性学习获得真正的成效。

三、进行科学探究性学习需要具备的条件

首先，教师需要在知识结构上有所更新。

与发达国家相比，我国中学的理科教师，在科学知识上是有优势的。这无疑是实施科学探究性学习的有利条件。因为不可想像一个缺乏科学知识基础的教师能有效地组织学生开展真正有深度的科学探究性学习活动。但在对科学知识发生发展的规律的把握上，我们急需更新观念。例如，求证是科学研究过程中不可缺少的重要环节。在现在的许多理科科学探究性学习中，学生们探究的是人类已经发现、成熟的知识内容，学习活动不是设计成真正具有探究性的过程，而是变成了目标和线路都明摆着的形式化的探究，提出假说的环节即使有也只是走过场，对假说的求证构成则更是被误导成了

纯粹的证实（而且用一两个事实就给人以得到正式的印象），而更能反映科学研究活动真实的证伪则不见踪影。这样的教学，不仅不利于培养学生的探究能力，反而会误导学生对科学本质的理解，在其头脑中形成不正确的科学探究形象。

教师知识结构的陈旧老化，少数教师对世界科技发展状况的不了解，信息通道的堵塞，跨学科知识的缺乏等等，都在很大程度上阻碍了课堂中真正意义上的探究性学习。所以，要指导学生的探究性学习，教师必须主动地、迅速地实现知识结构的更新。

其次，学生的科学探究性学习需要一个宽松民主、和谐互动的课堂环境。

教师必须要理解学生究竟是如何学习科学知识的，否则就不可能真正认识到营造这样的环境的重要性。传统的以"教"为中心的教学行为是从这样一种假设出发的，那就是离开了我们的教，学生就无所适从。而事实上，主动探究是孩子的天性，他们一次次地遇到不解的现象，内心失去平衡从而努力恢复平衡，而这正是其知识结构不断建构和丰富的最自然的过程。所以，学生认识事物的过程在本质上看，就是一个不断探究的过程。然而，我们成年人很快就忘记了做儿童是怎么一回事，在我们滔滔不绝的教导中，学生自己的理解根本就没有表达的机会，久而久之，再有想法的头脑也会变得僵化，教师因此也失去了很多真正读懂学生的机会。

所以，只要我们的课堂能给学生以自由探究的机会，能真正回归学生作为学习主人的地位，他们就会回报给你惊喜。这一点，无论是在自然科学的学习还是在社会科学的学习中都是一样的。

第三，要营造一个有利于学生科学探究、教师勇于创新的教学评价环境。特别是要改变那种刻板僵化、追求形式、面面俱到的课堂教学评价模式，将课堂教学评价聚焦于学生实际的学习生活，关注教室里师生互动、生生互动的质与量，同时淡化评价对教师的功利作用，强化其促进交流研讨和专业发展的功能。

四、教师要正确指导学生进行探究性学习

课堂探究性学习是对教师的一种巨大挑战,如何指导学生很快进入角色,找到好的切入点便成了最大的难题。

怎样指导学生的探究性学习?

首先,教师要善于创设探究性学习的课堂情境,如设计学生课堂探究问题的活动,让师生用丰富多彩的亲历活动充实教学过程,让探究成为学生学习的主要方式。教师在教学中应注意对学生进行发散性思维的训练,鼓励学生大胆猜想,对一个问题的结果作出多种假设和预测,教育学生在着手解决问题前先思考行动计划,包括制定计划、选择方法和设想安全措施。

其次,课前教师要让学生去收集课堂学习所需的材料。教学过程中要交给学生观察、测量、实验、记录、统计与做统计图表、制订行动方案等探究性学习所必须的方法。要特别注意的是在指导学生得出结论的过程中,教师不要把自己的意见先告诉或者强加给学生,以免造成学生思维活动的消极与被动。

第三,教师要积极关注学生在探究性学习中的情感体验。课程改革后,无论哪种版本的教材都有许多章节设计了学生活动,如果没有活动,学生的情感体验就难以落实,如《品德与生活》《历史与社会》等课程,内容非常丰富,贴近现实,尤其是贴近学生的生活,充分发挥社会"大课堂"的作用,活动贯穿于教学的全过程,教师不组织活动就根本无法开展教学。如唱历史歌曲、寻找春天、编写家族史、举办故事会等等,这是以往教学大纲中根本没有的。这些变化,促使教师要去加工和创造。因此,探究性的课堂学习活动,需要教师善于开动脑筋,创造性的运用教材,把更多的精力花在设计问题、设计学生的活动上。

附：

案例一：

会了，可以"不听"
——学习中的自主选择
裴立新

单元检测过后，照例是一节试卷讲评课。上课不到十分钟，王瑾同学又在翻来覆去摆弄试卷，批着"95"分的试卷像风中的塑料袋上下翻动着。我用严厉的目光看了他一眼，他稍有收敛。过了一会儿，他又低头在桌下翻找着什么，此时看到其他同学也大多东歪西倒，像在听却实际上并没有听。说实在的，这个801班还真令人头疼，同学们基础都还不错，反应也较快，但物理成绩总是不能令人满意。今天我终于找到了答案——主要是部分同学上进心不强，也不够虚心，看来只得"杀一儆百"了。

"王瑾，"我大声喝道，"你在干什么？"

只见他摇摇晃晃地站了起来，一脸的不在乎。

"刚才还表扬了你，怎么马上就翘尾巴了？"

他脸陡地涨红了，旋即一梗脖子："我不想听！"

我听了气不打一处来，"你……"竟一时语塞。

尽管我怒火中烧，但考虑到教学任务还没有完成，于是我深深吸了一口气，竭力平复自己内心的愤懑。

"你既然不想听，那就请到我的办公室去休息一会儿吧！"我故作轻松地说。

他可能是考虑到刚才的态度，也有些后悔，于是走向办公室，尽管极不情愿。

由于发生了刚才的一幕，同学们的听课状态似乎比先前好了一些，但并非真的专心致志，我能感觉到。好歹在下课铃响之前，我还是认真地完成了试卷讲评的教学任务。

事后，在班主任老师的帮助下，王瑾同学向我承认了错误，甚至还在班会课上当着全体同学的面作了书面检查。但从他的眼神里可以读出他并不服气，此事不能算完。

于是，我继续找王瑾谈心。

"你认为自己真的错了吗？"

他低着头，一声不吭。

"你尊重老师的劳动吗？本次测验32道题，我一张试卷一张试卷、一道题一道题地分析统计，你知道老师为了这节课花费了多少时间，可你倒好，却不想听课。"

最后，他说："我其实在测验后就已经找出全部错误的原因，既然我已经全会了，为什么还要听？"

是啊，全会了为什么还要听？这个问题一连几天在我的脑海中盘旋。

经过认真反思，终于在一节晚自习上我向全班同学作了自我批评，承认自己教学的不足，没想到竟引来了全班同学的热烈鼓掌，只见王瑾涨红着脸站起来说："对不起，老师，我也太骄傲、太没礼貌了！"这时掌声更热烈了，当然我注意到这次王瑾眼中流露出的是真诚与感激！

趁着同学们情绪高涨之际，我顺势问道："还有哪些课同学们不愿听？"因为受我坦诚的感染，同学们纷纷发表自己的看法：

老调重弹的复习课最不愿听！

新课一看就会的内容，老师仍按部就班讲授，我们不愿听！

上实验课前老师总是喋喋不休地交代个没完没了，使实验操作变得索然无味，我们不愿听！

……

后来801班学习热情不断高涨，成绩节节上升，全班中考人均134分，王瑾夺得头筹——149分（满分150分）。

[访谈录]

问：裴老师，有的课学生很不愿意听，有的课学生很喜欢听，

第三章 课堂：让学生学习的方式更科学

教师应该怎么办？请您谈谈体会好吗？

答：学生比较爱听效率高的课。正如我在案例中介绍的：单元检测过后，照例是一节试卷讲评课。事实上，我们大多数老师每天上课都在自觉或不自觉地沿袭着一种模式，并且尽心尽力、真心诚意将其逐步完善、精雕细刻，逐渐演化成一种程式。特别是对于教龄稍长的教师，每当同行偶尔去听一节课的时候，总会为这位教师的精心设计、滴水不漏的教学而赞叹和折服，殊不知对于较长的一段时间内师从这位教师的学生而言，教学形式单调重复就成了一种负担，从而产生腻烦情绪，甚至可能导致逆反行为。我们面对的学生正处在求新求变阶段，渴望丰富多彩，欣赏标新立异，不愿意迎合他人，逆来顺受。我认为只有认识他们，了解他们，才能使学生打心眼里佩服你，继而心悦诚服地接受你。因此，"以学生为主体"不应该是一句空洞的理论，而应将其有机渗透到我们的教学实践中去。教师们时常满腹冤屈：我认真钻研教材、精心设计教案，换来的却是学生不领情，这书没法教。是的，我们大多数老师一丝不苟，兢兢业业，教材研究清晰到位，但是你所设计的教案中有几份学生的需求？教学中知识的传承必不可少，但思维含量更为重要，学生并不拒绝知识，但是他们拒绝墨守成规，更期盼启发智慧的"思维体操"。基于这样的认识，我上课更注意体察学生的需求，围绕学生的身心需求来设计我的教学，在此基础上组织课堂教学，效率自然提高了。

问：当学生不愿意听时，怎么办？这时如何协调好师生之间的关系？

答：我认为课堂上提倡教学民主非常重要，师生间的"换位思考"是协调师生关系的关键。

比如案例中多次提到的"教学任务"就是一例，我们做教师的往往是根据教材内容编制教案，这本无可厚非；但是知识体系是相对稳定的，而我们的教学对象——学生是具有一定能力、情感和需要的个体，由于其生理条件、智力水平、知识基础、性格及家庭环境、成长过程的差异,因此学生的情况也就千姿百态,各具特色,正所谓"一个学生便是一个世界"。我们的每一届学生都在发生变化,如果我们抱着"以不变应万变"的念头,用我们多年的老经验,消极应对处在"知识大爆炸"时代的莘莘学子,显然只会四处碰壁。对于满脑子"肯德基""因特网""迈克尔·乔丹",嘴边挂着"帅呆""酷毙了"的学生我们了解多少?我们在教学中应该敞开心扉,以平等的心态去和学生交流,只有走进他们、深入其中,知其所想,给其所需,站在学生的角度设计他们喜闻乐见的教案,遵循因材施教的原则,采取适合学生心理特点和接受能力的教学方法,才是学生最为欣赏的。学生不愿意听不能强迫他去听。

问:听说你的课堂氛围很好,你在营造氛围上有什么"绝招"?

答:苏霍姆林斯基告诉我们:"能够把少年'拴'在你的思路上,引着他们通过一个个阶梯走向知识,这是教育技巧的一个重要特征。"

马克思说过,语言是思想的直接现实,教学艺术首先是语言的艺术。教学语言是教师开启学生心灵、引导学生开启知识之宫的钥匙。用幽默的方式说出严肃的真理,比直截了当提出更能为人接受。生动幽默的语言,可使教师的讲课变得风趣,充满幽默睿智,使课堂生辉,并能创造出一种有利于学生学习的轻松愉快的气氛,在此基础上营造各种情境,继而诱导学生在阅读中品味,在愉快中记忆,在思维中深入,在想像中升华,在失败中反省,在探索中提高……兴趣和爱好是学生学习的最大动力,对于激发学生内部情感十分重要,在教学中我力求以知识本身吸引学生,物理学科本身洋溢着诱人的魅力,只要巧妙引入,精心组织,激发充满探求欲望的学生就能易如反掌。同时,积极调动学生的参与意识也极为重要,在案例中我也提到,不把学生当作教学的奴隶,让学生挑毛病,向学生了解他们的喜好,让学生自己来组织活动,完全发挥学生的主体性作用。例如在实验教学中,听取学生意见,在教师有效的控制下,尽量给学生松绑,放手让其自己实验,多进行探索实验。随着时代的发展,教学手段不断更新,我时常采用CAI教学,除了经常制作多媒体课件,还充分利用我校的硬件优势和学生电脑知识的基础,引导他们自己探索。例如在光学教学中,运用"几何画板"软件将难以保留痕迹的光路变化显现在电脑屏幕上,把静态的画面转化为动态的轨迹,不仅突破了教学的难点,而且也充分体现物理研究的成就在现实社会的强大威力。在教学过程中我时常穿插学法指导,让学生掌握一定的学习规律和方法,来帮助学生实现自我发展,独立探索,开拓创新。当然,"路漫漫其修远兮",更高的境界等着我们去攀登!

案例二:

让数学走进生活
——呼唤学生的"参与"与"合作"

林良富

最近,我采用"合作—探索"的教学方式,上了一堂数学课。其中数学教学"生活化"的处理,获得了较好的效果。现把这堂课的教学实况概述如下,与课程改革中的同行分享。

(1)谈话导入——学校操场有一块空地,现在准备开发,开发的方案如图:

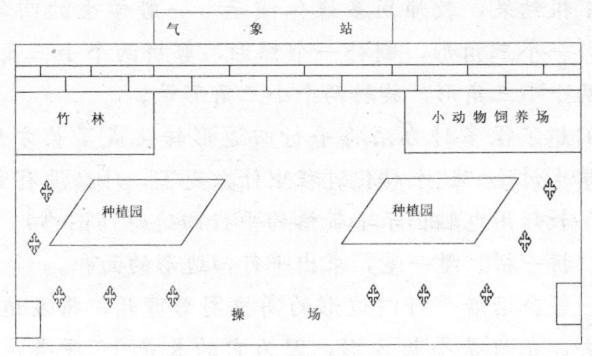

里面有竹林和小动物饲养场,外面是气象观测站,道路两侧是种植园。种植园是平行四边形,学校想把种植园分配给各班,如果每班10平方米,可以分给多少个班级?

当学生回答"需要知道种植园的面积"时,教师追问:"长方形种植园面积怎样求?"(板书:长方形的面积＝长×宽)"平行四边形种植园的面积该怎样求呢?今天这节课就来学习平行四边形的面积计算"(板书课题)。

(2) 为了便于研究,让我们来看两个图形。多媒体屏幕显示:

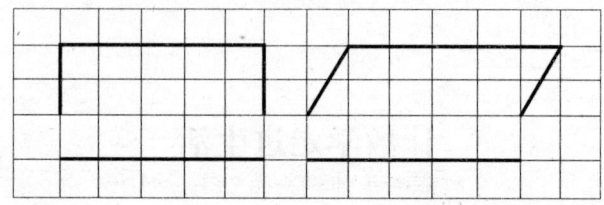

请学生估计一下平行四边形的面积与长方形的面积大小如何?如果每个小方格代表一平方米,请同学们用剪一剪、拼一拼、数一数等办法求出平行四边形的面积。四人小组合作,比一比,哪个小组求的方法多。

学生拿出带格的平行四边形动手操作,并在小组里交流,教师巡视指导。

学生汇报结果,教师用多媒体演示。一般学生的回答会很多,譬如有割补一个三角形,割补一个梯形,剪拼两个小三角形,数方格,平移两个小三角形,旋转两个小三角形等。

同学们想了很多种办法将平行四边形转化成了长方形。此时,教师要求学生讨论"这个转化过程中什么变了,什么没有变?"

接着,教师用电脑出示不带格的平行四边形(图略)。请学生通过剪一剪、拼一拼、量一量,求出平行四边形的面积。

学生一般会沿着平行四边形的高把图形剪开,将左边三角形拼补到右边去,正好是个长方形,因为它的长是10厘米,宽是7厘米,所以得出面积是70平方厘米。

转化成的长方形与原来的平行四边形有什么联系?怎样计算平行四边形的面积呢?让学生讨论推导出公式,并看书验证,用字母表示出公式。

$$长方形的面积 = 长 \times 宽$$
$$\uparrow \qquad \uparrow \quad \uparrow$$
$$平行四边形面积 = 底 \times 高$$
$$S \qquad = a \times h$$

(3) 学会了平行四边形面积计算公式后,就可以帮助学生解决种植园问题(多媒体出示导入图)。此时,教师提出要求:"求平行四边形种植园面积,需要知道什么条件?"接着用多媒体演示出底18米,高10米,请学生独立计算。

现在知道了种植园的面积,如果每班分10平方米,能求出分给几个班级吗?

学生通过计算得出种植园面积 $= 18 \times 10 + 18 \times 10 = 360$(平方米);$360 \div 10 = 36$(个)。

可是学校有61个班,怎样分配这块种植园比较好呢?请同学们帮学校出主意。

有学生说可以征地扩建种植园;也有学生说,一二年级学生太小,就分给高年级;也有学生指出教师的分法不对,不应该先定每班10平方米,而是应先用种植园面积去除以61个班,求出每班可以分几平方米,再分配。

(4) 教师小结(略)

[访谈录]

问:林老师,看了您的课,知道您对"课程"的理解,已发生了重大的变化。"数学问题生活化",已是一种新的课程理念。我想了解一下您的具体想法。

答:数学知识来源于生活实际,生活本身又是一个巨大的数学课堂。我们的数学教学要尽可能地接近学生的现实生活与社会生活,让学生认识到生活中处处有数学,数学中也处处有生活的道理。教学时千万不要把自己和学生都死死地捆绑在教科书里,死记那些小学生认为枯燥的概念和公式。因此,我在教学中十分注重把教材内容与生活实践结合起来,加强数学教学的实践性,给数学找到了生活的原型。

问:我听中科院的林群院士讲,数学要"傻瓜化",要"机械化",要能被生活中的人们所使用;数学是大众的,不是只属于"聪明人"的。林老师,您将"数学问题生活化",从而也改变了学生与课程间生硬的关系。作为未来的大众——学生们,也就自然得参与到课程之中。在新的课程背景下,您又顺势建立起了"合作探索"教学模式。我们想了解一下这一新模式在课堂上的发生过程。

答:有效的数学学习活动不能单纯地依赖模仿与记忆。动手操作,自主探索与合作交流是学生学习数学的重要方式,我从1994年起,着意建构"合作——探索"教学模式。这一模式主要涉及三组概念,即"过程"与"结果"、"合作"与"自主"、"情境"与"创新"。将这些概念行动化,就是让学生在学科领域或现实生活的问题情境中,经历自主与合作的探索过程,获得知识与技能,并产生积极的情感体验,进而创造性地解决问题。"合作——探索"教学模式具有明显的问题性、实践性、开放性和创造性等特点。在这一模式中,教师作为教学的促进者帮助学生发挥其主体的能动性,同学之间的互助精神得到大力发扬,学生群体资源得到有效利用,学生的学习潜力得到进一步开发。

问:数学的课堂教学要体现"参与式""生活化""探索性",势必引出教师行为方式的变化。那么,教师要有些什么变化?

答:数学教师要形成现代数学价值观、效率观,要对数学的知识结构进行创造性地"教学加工",选择那些有利于学生发展又能被学生接受的最有价值的数学知识组成教学内容。教师要能驾驭教学内容,并在教学方法、手段和组织形式方面保证学生对数学知识的主动获取,促进学生充分、和谐、自主、个性化的发展。

案例三：

课堂成了"学生研究成果发布会"

1997年秋，万里国际学校502班的一堂数学课，成了"学生研究成果发布会"。

发布会由我主持，其实真正的主角——成果发布者，却是我班的两名学生：章正豪和陈奇能。

我首先作了开场白："同学们，昨天我们学习圆的面积计算，课堂布置了两道思考题（投影再现），大家完成了吗？（学生点头）这两道题看起来很平常，可是却引发章正豪和陈奇能两位同学的一番钻研，从而提升了题目的思维价值。可以说，这两位同学把平平淡淡的'白开水'酿成了干醇、芳冽的'茅台酒'。他们两人的钻研成果经过杨老师的鉴定都是正宗的，（学生笑）我分别命名为'章正豪发现'和'奇能解题法'（当场授予两人'荣誉证书'，学生鼓掌）。让我们以热烈的掌声欢迎两位向大家作钻研成果汇报！"

首先，章正豪同学介绍了他的"发现"（他预先准备了投影），主要过程是：

[老师的原题] 用12.56cm长的铁丝分别围成一个正方形、一个长方形和一个圆。哪种图形的面积最大？

章正豪通过举例，列表分析，得出 $S_{圆} > S_{正} > S_{长}$。

[猜想与证明] 周长相等的圆、正方形和长方形，它们的面积关系总是：

$$S_{圆} > S_{正} > S_{长}$$

章正豪展示了证明过程（略）。

[趣味性记忆] 以上结论，如何记忆呢？这好比有三个人，他们的脸庞外围相等，那么圆脸脸面最大，方脸其次，长脸最小。

听了章正豪幽默的记忆法，同学们不禁赞叹着，鼓起掌来。

"谢谢大家的鼓励，只要我们沉下心来，思考钻研，谁都会有收获的。"章正豪显得很老练,最后还反过来别出心裁地编了一道题考考全班同学呢。

[试编思考题]面积相等的圆、正方形和长方形,它们的周长关系怎样? 在座的同学积极参与思考,不一会儿,得出了正确结论。

这时,作为主持人的我,也按捺不住激动的心情,赞赏起来:

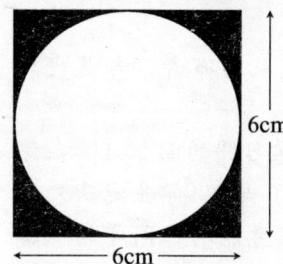

"章正豪对原题挖掘得那么深刻,远远不是就题论题,这也给杨老师的教学研究带来极大的启发,而且他最后编拟的问题很有价值。中国的学生一般只会'答',而章正豪能够'问'了,难能可贵!想想那些获得诺贝尔奖的科学家,不就是自己提出课题,然后又自己解决的吗?"

接着,陈奇能同学走上讲台,介绍他的"奇能解题法"。他做"小老师",还真有点像模像样,边讲边问边板演,也是条理分明:

[老师的原题]用一张边长6cm的正方形硬纸剪成一个最大的圆,剪去部分占这张正方形纸的百分之几?他画了草图(如左),提问同学如何解答?

$$(6^2 - 3.14 \times 3^2) \div 6^2 = 21.5\%$$

[猜想与解释]陈奇能说:"我在观察这个图的时候,忽然有一种'数学敏感':无论正方形边长是多少,阴影部分所占的比例总是21.5%。

"我试着解释这个猜想。如果把这个图形放在复印机(或放大镜)上放大或缩小,得出的图形还是相类似的。阴影面积、圆面积和正方形面积这三者可能变化一致(这种形象思维,实际上是发现了初中几何《相似形》中的有关知识——编者注)。"

"我知道,这不是最佳解释,于是设法通过计算解释这个结论:设正方形边长为a(a具有普遍性),那么:

$$S_{阴}/S_{正} = [a^2 - \pi(\frac{1}{2}a)^2]/a^2 = 1 - 3.14 \times \frac{1}{4} = 21.5\%。"$$

[奇能解题法]同学们听得津津有味。陈奇能说:"这时,假使

我不再深入钻研,就发现不了独特的解题方法。"

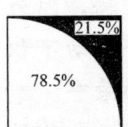

"我把上面的图形一分为四(画两条对称轴),那么在其中一个小正方形中,阴影、空白部分分别占总面积的 21.5% 和 78.5%(如图)。这是两个非常有用的数据。可以利用它们来解决实际问题。"(这时主持人我插入了一句:这两个数据就叫"奇能数据",用它们来解题就是采用"奇能解题法"。)

陈奇能然后举了一个具体应用例子:如图,求阴影面积(单位:厘米)。如果用 $S_{梯}-S_{扇}$ 来计算比较麻烦。而用"奇能法"就非常简便:

$2^2 \times 21.5\% \times (1+\dfrac{1}{2})=1.29$($cm^2$)。

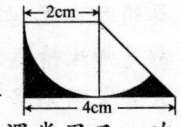

太妙了!这时教室里一阵掌声。突然,邓霖同学举手说出"$S_{梯} \times 21.5\%$"的思路。全班都投去佩服的目光。邓霖却谦虚地说:"我的思路可能更简洁些,但仍然要归功于陈奇能,因为我使用了'奇能数据'!"课堂里又一次掌声响起来。

时间总是流淌得那么快,只有四五分钟就要下课了。我让同学们谈谈感受。有的说收获来自钻研,有的说创新,就要永不满足……我总结道:"感谢章正豪、陈奇能为我们提供了钻研数学的新路子,我们每个同学都要以他们为榜样,刻苦钻研,勇于创新,努力做个成功的'万里学子'。"(讲述者:杨坚)

[访谈录]

问:杨老师,你把数学课改作"研究成果发布会",并让学生唱主角,其中有什么深意?

答:我在教学中一贯重视培养学生的钻研精神与创新意识。我经常对学生说:"数学是思维的体操,你若想聪明起来,必须主动钻研;你若想将来有所成就,就必须学会创新。"

因此,适时举行"钻研成果发布会",旨在倡导一种钻研、创新的学风。同时也为了促进学生间的学习交流。

其实,我平时在数学课上,尽量让学生做"小老师"已不是什么新鲜事。既然是"钻研成果发布会",就更应让学生唱主角。这样,一方面会让全班学生感到钻研数学有所创新,并不神秘,因为榜样就在身边。另一方面,对于主讲者本人来说,也充分调动了积极性,因为能站在神圣的讲台上发布成果,毕竟是难得的荣誉。本案例中的两位主讲者,在课前都经过了充分的准备,当然我也作了必要的指点,因此他们都讲得有条有理,体现了良好的综合素质。

问:杨老师,你在案例中已退居到"主持人"的角色,实现了教师与学生地位的变化,从中也看出你对学生发展价值的重视。你在平时教学中是怎样去激发、鼓励学生的?

答:我的确非常重视"情感教育"。赏识学生,鼓励成功是我重要的教育思想。我深知,每一个赏识的目光、每一句鼓励的言语,都是师生情感沟通的催化剂,将激起学生学习的内驱力。诚如德国教育家第斯多惠所说的:"教育的艺术不在于传授知识,而在于唤醒、激发、鼓舞。"我把章正豪、陈奇能同学的钻研成果用他们的名字来命名,就说明了这一点。

由于提倡钻研,鼓励成功,学生学习的主动性与研究性大大提高了。后来,在我教的这个班,又出现了"潘琪解法""沈光磊经验"等;刘晓颖等八名学生在校报上发表了数学小论文;潘琪、章正豪成了万里学校的跳级学生。

问:杨老师,你的教学比较开放,并注意了学生创新精神的培养,是难能可贵的。在课程改革的过程中,您一定还有自己的追求和主张。

答:我的努力方向是做一个学者型的教师。我认为,数学教学是一个系统工程,教师要站在育人的高度审视教学,改革教学,要对学生一生负责。既要加强情感教育,做到情理结合,使学生具备自觉学习的动力;又要加强学习指导,突出思维训练,使学生具备科学学习的能力。教学创新是必要的,只有创新的教师,才会有创新的学生、创新的民族。我经过多年的教学实践与思考后,于2000年9月开始进行"数学全程教育"实验。即对以下六个方面进行指导与评价:①品德与守纪,②预习与自学,③思考与发言,④巩固与钻研,⑤作业与测验,⑥合作与创新。每个方面,我都和学生达成一致的学习理念,化为自觉的教学行为。在"全程教育"理念的指导下,实验班教学减负增效,学生学习热情高涨,仅一个学期便成功地学完了一年的功课,学校测试成绩优秀。相信随着教学改革的深化,隐性的教学效果将会逐渐凸显出来。

(资料来源:博道春编著:《新课程中教师行为的变化》,首都师范大学出版社2001年11月版)

资料:

协同——接受型合作学习策略

一、基本特征

1. 学习任务:任务的设计者主要是教师,内容基本与教材中的某一章节相一致,难度中等,强调学生协同掌握教师课堂讲授的知识技能。学习资源主要由教师课前制作好。教师在布置任务时涉及的具体行为动词主要有:概括、理解、比较、组织、分解、综合、反思等(认知方面)和表达、倾听、吸纳、澄清、反馈、支持等(交往方面)。

2. 小组规模:一般为4人。充分考虑学生在学业成绩、人际交往等方面的异质性,尽量做到优、中、差生协调组合(1:2:1)。

3. 人际交往:同伴之间的相互作用往往先是两两搭档交流,然后进行对换交流。组织只存在分工的不同,一般不会表现出地位的差异。

4. 知识流动:主要是从一学生传向另一学生,强调在互相讨论、相互磋商中建构起对知识的有意义理解,而不是机械背诵。当然,这里的知识以传递已学过的知识为主,并不强调建构出新的知识。

5. 组织序列:教学始于全班性教学,中间贯穿小组学习,最后结束于教师的课堂总结,任务分配到个人是该策略的显著特点。

6. 学习结果：每个人的学习结果是独立中带有互相依赖，即手段、目标均有不同程度的合作。

7. 学习评估：对学习结果的评估包括个人和小组的，但主要以个人为主，包括个人测验、个人计分。

二、合作要领

1. 从时间长度讲，往往是以全班教学为主，小组学习为辅，但这并不能说小组学习仅仅是全班教学的附庸，恰恰相反，全班教学的展开是为小组学习的顺利进行服务的。这也是该策略与传统教学中的小组学习的区别。

2. 任务是各个小组所共有的，但强调对任务的分工。所有小组的学习总任务相同，但组内各成员的学习子任务不同。每人对分配的任务负责，既要自己掌握，又要保证组内成员获得相关知识。每人获得其他相关信息的唯一途径就是询问同组成员。

协同——接受型合作学习策略教学组织序列

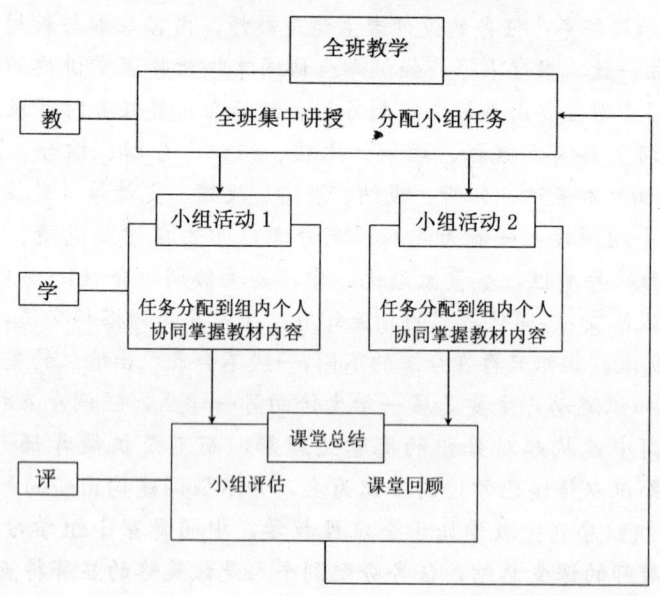

3. 协同要真正具有协同性。在尝试合作学习初期，教师向学生解释合作学习的各种要求，并不能很快为学生所领会，而且往往没有明确的任务分工和责任到人，所谓的合作学习最后被归结到少数人的智慧和努力。还有不甚理想的是，"较差"的学生一旦在小组中充当了次要的角色，在今后就很难独立改变自己在组内的处境，在合作学习的过程中将经常处于配角的地位。因此，在合作学习中，既要明确个人责任，又要防止包办代替，真正使协同具有协同性。

4. 学生进行小组活动时，教师要监督各小组成员是否各司其职。

5. 传授合作技能。

三、适用范围

1. 适用于社会科、语文及部分理科中描述性为主的内容，适用于理解概念、原理而不是掌握技能一类的学习目标。

2. 学习任务具有中等难度，带有一定的综合性，往往是需要分解掌握的，合作的时间较短。

3. 教师处在运用合作学习的初、中期。

4. 具有一定合作技能的学生。

四、思考方法

根据上述特点，可以开发出一系列可供选择的具体方法，而这些方法可归纳为"切分——学研——拼接——检测"4个阶段。

1. 第一阶段：切分

内容分解：教师选择教材中的某一适当长度（如果是要求在课堂上完成的，材料长度尽量不要超过半小时）的材料，然后把材料分成4个部分，比如说一份人物传记，就可以把它分成时代背景、生平贡献、主要著作、基本思想等4个部分。之后教师还可以为每个部分设计1份问题单，列出要求学生在阅读时要关注的论题及需要展开进一步讨论的思考题，题量的多少视需要而定，一般每个部分提供5个论题和5个问题，难度为中等。

学生分组：学生有两次分组，第一次是把全班学生分成4人一组，称为"合作组"。第二次是由合作组中接受同一任务的学生临时组成小组，成为"专家组"。如果班级人数较多，可以由两个"专家小组"讨论同一个主题，或者某一合作组中指定两名同学讨论同一个主题，"专家小组"的人数最好也在4人左右。

2. 第二阶段：学研

每个组的总任务相同，但各个成员的子任务不同。在分配时可以由小组长随机指定，也可以由小组同学协商，还可以由教师参与选定。每个学生分到任务之后，就专门负责钻研分到的任务。

各小组中接受相同子任务的成员组成相应的专家组针对任务展开积极的讨论和磋商，组内成员充分交换意见和看法，确保每人都理解指定信息的全部内容。

3. 第三阶段：拼接

一旦每位"专家组"成员都掌握了子任务，"专家组"自行解散，各人回到合作组。

在合作组里，每个成员都教别人自己所学内容，并领会他人教的内容，切块的学习子任务由全组同学拼成完整的总任务。

4. 第四阶段：检测

学习单元结束后，就应进行测验，评价个人掌握情况。检测须每个人独立完成，测验内容应覆盖全部学习要求，以确保学生在学习时的高度互赖性。

（本材料摘自浙江教育学院郑淑贞的硕士学位论文《合作学习系统设计初探》）

第四章

教案：在规范中寻求创新

任何一门学科的教学都有教学设计，都有教案，而且这些学科的教学设计与实施方案（教案）又都有着自己学科的特色，带有规范性要求的内容。"不打无准备之仗"，准备好教案是走向讲台教学的前提。然而，面临新一轮课程改革对课堂教学提出的新要求，教师们的教学设计与教案再也不是一成不变的固定模式，它也需要在规范的基础上加以变革，寻求创新。

第一节 教学设计的内容及其特征

一、什么是教学设计

教学设计是指教师遵循教育教学的规律和原理，应用系统的方法，在把握学生的知识、技能、能力、情意等实际状况的基础上，根据课程标准和教学内容，确定恰当的教学起点和终点，将教学过程诸要素有序、优化安排，形成教学方案的过程。

一个完整的教学过程，由教学设计、教学设计方案的实施和教学设计方案的评价三个部分组成。三者之间的关系如图所示：

教学设计……教学设计方案的实施……教学设计方案的评价

教学设计方案是课堂教学的"蓝图"。优化的教学设计方案是提高课堂教学效益的根本保证和前提。通过对教学设计方案的实施和评价，又为科学修订教学设计方案提供必要的反馈信息，使教学设计方案更臻完善。

新课程理念下的教学设计与传统意义上的备课存在着很大的区别，教学设计是以系统方法论为指导，对教学过程诸要素进行系统的规划，以求得教学过程这一系统的整体优化。教学设计实现了工艺化、范式化，因此，教学设计方案规范，可操作性强，便于交流。而传统意义上的备课则不具有系统性和整体性的优点，往往表现出不规范、随意性强、以备知识内容为主线的缺陷。

在新课程理念下，教学设计的重点是精心设计学生主体性和创造性得到尊重、展现和发展的活动内容与活动方式。教师在学段、学期、学年教学规划的基础上，进行单元（或章节）教学设计和课时教学设计，最终形成课时施教方案（教案）。

二、教学设计的基本内容

教学设计主要解决三个问题：教师教什么和学生学什么？教师如何教和学生如何学？教师教得怎么样和学生学得怎么样？第一个问是解决教学目标的问题；第二个问是解决教学过程中的教学策略问题，即教与学的内容、方式、方法、手段等；第三个问是解决教学评价问题。因此，教学设计的基本内容应包括教学目标设计、教学策略设计和教学评价设计三大部分。

如图：教学设计的基本内容

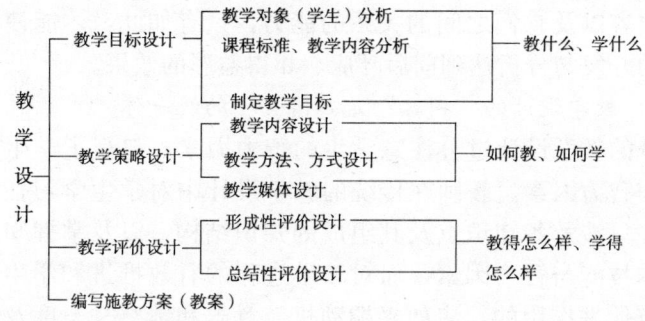

三、教学设计的基本特征

（一）教学设计的"实质"是对课程的二次开发

课程内容是学生求得快速发展的主要"信息源"，对课程内容进行科学客观的，适合于学习、有利于学生发展的任务分析，已经成为新课程教学设计的重要一环。由于学生不仅在认知方面存在着差异，而且在心理动作、情感态度和人际交往方面也存在着差异，所以，新课程的内容并非对每一名学生的发展都具有适用性。为了促进学生的发展，任课教师在进行教学设计时必须在对教学背景进行宏观、中观和微观分析的基础上，结合对学生初始才能的诊断性评价的反馈信息，对已开发出来的课程进行必要的再开发，即第二次开发，以使新课程内容更适合于学生学习，有利于学生学习。这样做，需要发挥教师的能动作用，如对新课程内容的增删、修改、重组等。教师对课程内容的二次开发，需要注意的是，课程内容通常都有着一定的结构体系，一般可划分为若干单元，一个单元可以划分为若干课题。其中单元和课题各自存在着三种联系形式，即并列型（各单元或课题相对独立）、顺序型（各单元或课题之间具有逻辑或层次关系）和综合型（一部分相对独立，另一部分之间具有逻辑层次关系），由于课堂上学生要学习的课题内容与单元内容以及整个课程的内容之间或多或少地存在着某种关系，因此教师对课题内容的开发与分析应放在对单元内容和课程内容的开发与分析的大背景下来进行。也就是说,教师应具备开发和总揽课程内容、单元内容和课题内容以及它们之间的关系的能力,只有如此,才能使课堂学习内容的开发与分析达到前后呼应、相得益彰的效果。

(二)教学设计的"内容"是知情合一的统一体

传统的教学设计过分注意学生的智力因素,忽视了学生发展所必须的非智力因素。教师在传统的教学设计中对学生学习任务的分析,往往只涉及各知识点及其组成的知识结构,以及掌握知识所需要的基本技能与智力因素,而对教学过程的有效推进和学生的全面发展具有促进作用的,诸如兴趣动机、意志和情感、态度及价值观等非智力因素则考虑太少甚至没有考虑。这对学生人格的健全与发展是极其不利的。《基础教育课程改革纲要(试行)》指出,要"改变课程过于注重知识传授的倾向,强调形成积极主动的学习态度,使获得基础知识与基本技能的过程同时成为学会学习和形成正确价值观的过程"。这就要求教学设计不仅要关注基础知识和基本技能,而且要挖掘有关情感、态度、价值观等方面的非智力因素,成为"知情合一"的统一体,通过教学过程的不断展开,使学生在学习"双基"的同时能获得积极的情感生活和快乐的情感体验,并在此基础上使学生逐步形成积极、主动的学习态度,进而形成正确的价值观。

(三)教学设计的"成果"是一个指导性的动态方案

传统的教学设计是以教师的教和书本知识为本位,从教师的主观判断或教学经验出发,往往侧重于教学过程的程式化,特别是细节化的准备,其具体化、书面化的设计,一般说来是一个倾向于"静态"计划性的教案。这能适应教师单向的知识传递活动,但不能适应交互动态的真实的课堂教学过程。为了在教学过程中使师生之间达到"平等交往、积极互动、共同发展"的效果,新的课堂教学设计应以学生的学习和学生的发展为本位,从学生学习的实际现状出发,以粗线条的"静态教案"为基础,综合考虑教学过程中的各种不确定因素,注重于教学策略,特别是多种教学思路的设计,为教学过程的动态生成创造条件。其具体化、实施化就成为具有指导性的动态教学方案。只有这样，在教学过程中，教师才有可能根据学生学习的反馈情况再作出详细的、适时的动态调整，从而弥补粗线条的"静态教案"中原有设定学习难点的不当与不全之处。譬如原先设定的学习难点可能并非真正成为学生学习过程中的难点，也许学习过程中又有了新难点，原先设定的教学流程可能不是实际的教学流程。所以，教师设计的弹性化的教学方案必须要从以显性为主转向以隐性为主，才能使教学方案成为有助于学生学习和有利于促进学生有个性的、可持续的全面和谐发展的、指导性的动态方案。因此，教学设计的"成果"不应是一个计划性的静态教案，而是一个指导性的动态方案。

也正因为以上的三个基本特征，使我们认识到，新课程中的教学设计：

它不是对课堂情境进行面面俱到的预设，它只描述大体的轮廓，只明确需要努力实现的三维目标。它给各种不确定性的出现留下了足够的空间，并把这些不可预测的事件作为课堂教学进一步开展的契机。

它不是外在于教师生命的"怪物"，而是教师生命力的载体和再现，它是教师构思教学的过程，凝聚着教师对教学的理解、感悟和教育的理想、追求，闪烁着教师的教学智慧之光与创新精神，是教师教学过程中的创造性劳动。

它不是一部已经定稿的剧本，而像是一部不能画上句号的手稿，它一直处于自我矫正、自我完善、自我否定的动态发展之中。它是课前的构思与实际教学之间的反复对话，是一次次实践之后的对比、反思和提升，至少，它的重要意义并不体现在课前的详细教案，而是展现于具体的教学过程、情境和环节之中，完成于教学之后。

它始终充满悬念，因而可能不断产生令人激动的亮点。唯其如此，它才能与教学现实实现真正的融合，并因此而丰富自己，获得旺盛的生命力，才有可能凝练为愉悦的、可供对话的文本。

第二节 教学设计的主要方法

一、制定教学目标的方法

教学目标是对学生学习结果的确定,是预期学生在认知、技能、情意行为等方面应产生变化的具体的、明确的规定。教学目标是教学活动的出发点和归宿,它使师生的心理同步,思维定向,使师生的活动有共同的指向,成为教学过程中的行为方向。在教学过程中,制约着教学策略设计和教学评价设计,起着提纲挈领、纲举目张的作用。

教学目标设计要解决教什么和学什么的问题,那么就必须关注以下几个方面:

1. 教学的起点要求是什么?(起点,即学习的起点能力要求)
2. 教学的最终要求是什么?(终点,即最终要达成的目标)
3. 从起点到终点的差距是什么?(目标差,即使能目标)
4. 要使学生由起点到终点,需要教什么?(哪些内容)

针对以上四个问题,教学目标设计应包括教学对象分析、教学内容、课程标准分析、制定教学目标等基本内容。

(一)教学对象分析

教学对象分析,即分析学生。包括学生的态度分析、起点能力分析、心理状态分析、学生背景知识的分析等等。通过分析,把握住学生的"最近发展区"。

1. 学习态度的分析。认知心理学家安德森认为"学习的每一种形式都发展为一种有关的态度系列,这种副产品常常比正式教给这个人的初步技能更有调节的意义"。当学生对学习保持积极主动的态度时,将迸发出强烈的求知欲,高涨的学习热情,浓厚的学习兴趣,使人感知敏锐、观察细致、思维活跃,富于创新精神,记忆效率高。因此,在教学设计中教师一定要考虑学习态度对教学目标达成的影响。分析学生的学习态度，一要明确了解学生的学习态度，二要分析不良学习态度产生的原因，三要考虑在教学设计中发展学生积极主动学习态度的方式、方法和手段。学习态度属于学生的非智力因素方面，应引起教师在教学设计时的真切的、必要的关注。教师要在实践中找到最佳的、最有效的方法，去转变学生不良的学习态度，激活他们的学习热情与智慧，引导他们积极主动地投入到学习活动之中。

2. 学习起点能力的分析。起点能力是指学生在学习新知识技能之前，原有的知识技能准备水平。例如在化学学习中"理解物质的量浓度的概念，记住其数学表达式 $c=n/v$，并能运用此表达式进行物质的量浓度计算"，这一教学目标所规定的是教学活动完成之后，学生习得的终点能力。这一终点能力的达成，需要以下先决知识技能：知道溶液的概念和性质；知道物质的量的概念，能正确计算有关物质的量。这两种知识技能构成了学生习得新能力之前的起点能力。研究表明，起点能力与智力相比，对新的学习起着更大的决定作用。起点能力是学生学习新知识的内部前提条件，它在很大程度上决定了教学的成效。布鲁姆的掌握学习策略的最重要的原则是学生必须达到规定的教学目标的85％以后才能进入下一步骤的学习。其目的就是确保学生在接受新知识前已具备适当的起点能力。教师可以通过诊断测验，平时作业批改和提问等方式确定学生的起点能力，并采取相应的措施，确保学生具备学习新知识所必要的起点能力。

3. 心理状态分析。学生由于个体的差异，一些同学喜爱这些学科，一些同学喜欢那些学科，特别是进入高中阶段的学习生活后，对物理等理科学习感兴趣的男生明显多于女生，而女生又普遍对语言类学科充满兴趣（当然不是绝对的）。在同一学科的学习中，不同的学生对不同的学习内容，如重难点、部分章节内容等等，会产生不同的心理反应，或特别感兴趣，或不喜欢；或因为理解起来很困难而表现出信心不足，产生心理障碍；或自认为知识简单，易于掌握而学习时粗心松懈……教师在教学设计时都应细心分析,细心研究。

4. 学生背景知识的分析。学生在学习新知识时,总要与有关的旧知识,即背景知识发生联系来理解和获取新知识。学生具备的有利的旧知识可以帮助学生获得新知识,而不利的旧知识则妨碍学生获得新知识。因此,在分析学生背景知识时,既要注意分析那些有用的旧知识,又要重视分析那些不利的旧知识。不利的旧知识主要有:

(1) 妨碍正确知识获得的错误知识(错误的概念、观念等)。

(2) 给新知识的学习带来困难的被遗忘的知识(新知识的下属知识和技能)。

(3) 对新知识产生干扰混淆的不清晰、未分化的知识。

在教学设计中,教师应积极采用那些有用的背景知识,以帮助学生实现新知识的意义建构,同时要尽量排除不利背景知识的干扰。

(二) 课程标准和教学内容分析

教师分析课程标准和教学内容,是为了确定终点目标,学习结果类型及使能目标。

1. 明确课程标准和教学内容的具体要求,揭示教学内容中知识、技能的相互关系,挖掘教学内容中的智力因素、情意因素和思想教育因素,确定教学目标的类型、内容和相应的学习水平。

2. 分析教学内容的特点,教学内容的内在逻辑关系,教学内容在教材中的地位和作用,确定重点目标和难点目标,把握住目标间的隶属关系。

3. 确定学习结果类型及使能目标。认知心理学家加涅将学生的学习结果分为言语信息、智慧技能、认知策略、动作技能和态度五种类型。其中智慧技能又分为辨别、概念、规则、高级规则四个由低到高的层次。并认为不同类型知识的学习,要有不同的学习条件。如果学习条件不具备,就不能产生相应的学习结果。因此,一旦学习目标确定以后,其后主要的工作就是分析目标的学习结果类型及相应的学习条件。学习条件分为必要条件和支持性条件。必要条件又称学习使能目标（过渡目标），而支持性条件是有助于学习的条件。

在起点能力到终点能力之间，学生还有许多知识和技能未掌握，掌握这些知识和技能又是实现终点目标的前提条件。从起点能力到终点能力之间的这些知识和技能被称为学习使能目标。从起点到终点之间所需学习的知识技能越多，则使能目标越多。例如，化学中"物质的量"的教学，从起点到终点之间的使能目标如下所示：

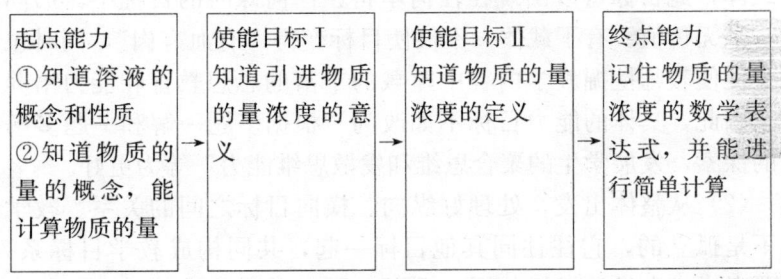

使能目标是保证终点目标达到的必要条件，有效的学习除了必要条件外，还要有支持性的条件。在学习以陈述性知识为主要目标的条件下，学生原有的基本智慧技能是支持性学习条件。例如，学习地理知识时，学生识图的基本技能是支持性条件；在学习语文、历史、政治等人文学科知识时，学生的基本阅读技能是陈述性知识学习的支持性条件；而理、化、生等自然科学学习中，学生的观察技能和基本实验技能也是陈述知识学习的支持性条件。

通过上面的分析，不仅解决了教学目标设计需要解决的四个问题（教学起点、终点、目标差和内容）而且为教学步骤的确定提供了科学的依据。

（三）确定教学目标

1. 制定教学目标有如下要求：

（1）要从学生学习的特点出发，提出具体明确的要求。教学目标是针对学生的最终学习结果而设计的，因此，任何一个教学目标的设计只有在符合学生学习的特点与规律的基础上，才能最终体现出为了学生的发展。同时教学目标还应具体、明确。如仅使用"了解""理解""掌握"等描述心理过程的术语来描述目标，就缺乏质与量的具体规定，缺乏可操作性和可测性，削弱了目标的导向功能和评价功能。值得指出的是，思想目标和能力目标是许多教师在目标设计中最为空泛和不具体的，主要表现为缺乏实现目标的载体。例如，"发展学生的思维能力"这一能力目标，就缺乏实现这一目标的载体，此目标可以出现在任何学科、任何课时的目标中，形同虚设，毫无价值。有了载体，不仅使目标变得"有血有肉"，同时也有利于促使教师挖掘教学内容中蕴藏的丰富的思想教育和能力培养素材。因此，具体的能力目标不如改为"根据多题一解和一题多解方法的探索，发展学生的聚合思维和发散思维能力"等为更好。

（2）从整体出发，处理好纵向、横向目标之间的关系。教学目标不是孤立的，它往往同其他目标一起，共同构成教学目标系列。既要考虑一个教学目标与同一课题或同一学科领域前后提出的目标间的关系，又要考虑这一目标与其他学科正在实现的目标的关联。只有这样，教学目标才能形成一个整体，促进学生的全面发展。因此，教师在设计目标时，应首先考虑学期、学年学生发展的终极目标的设计，在此基础上设计单元教学目标，然后再逐步分解落实最终形成课时教学目标。目标设计切忌吃一节、剥一节，任意割裂目标，缺乏统一性和整体性。

（3）教学目标体现全面性。教学目标的全面性是指目标的制定应有利于促进学生的全面发展，应尽可能包容认知技能目标、情意目标、思想目标和能力目标，即新课程所倡导的三维目标。设计中要克服重知识技能目标而轻视其他目标的倾向，要关照三维目标之间的关系。

（4）教学目标应具有弹性。由于学生的学习能力、学习基础是参差不齐的，制定一个适合全体学生的教学目标几乎是不可能的，但教学又必须围绕一定的教学目标来开展。因此，应确定教学目标的最低下限，并使目标在一定的幅度内波动。这样，既可以满足对大多数学生学习要求的规定，又可使每一个学生在自己已有水平的基础上得到发展，产生更大的学习积极性。

（5）教学目标的描述要力求科学。科学描述教学目标必须符合以下要求：

第一，教学目标描述的是学生的学习结果，而不是教师的教学行为。因此，描述教师教学行为的动词（如"培养""对……进行……教育"等）不宜出现在教学目标中。

第二，教学目标应尽可能描述得具体，可以测量。

第三，教学目标的描述应反映学习结果的类型和相应的学习水平。

第四，教学目标的描述要体现出较强的情感驱动力，使目标具有吸引力和认同感。此点在小学年级目标设计中尤显重要。

2. 教学目标的描述。教学目标的描述应明确、具体、可测，不能含糊笼统。因此，通常用描述学生心理过程的术语和外显行为相结合的方式来描述。例如化学学科"掌握根据化学式计算物质的式量"这一认知技能目标中，"掌握"一词就属描述学生内部心理过程的术语，但与外显行为动词"计算"相结合，这一目标就显得具体和可测了。又如"理解物理变化与化学变化"这一目标，仅有描述心理活动过程的术语"理解"，而缺乏与之相应的行为动词相匹配，使这一目标就显得过于笼统。此时在这一目标下若能再列出若干独立性说明，就可以使之具体化。如补充：a. 能说出物理变化与化学变化的区别与联系；b. 能区别典型的物理变化与化学变化等。应当引起注意的是，在强调目标明确性的同时，也要防止目标过细、过碎，以至烦琐，否则容易导致教学机械呆板，限制师生的思维。

二、教学策略设计

教学策略是关于实现教学目标的教与学的内容、方式、方法、手段等，由教学内容设计、教学方法和教学组织形式设计、教学媒体设计等组成。

(一) 教学内容设计

教学内容设计包括教学内容的选择、组织、呈现方式，重难点的确定及处理、课内外练习材料的选择等。

1. 教学内容的选择。

(1) 要根据教学对象选择教学内容，对教材内容可作适当增删。着重选取达成目标的重点内容和学习上的难点内容，以便教学中能突出重点，突破难点。不选取与达成教学目标无关或关系不大的内容，尽量减少和消除教学的随意性；不选取或适当处理与目标达成有关而又为大多数学生所熟知的内容，避免浪费教学时间。要增补学生背景知识中已遗忘或混淆不清的知识内容和学生起点能力中欠缺的知识技能内容，使学生在新知识学习过程中能顺利实现同化与顺应。

(2) 要注意选择"策略性知识"，即关于如何学习的知识或方法性的知识，以便在教学过程中对学生进行学法指导，使学生不但学会，而且会学。

(3) 所选取的教学内容应体现科学性、基础性、发展性、可接受性、时代性、多功能性，要突出重点、难点和关键点。

基础性：观点正确、准确，依据确实，表述规范，不能有误。

发展性：蕴含培养学生能力，尤其是创新能力和实践运用能力的内容。

可接受性：教学内容的难度恰好落在学生通过努力可达到的潜在能力的"最近发展区"上，让学生"跳一跳能摘到水果"。

时代性：反映科学技术发展的最新成果，体现现代社会乃至未来社会所需求的知识。

多功能性：在同一教学内容中能达到多个教学目标。

重点：所谓的重点是相对的概念，就教材篇章结构而言，重点是指教材内容重点。就知识类型而言，知识重点，指的是知识的中心点，是知识的"源"。知识的"源"具有理论性、基础性、结构性、典型性四个特性。与其他知识点相比，它是构成矛盾运动的主要方面。

难点：所谓难点指的是学生难于理解和掌握的内容。难点的形成，一是教材的因素，二是学生认识和接受能力的限制。教学设计，应主要以学生的难解、难以把握之点为真正的难点。

关键点：所谓关键点，指的是教材中对顺利地学习其他内容（包括重点、难点）起决定性作用的知识。关键点是与众多知识点相比较而突显出来的，是众多矛盾中的主要矛盾。抓住了关键点往往在教学中能起到画龙点睛的作用。

重点、难点、关键点确定以后，要抓住关键点，精心设计突出重点、突破难点的方法。

2. 教学内容的组织、呈现方式。教学内容的组织与呈现，要符合学生获取新知识的认知规律，要按学生的认知次序安排教学内容。如按由易到难，由具体到抽象，由一般到特殊，或由特殊到一般的次序来组织安排教学内容。或按知识的自身结构，加以逻辑系统的排列，使内容呈现自身价值。如化学中的元素化合物知识，其自身结构为：物质的结构（决定）⇨物质的性质（决定）⇨物质的存在、用途和制法。因此，可按上述逻辑系列组织和呈现元素化合物知识，或按知识的发生发展过程，或按科学过程来安排组织教学内容，后两种方法在理科科学素质教学中尤其重要。

3. 课内外练习材料的选择。课内外练习材料选择的依据仍然是教学目标，所选取的练习材料应有助于目标的达成和巩固，而又不至于增加学生过重负担。教材中的习题、思考题、讨论题是练习材料选择的重点，教师应做好课内外安排。若教材习题还不能有效实现教学目标的达成和巩固，可适当补充必要的练习材料。但补充的练习材料必须科学，不能有误；难度适宜，数量适当；要有层次性，以适应不同学生的需要；要突出基础性和发展性，有助于双基过手、思维训练和能力培养。

(二) 教学方法和教学组织形式设计

1. 教学方法设计。教学方法是指在教学过程中，教师为了达到教学目标所采取的手段。它既包括教师的活动方式，又包括学生在教师的指导下的学习活动方式，是教的方法和学的方法的统一。因此，教学方法设计不仅要考虑教师如何教的问题，更要考虑学生如何学的问题。而后者对于发展学生的主体性和创造性更为重要。为了设计出切实可行的优化的教学方法，必须做到以下几点：

(1) 依据教学目标、教学内容与课型选择和设计教学方法。教学方法受教学目标、教学内容、课型等因素的制约，不同的教学目标、教学内容和课型应有不同的教学方法。因此，要依据教学目标、教学内容和课例来选取和设计教学方法。

(2) 教学方法的选择和设计应符合学生的认知规律，有利于发挥教师的特长。教学方法还受学生的认知规律和教师素质等因素的制约。因此，在进行教学方法的设计和选择时，应符合学生的认知规律，有利于知识内化，顺利实现知识的意义建构。此外，要扬长避短，有利于发挥教师特长。

(3) 掌握各种教学方法的特点，实现教学方法设计的组合优化。教学方法很多，如讲授法、谈话法、实验法、阅读指导法、自学辅导法、程序教学法、范例教学法、讨论法、发现法、欣赏法、角色扮演法、"读读、议议、讲讲、练练"法等。每种方法都有其特点、使用条件及范围。如"讲授法"，能在有限教学时间内传递大量的信息，知识的系统性强，是教师使用最为广泛和基础的教学方法；"讨论法"能集思广益，有利于学生主体性和创造性思维品质（如批判性思维等）的培养，适用于以思维训练为核心的课堂教学；"发现法"有利于对学生进行科学过程和科学方法的教育，培养创造精神和实践能力，但耗时太多。由于不同的教学方法总有其适宜的使用范围和固有的局限，而一节课中的所有目标的达成，很难通过单一的教学方法来实现，因此，必须考虑教学方法的组合优化，扬长避短，互为补充。当然，教学方法的设计与选择也要注意防止"蜻蜓点水"式的、形式主义的面面俱到。

（4）充分体现启发式。孔子说"不愤不启，不悱不发"，"愤者，心求通而未得之意；悱者，口欲言而未能之貌。启，谓开其意；发，谓达其辞。"（朱熹）《学记》又进一步提出了启发式教学的三个原则，即"道而弗牵"，"强而弗抑"，"开而弗达"。主张启发学生，引导学生，但不能牵着他们走；严格要求学生，但不施加压力；指明学习的途径，但不代替他们达成结论。"启发式"不是一种具体的教学方法，而是一种先进的现代教学思想。它强调了学生是学习的主体，教师要善于营造"愤、悱"的教学氛围（如引起认知冲突），调动学生的学习积极性，激发学生内在学习动力，让学生的主体性得到充分的尊重和展现，学生的思维能力、创新能力得到充分发展。这种教学思想的实质在于正确处理教与学的相互关系，它符合教学规律，是对一切教学方法提出的共同要求。因此，在进行教学方法设计时，无论采用什么方式，都必须体现启发式。要用好启发式，其关键是"愤、悱"教学情境的营造，把握住最佳的启发时机。

（5）突出思维活动的设计。教学方法设计的核心是学生思维活动的设计。教师应注意解决学习活动中，学生应思考什么、如何思考和如何质疑等问题。孔子说"学而不思则罔，思而不学则殆"。可见学与思、思与疑总是紧密相连、不可或缺的，且思、疑与问题也总是联结在一起的。而问题、质疑既是思维的起点，又是思维的动力。因此，教学方法设计中，必须牢牢抓住思维这个核心，设计出有质量的问题和激发学生质疑的灵活多样的方法。讨论式教学方法作为合作学习的一种表现形式，最能展现学生不同的思维活动，值得教师认真研究和广泛采用。

2. 教学组织形式设计。教学的组织形式主要有集体授课（班级授课为主）、小组教学（讨论、个案研究、角色扮演、模拟等不同形式）和个别化教学（自学辅导）。由于不同的教学组织形式对教学活动能产生不同的影响，因此，教师应了解不同教学组织形式的特点和局限性，根据具体的教学内容和教学对象（学生），恰当地选择和运用。

　　班级授课因便于教学活动的组织与管理，所以是当前主要采用的教学组织形式。但这种教学组织形式难以让所有学生的主体都得到展现，而小组教学和个别化教学却能克服上述弊端，小组教学还为合作学习创造了很好的条件。因此，即使是采用班级授课，也应考虑根据教学活动的需要，穿插必要的小组教学和个别化教学这些教学组织形式。采用小组教学，尤其是小组讨论，教师要对小组成员的构成作精心配搭，以使讨论和合作学习能顺利开展（见《课堂：让学生的学习方式更科学》一章的相关内容）。

　　（三）教学媒体设计与选用

　　教学媒体是指在传播知识或技能过程中显示信息的工具。一般可以分为两类，一类是传统教学的媒体，如教材、教具（如挂图、模型、标本等）、学具、黑板、实验等；另一类是现代教学媒体，包括幻灯、投影、录音、录像、电影、计算机及CAI课件等。教学离不开教学信息的传输，而教学信息传输的数量和质量在很大程度上取决于传播教学信息的载体。要优化设计教学媒体，使之产生最佳效果，就必须恰当选择媒体和使用媒体。

　　1. 如何选择媒体。要使教师在选择教学媒体时做到客观、准确，最好用系统方法来选择。其基本思路是：

　　（1）分析教学目标，确保教学目标能在规定的教学时间内完成，并确定教学目标的类型（是认知型、动作技能型还是情感态度型）。

　　（2）列出实现目标所需的教学活动。

　　（3）选择刺激种类。应依据对学生的年龄、阅读能力及其他基本特征的分析，决定选择教学活动中使用的刺激种类。此外，目标所要求的最终行为结果也是考虑的因素。例如，化学学习中，要让学生感受到晶体的外在美和结构美，就可以选择一组晶体结构的三维空间的旋转画面（计算机CAI课件）的刺激，那么这一情感型教学活动就能收到极佳的效果。

　　（4）列出备选媒体。根据刺激种类，列出备选媒体，它们能传递所选择的刺激。但这一步并不是为教学活动选择媒体，而是做出一个备选媒体范围，供以后选择。其目的是保证某一媒体更能适合教学目标、教学对象和教学活动，而不至于将其遗漏。如传递印刷文字的媒体，可列出教科书、板书、幻灯、投影及计算机 CAI 课件等。

（5）选择理论上的最佳媒体，此时所选媒体不受实际因素的限制。教师可根据媒体的一般选择原理来判断某一媒体对预期的教学目标和教学活动而言是不是理论上最好的媒体。

（6）选择最终的媒体。教师不仅要考虑教学目标、教学对象及教学活动等因素，还要考虑某些实际因素。如物质条件是否具备，教师是否能熟练使用和操作等。经过理论与实际因素的综合分析，就可以选出适宜的最终媒体。

2. 选择媒体的原则。基本原则是：根据教学媒体对促进教学目标的完成所具有的潜在能力进行选择。

其他原则包括：

（1）没有一种媒体对所有教学目标都是最佳的。因此，应根据不同教学目标选择与之适应的最佳媒体，并力求媒体组合优化。

（2）每一种媒体都有一定的特点和功能，这些特点和功能便决定了这种媒体适用于某一教学情境。因此，应根据教学情境，选择与之适应的教学媒体，使媒体能最大限度发挥其功能。

（3）根据学习的类型、学习等级和学习者的能力与心理特征选择媒体。

（4）许多媒体能以不同的方式呈现刺激，要根据教学环境选择。

（5）在允许的条件下，应变化所使用媒体的种类，使媒体选择体现多样性。

（6）对所选择的媒体，教师应熟悉其特点和功能，并能熟练使用和操作。

（7）选择和运用媒体，是教学的手段而非教学的目的，应当防止为选择而选择，为运用而运用的形式主义的做法，要敢于取舍，使之更好的为实现教学目标服务。

3. 媒体的功能和特点：
(1) 展示事物、形成表象。
(2) 创设情境，建立共同经验。
(3) 提供示范，便于模仿。
(4) 呈现过程，解释原理。
(5) 设疑思辨，解决问题。

显然，上述（1）（2）适宜知识学习，（3）适宜技能学习，（4）（5）属智力技能学习。因此，应根据教学目标类型，选择具有相应功能的媒体。例如，对应于实验技能目标，就宜选择实验媒体。

现代教学媒体的特点：

随着教学条件的改善，现代教学媒体由于其优异的特点，在课堂教学中得到了越来越广泛的使用，了解现代教学媒体的特点，可扬其长，避其短，更好发挥其功效。

录音属于以时间因素组织信息媒体，它的表现力受到时间选择顺序的影响。其优点是生动、感人，能借助语言、音乐及音响效果的组合、轻重缓急表现事物的特征，营造和谐的课堂氛围，但瞬时即逝，不便考察。

幻灯、投影的最大特点是能以静止的方式表现事物的特征，让学生详细地观察放大的清晰图像或事物的细节。此外，作为传播符号（语言、文字），可以大大提高教学信息传输的密度，增大课堂教学容量。

电影、电视的表现力极强，它以活动的画面、鲜艳的色彩、动听的旋律呈现事物正在变化的过程，形象逼真，能系统地描绘事物的运动形式，空间位移、相互关系及形状变换。

计算机辅助教学软件（CAI 课件）具有高速、准确、储存量大，能模拟逼真的现场、事物发生的进程，且动静结合，表现力强。

4. 合理使用媒体。所选出的媒体要发挥其最佳功效，其关键是教学媒体的合理使用。

（1）多媒体的组合优化。鉴于各种媒体有不同特点，各有其适应性和局限性，而媒体之间往往有互补性，即各种媒体的局限性又可用其他媒体的适应性来弥补。因此，应采用多媒体的组合优化教学。在理科实验教学中，要特别注意 CAI 课件与实验媒体的组合优化，切忌用 CAI 课件取代实验媒体，使实验教学丧失对学生实践能力培养的功能。要实现多媒体的组合优化，其前提是：a. 不同通道的信息要一致或有联系，否则会造成干扰；b. 不同通道的信息并不是越多越好，单位时间内信息量过大，超过了学生的接受率，反而会降低效果。

（2）选择恰当的传媒冗余度。学生对信息顺利整合，很大程度依赖于媒体的恰当冗余度。学生要形成信息的整体联系，前后信息必须同时保持在大脑中，经整合才能进行。为了保证信息分析、整合，媒体传递信息速度不能太快。因此，在进行媒体设计时，应考虑传媒的冗余度。此点在计算机辅助教学 CAI 课件（电子黑板）制作中尤为重要。

（3）选择适合学生思维水平的传媒符码。传媒的显示必须以某一特定的符号（符码）为形式。传媒符码可分为语言和外部言语两大类，也可分为模拟符码（例如舞蹈动作）、数序符码（印刷、语言、文字）、形状符码（图画、图表、图解）。形状符码容易储存，容易记忆，且易迁移。在运用传媒符码时，应与学生思考时所用的符码一致或接近，学生就能有效思考。例如，用电子计算机辅助教学时，不能仅采用数序符码，把 CAI 课件制成单一的电子黑板使用，如能与形状符码相结合，能借助图画、图解等思考，其效果必然会更好。因此，在进行教学媒体设计时，也应考虑传媒符码的选择。

三、教学评价设计的要求

教学评价设计是解决教得怎么样和学得怎么样的问题。其内容包括形成性评价和总结性评价的设计。教学过程中的评价是以学习目标的形成性评价为主。

课堂教学过程中的形成性评价，是一种过程评价，其目的在于对目标形成过程的诊断，通过及时反馈与矫正，形成更适合学生的教学，从而帮助师生完成既定的教学目标。

形成性评价设计应体现针对性、层次性、启发性、诊断性、补救性、多样性和适时性。

针对性：形成性评价应符合教学目标的要求，有利于目标的达成。

层次性：形成性评价应有层次，使不同学习水平的学生都能得到发展。

启发性：形成性评价要突出启发性，有利于调动学生学习的积极性，激发其强烈的求知欲望，有利于启发学生积极思维，训练和培养思维能力。

诊断性：形成性评价应具有诊断性，诊断目标的达成情况。

补救性：形成性评价应具有补救性，通过诊断，及时进行矫正。因此，应考虑设计一些备用的、机动的形成性练习，及时提供给学生，达到补救的目的。

多样性：形成性评价的形式应多样化。课堂练习、提问、讨论、板演、小测验、课后练习等都是很好的形式，教师可根据教学需要选择。

适时性：根据教学需要，适时进行形成性评价，把握形成性评价使用的最佳时机，便于及时反馈、矫正、调整教学。

总结性评价是在一个教学单元、一个学期或一个学年后进行的评价。总结性评价是一种目标参照评价，其目的在于检测目标的达成度，通常给出成绩或等第。设计时，应严格遵循教学目标，要注意知识的系统性和覆盖面，要突出重点、突出思维能力考查。此外，应注意与选择性评价相区别，避免过深过难，以免偏离教学目标。

第三节　教案编写的基本要求

教案编写是教师课堂教学设计的最后一个步骤，也是教学设计经过理性思维加工输出的过程。在教学目标设计、教学策略设计和教学评价设计的基础之上，安排好教学环节与步骤，就可以编写教案了。教案是教师教学设计成果的物化体现，一篇优秀的教案是教师教育思想、智慧、动机、经验、个性和教学艺术的综合体现，是创造性的劳动成果。

一、传统教案中存在的主要问题

然而，现实中并非所有的教案都是优秀的。实践中我们经常看到，许多教案没有个性和新意、千篇一律，在教案中很难捕捉到编写者所要体现的个性化的教育思想与教学艺术，所要展示的教学智慧与教学风格。其主要问题是：

1. 照抄教学参考书。这种所谓的教案也叫"搬家教案"，教师为图省事原封不动地将教学参考资料作为自己教学的"拐杖"。

2. 图解知识。这种教案只备知识，不备教法，更不备学生的学法，将教材知识范围加以细化，复杂地写在备课本上，以图在课堂上一股脑儿地灌输给学生。

3. 应付检查。这种教案不是按照教学进度要求提前1—2周编写，而是为了应付上级（如学校教务处等）检查，突击编写而成，有的甚至成了"教案回忆录"。因为不是为自己教学所用，所以其真实性、科学性、实效性等都无从谈起，表面上很工整规范，但实际上是没用的"花架子"。

4. 缺乏创新。这种教案沿袭传统教学方法的"五大教学环节"，没有个性，没有突破，深受传统教学思想和工作旧框框的束缚，难以体现新课程的课堂教学新理念。

5. 费力费时，效率低下。这种教案花了很多时间和精力，面面俱到。有人曾作过粗略的统计，以小学第九册语文为例，每学期若按18周计算，共144课时，每课时编写教案500字左右（中等），全学期需要写72000多字，期中、期末复习计划还未包括在内。一个有几十年教龄的教师，只教案一项就相当于一个多产作家作品的字数。而编写教案的时间，往往是上课时间的两倍多，而上课并不都"照案宣科"。所以，备了也用得很少。

二、教案编写的基本要求

教案编写有其基本的要求，包括：科学、实用、变化、个性、创新等等。概括起来，主要有：

（一）体现科学性

这里所指的科学性表现在两个方面，其一是对教材知识范围的正确、准确把握，避免出现知识性的错误，防止在引用相关知识，特别是相关学科知识上的错误。所以，备课时，要勤于钻研，勤查资料，勤于向其他教师请教。其二，在教学方法，指导学生学习的具体方法上是否科学，是否有针对性。如果有缺陷，有拔高，有不切合实际的地方，应即刻加以纠正。

（二）注重差异性

我们提倡集体备课，其目的是为了实现个体备课成果的交流、互补与共享，实现教学资源的优化配置。然而，集体备课不是单纯的"拿来主义"，不是千篇一律的、千人一面的"资源共享"，而是在个体备课基础上的借鉴、启发、弥补。因此，教师备课一定要各尽所能各显特色，充分注重自己的个性差异，不可照搬他人教案。

（三）具备操作性

教案的编写，要由简到繁，再由繁到简。无论新老教师，一味地强调写详案或写简案都是不妥当的。新教师在教学的最初几年，是一个不断熟悉教材、课程标准，不断积累教育教学经验的过程，如果每一课都让其编写详细的教案，就容易导致他们没有更多精力去研究教学本身，没精力去熟悉学生，使他们将大量的时间和注意力都放在编写教案上,并被困于其中。所以,教案编写,当繁则繁,当简则简,不可强求一律,更要以简驭繁,要避免臃肿繁琐。最关键的是看其是否易于操作,对优化教学是否有帮助。

(四)关注变化性

常言道:计划不如变化快。教案是在上课之前编写好的,有的教案甚至提前1—2周写好。但是,教学的具体情况,如学生的学习情况、教学设施的保障情况、学校突发情况等等,都是处在不断变化之中的。甚至一堂课里,学情的变化都可能导致教师预先设计好的教案难以按部就班地实施。所以,教师在编写教案时,要灵活机动,设计多套方案,避免死板教条。

(五)提倡创新性

创新是时代的要求,没有教育的创新就没有民族的创新,而没有教师的创新也就少有教育的创新,就难以培养出大批具有创新精神和创新能力的人。教师的创新也包括了教案编写过程中的创新,对教案本身的创新。例如:独具特色的设计,其构思巧妙,让人耳目一新;生活化的事例选用;不拘泥于格式的"课本教案""光碟教案",等等,都是可以大力提倡的。

三、教案编写的格式

教案的编写虽然因教师、学生、教学内容、教学环境的不同而有所差异,但无论是新老教师,也无论是哪一学科,都应反映以下基本内容,按以下格式去编写:

1. 课题:(说明本课名称)
2. 课型:(说明属新授课,还是复习课)
3. 教学时间:(说明需几课时,或属于第几课时)
4. 教学目标:(或称教学目的要求,说明本课所要完成的教学任务)
5. 教学重点:(说明本课所必须解决的关键问题)
6. 教学难点:(说明本课的学习过程中易产生困难和障碍的知识

点)

7. 教学方法：(说明教学过程中教与学的方法)

8. 教学媒体：(或称教具准备、资源准备，说明辅助教学手段使用的工具)

9. 教学流程图及说明：(或称课堂教学结构，说明教学进行的内容、方法、步骤措施及时间安排等)

10. 板书设计：(说明上课时准备写在黑板上的内容)

11. 作业处理：(说明如何布置处理书面或口头作业)

12. 教学设计评价：(施教后完成)

用上述格式编写教案，简捷，重点突出，便于交流。其核心是教学流程图的编制和相应说明。"说明"是指对教学流程图中各项教学活动的简明扼要的解释。

教学设计能通过系统方法将教学过程中的教师、学生、教学内容（教学评价）、教学方法与媒体等基本要素有机地统一起来，表现出要素间相互关系和作用方式。而传统的教案形式不能很好地表示出要素间的上述关系。因此，可借助类似于计算机流程图的方式来表述教学过程的结构，这就是编制教学流程图。

用教学流程图来表述教学过程结构，具有如下优点：

第一，可直观显示整个教学活动中各要素之间的关系及比重，有利于教师按系统整体观念组织教学，寻求系统功能的整体优化。

第二，教师可依据学生的反应做相应的教学处理，有利于及时反馈、调控。

编制教学流程图的基本要求是：从教学目标出发，规划好教师的主导作用，学生的主体作用，教学内容的组织、编制，教学方式、方法，媒体的运用等各个方面，以及它们之间的相互关系。突出教师指导下的学生主体活动内容和方式，寻求总体功能的最优化。

编制教学流程图还应注意以下问题：

1. 使教学内容组成一个完整而符合逻辑的知识体系。
2. 符合学生的学习心理顺序。

3. 注意各学习单元之间的连贯性和相互呼应。

4. 安排好教学评价,加强反馈,做好调整。

5. 为了保证在规定的教学时间内教学目标的完成,必须合理分配与使用教学时间。因此,在教学流程图中各教学环节、步骤可注明必需的教学时间。

6. 编制教学流程图要使用规定的几种符号,使教学设计工艺化,便于操作交流。

教学流程图中的符号及意义

	符号	表示的意义
教学过程要素	□	学习内容与教师的活动
	▱	学生的活动
	⬚	媒体的运用
过程控制	◇	教师进行逻辑判断
	⬭	开始、结束

下面以高一年级思想政治课《劳动者的主要权利和义务》课时教学设计为例,说明文科教学流程图编制的具体方法。

教学内容分析

"劳动者的主要权利和义务"是本课的教学重点之一。本节课的重点是劳动者的权利和义务,难点是劳动权利和义务的关系。

教学对象分析

学生在初中政治课堂上学习过公民的基本权利和义务,但对劳动者的劳动权利和义务,尤其是两者的关系了解不多,教学过程中应根据教学内容的逻辑结构分层讲授。

教学目标

1. 记住劳动者的主要权利和义务;能说明劳动权利和义务相统一的关系。

2. 运用劳动法知识去分析判断当前我国各种类型企业劳动者与企业之间的纠纷问题。

3. 增强劳动法律观念，树立社会主义国家主人翁意识。

教学策略

1. 本课主要采用设疑引思——学生反应——教师点拨与重点讲解法，并组织小组讨论，利用多媒体辅助教学策略。

2. 教学媒体：投影、录像、图表、漫画等。

教学流程（见图）

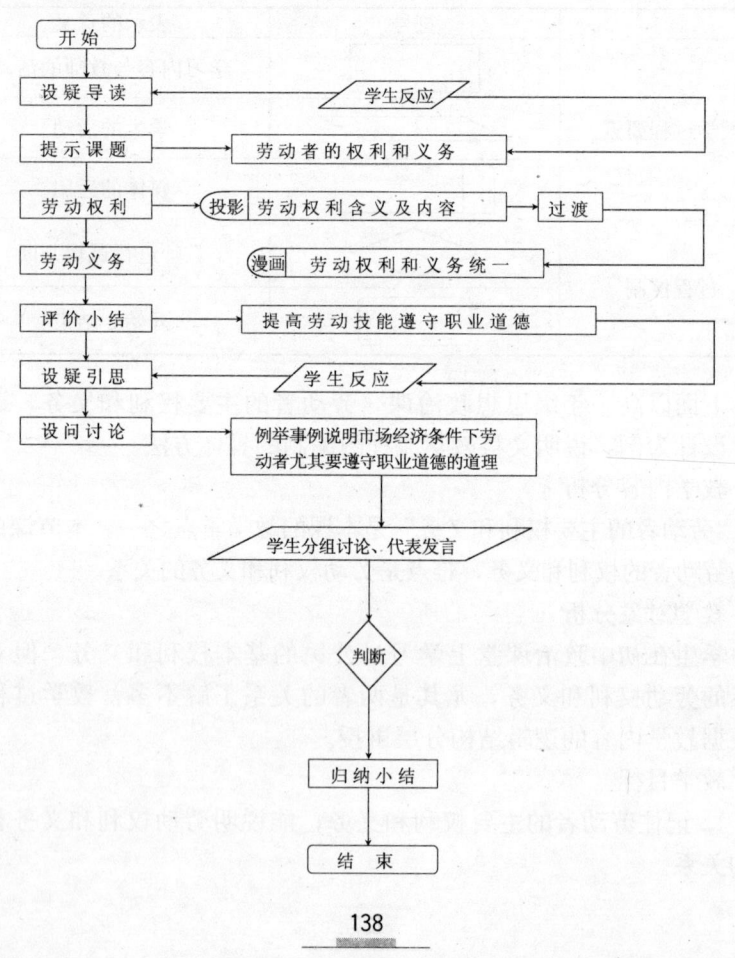

教学流程说明：

1. 设疑导读引入新课：关于劳动者与企业的关系，我国1994年颁布并实施了一部专门的法律，这部法律叫什么？它的主要内容是什么？引导学生阅读第二节第一框题前面的材料。

学生反应，教师评价小结：1994年7月5日我国颁布《中华人民共和国劳动法》。这是一部全面规定劳动者权利和义务，保障各行各业劳动者权益的重要法律。

2. 揭示课题：（设疑）什么是劳动者的权利？它包括哪些内容？依法保障劳动者享有的基本权利的意义是什么？（投影显示问题）

在学生回答基础上教师利用投影与学生交流：

①劳动权利指劳动者依照劳动法律行使的权利和享受的权益。

②劳动权利的内容（投影显示中列举的项目）。

③保障劳动权利的意义：一是保障和落实劳动者主人翁地位的前提；二是充分发挥劳动者的积极性、创造性，保证他们在改革和建设中的主力军作用的发挥。

3. 设疑过渡：什么是劳动义务？权利和义务的关系如何？（板书）学生阅读教材回答后教师评价并利用投影或挂图漫画（自制），重点教学以下内容：劳动权利和义务相统一；义务是权利实现的条件；既没有脱离权利的义务，也没有脱离义务的权利；劳动者是权利和义务的双重承担者。只有坚持权利和义务的统一，才能充分体现劳动者的主人翁地位。并分析讲解：劳动者的义务包括的内容（投影展示略）主要内容有：两个方面，按教材进行分析讲解。

课堂讨论：根据自己的所见所闻，列举劳动者遵守职业道德与不守职业道德的事例，并说明在市场经济条件下劳动者尤其要遵守职业道德的道理。学生分组讨论，推举代表发言。师生共同评价判断。

课堂小结（略）

教学评价：评价检测课后练习。

第四节　新课程条件下的备课与教案创新

一、正确理解新课程条件下的备课

课程改革之前，教师的备课写教案存在着以下几种情况：

一是应付学校教学管理的检查，大多数教师奉行"拿来主义"，抄写现成的教案；二是在每学期开学前，为赶任务，先集中写出一部分教案（许多学校也这样要求教师）；三是有的学校年级组（备课组）分任务，每位教师负责几课并写出教案，然后把几位教师的教案统一成一套该年级学科备课组共同使用的教案，实现备课"个体资源"的集体共享。我们倡导多年的备课首先要备学生的备课理念，在实践中并没有得到落实。教师的备课完全是从教者的角度出发，没有或很少考虑学生的男女智力差异和年龄差异（特点），不分析研究学生不同的认知水平。甚至从备课内容看，有许多东西是强加给学生的。学生在学习这一内容时会遇到哪些问题？有什么困难？怎么解决？谁去解决？教师在每个教学环节中应该起什么作用？充当什么角色？等等，许多教师都是盲目的，心中无数的。

全国政协委员，北师大的庞丽娟教授在她主持的一项调查中发现，75%的教师存在教育能力的不足和欠缺，包括教育内容的选择。如不知从哪些方面去教育学生，教学内容难度的把握，年龄的适应性，教育教学方法、策略的适应性，如何根据孩子的兴趣个性去引导学生学习，教育时机的把握，管与放的度，怎样调动孩子学习的内在动机，怎样成为孩子学习活动的支持者和帮助者，以及如何培养学生良好的人格、人生态度，促进学生学习和交往能力的发展等等。

教师教育能力的不足在备课上的表现也很突出：教案中只有知识内容，没有学习方法的设计，备"教"不备"学"；教学目标的简单机械罗列，没有"三维目标"如何和谐统一、自然渗透的具体措施；没有对学生学习情况的犀利分析、个案预设、课后反思。这种"下载"教参上资料的所谓"备"课是准备在课堂上将现成的知识搬运和装载给学生，这样的备课是平面的。教师拿着这样的教案去上课，不可能有宽度和厚度。

苏霍姆林斯基说过："教师越是能够运用自如地掌握教材，那么他讲述就越是情感鲜明，学生听课花在抠教科书上的时间就越少。"有关研究表明，长期以来教师的教学存在两种情况，一种是由知识走向学生，一种是由学生走向知识。前者表现为在细致地"加工"知识的前提下，在课堂上再现知识，将单位时间内完成知识的传递作为头等大事，即"教教材"；后者表现为在仔细分析学生状况的基础上，引导学生去探索知识，使学生成为知识的最终拥有者，即"用教材教"。

"用教材教"的教师具备研究型的教师素质。在新课程条件下，研究型教师应进行"研究型备课"，即在熟悉教材、课标、学生、学法和教具的同时，把这些作为资源，作为研究的对象，对题目作出某种程度的独立解释，形成自己的体验、感悟和理性思考。研究型教师不仅要全面、准确地把握学科知识，而且应跨学科了解一些知识，做到触类旁通、融会贯通，从整体上和多角度把握学科知识体系，要能够创造性地组织教学活动，将"书本是学生的世界"变为"世界是学生的教科书"，引导学生正确认识书本世界与生活世界的关系，将生活知识看作是书本知识的起源。

在新课程条件下，教师的备课，其教学思想应实现三个转变：

1. 变只懂书本知识、只会解题的单一形教学目标为重实践能力和创新精神培养的综合素质教育目标。

2. 变只重知识积累、只重学习结果的质量体系为反映学生全面素质的综合效果评价。

3. 变陈旧、落后、传统的教学手段为先进、快捷、激趣式的现代教学技术手段。

教师的教案在课堂教学实践中，要体现出有效的师生双边互动，生生多向互动，教师充满激情，学生能学得主动；教师对教学内容能做到胸有成竹，整体把握，游刃有余；在教学过程中，教案所设计的目标能自然铺就、水到渠成，教学方法自由发散，别有洞天；教师能巧用资源，提高学生学习的效率。

二、新课程条件下备课的基本要求

（一）心中有新课程标准

新课程标准是各学科教师备课的纲领性指导文件，它为教师备课、上课、布置练习、考核成绩提供了基本依据。教师在备课时，应做到心中有新课程的学科"课程标准"，要吃准、吃透课程标准，严格按课程标准备课，准备教案。

（二）头脑里有教材内容

对教材的熟悉（了解内容，把握内在联系）是教师施教的前提。所以拿到新教材后，教师应在较短时间内通读完教材内容，并在认真思考分析新教材主要内容的基础上进入备课程序。备课时，教师要认真钻研教材细微之处，吃透教材各章节内容。既要把握教材的知识点、知识结构，又要弄清各章节之间的内在联系，弄清楚各章节之间、各知识点之间的相互关系，并对与教材知识相关联的其他学科知识进行基本的了解，力求知识的科学性、整体性、结构性和全面性。

（三）眼睛里有学生

教师的备课内容要与实际相联系，特别是要与学生的学习实际和日常生活相结合，要关注学生的生活历程，了解学生的生活经验；关注学生的心理需求，备课的内容、选择使用的教法与学法都要注意符合学生的认知心理，注意从学生的角度去设计课堂活动，教法与学法的选择使用要能激励学生主动有效地参与到学习活动中去，使他们真正成为课堂上能动的学习主体。

（四）手中有丰富的材料

为了使自己的教学生动有趣，便于学生所理解和接受，达到良好的教学效果，教师在备课前，应该注意收集、整理和研究与教学活动相关的社会、自然科学知识，语言逻辑知识等。特别要关注媒体上的、身边的、生活中的点点滴滴，以便在教学过程中能信手拈来，灵活运用并为学生所接受。备课时，要对所收集的材料进行整理，善于取舍，要特别选用有典型意义的材料。选用材料不在多，而在精妙与恰当。

（五）既备教更备学

教学活动是一个不可分割的整体，教师备课既要认真思考教法，如怎样引入教学，怎样提出问题，怎样设置教学情境，怎样突出重点、突破难点等；同时也要认真考虑学生的学法设计，如怎样组织学生开展小组合作学习，怎样引导学生开展问题争鸣，学生该怎样有效参与到学习活动之中等。就一般情形而言，实际的教学活动还往往会根据不同的教学内容、教学对象、教学环境去调整教学的方法。所以只有灵活选用教法、学法，才能使学生学习有兴趣、有主动性，才能高效率地达成教学目标，课堂结构也才会真正趋于合理，教学整体效果也才会更趋于优化。

三、教师要带着问题备课

一次去听一位心理学老师上课，课题是《早恋：苦涩的青苹果》，在讲了两个活生生的事例之后，老师提出问题让学生讨论：为什么早开的花不结果？没红的苹果为什么是苦涩的？早恋对青少年学生的健康成长有哪些危害？但讨论中令老师意想不到的情形发生了：一男生举手发言，说在他上初三年级时，班里两位同学谈恋爱，他们相互鼓励、帮助，结果双双考上了同一所省重点中学，"现在他们还在恋着呢"。所以，"我不同意老师的观点，难道早开的花都不结果了吗？水果店里的青苹果都是苦涩的吗？"这位男生的发言赢得了不少掌声和哄堂大笑，上课的老师不知如何是好，愣了一会儿只好说："你说的情况是个例外，不具有普遍性。"由于老师没有抓住学生所举的相反事例，引导学生进行正确的分析，指出那两位同学是怎样正确地处理好了情感与理智、交往与学习等关系的，结果导致学生不满意，对接下来的学习失去了兴趣。

还有一次，一位老师上《蝙蝠和雷达》一课，在讲到蝙蝠是靠嘴和耳朵探路寻物时，一名学生忽然举手提问："老师，蝙蝠的眼睛有什么用？"讲兴正浓的教师愣了一下，脸上露出一片茫然，为了使课堂不被这"节外生枝"的一问所打断，上课老师旋即说道："别开小差，我们这节课主要学习蝙蝠的嘴和耳朵。老师要求'走东'，你不要'走西'。"学生提问，却被老师批评了一通，心里很不舒服，后半堂课就没有了兴致，索性趴在桌上睡觉。"蝙蝠的眼睛有什么用"的提问看来是该老师始料未及的，所以就以压制的办法来对付学生，老师害怕深究起来不好收场，影响自己的形象，影响既定教学目标的完成。

两堂课，两名学生分别提出了令上课教师难堪的、甚至"下不了台"的问题，由于教师备课时无充分准备，所以就临时以不同的理由将学生思维的头颅给硬摁了回去。其实，并非学生为难教师，更不是学生在"开小差"，不管老师怎么想怎么看，两位学生的学习行为都是应该肯定的。孩子们在积极地思考而非单纯被动地充当知识的接受器，他们带着问题去学习，所以他们想得更多、更"散"、更透，如果老师善于因势利导，他们会学得有所乐、有所趣，更有所识，得他人之所未得。

两堂课上两名学生和两位教师的表现给我们提出了一个值得深思的问题：教师应当怎么设计自己的课堂教学，即怎样备课？

教师应当带着问题备课。因为，没有问题也就没有发现，就没有真正意义上的思考，更谈不上创造了。所以，问题是认识未知世界的开始。教师备课也是如此！带着问题备课，以探索和研究的姿态，从学生的角度去思索，就会在备课过程中发现问题并找到解决问题的各种好办法，就会在学生的交流互动中开阔自己的视野，对未知世界和新事物产生敏锐的触觉。

带着什么样的问题备课？

首先，教师应带着未知的知识性问题备课。这里指的知识性不是教学内容本身的，而是与教材内容有联系但却是课本之外的知识。弄清课本知识仍然是备课的主要任务，但决不是唯一的任务。备课时，教师决不能唯书唯教材是尊。我们经常教育学生不做书本的奴隶，而要通过书本去思索发现，那么教师又怎么能够只在书本里打转呢？教师的学科知识和相关的知识越丰富，教学就越是得心应手，成效也就越好。这样，教师在学生心目中的"知识渊博"的学者形象也才能树立起来，教师对学生的影响力、吸引力才会越大。带着未知的知识性问题备课，能扩大教师上课的知识储备和问题储备，这样，教师上课时就会少出现窘态，不会因一时卡壳而手忙脚乱。如备《蝙蝠和雷达》这课的教师，如果在备课中想到一般的动物都是靠眼睛识路的，那么，"蝙蝠的眼睛有什么用"就应该成为教师想到的问题，课前就应该带着这一问题去查阅有关资料，把它搞清楚。如此下去，教师的知识丰富了，学生的求知欲望也会得到满足。

其次，教师应带着对教材知识的疑问备课。尤其是知识内容，教材之于学生，有可能会出现太难、太偏、太陈旧等问题，甚至难免会有错误。这就要求教师带着疑问备课，即备教材知识时认真思考，这个概念这样表述科学吗？这个例题的展示过程是否太繁琐了？教材上的这个事例是不是已经太"古老""太滞后了"，并及时查阅最新的相关资料，找到解决问题的办法。例如，有位老师在备《江畔独步寻花》时，发现"自在娇莺恰恰啼"中的"恰恰"一词教材解释不准确，于是，他查阅了大量资料，认为应解释为"频繁"或"繁忙"。后来，他把自己的见解撰写成文章发表，得到了同行的广泛认同。

最后，教师应从学生的角度带着学生可能提出的疑问备课。这一点非常重要，因为新课程条件下的教师备课，最重要的一条就是要备学生如何学。教师只有了解自己的学生，从学生学习的角度去思考所要教学的内容，其备课才会有针对性，上课时才不会出现学生提问导致教师因答不上来而难堪的课堂情景。备课时，教师应多考虑一下：在这个知识点上，学生可能提出什么问题？如果学生提出的问题是可以由其他学生帮助解决的，那么我该如何设计学生的活动？如果学生提出的问题与教材的这部分知识没有直接关系，我该如何回答？怎样引导？如果学生提出的问题是我始料未及的，也是我掌握的知识所难以正确回答的，我该怎么办？等等，只有经常地思考这些问题，教师的备课才会是高质量的，课堂教学也才会更具活力，更有实效。《早恋：苦涩的青苹果》一课的教学还提示我们：只有深入到学生的课余生活中去，才能了解学生之间的交往情况，才能真正了解学生的思考，了解他们的人生态度，备课也才有针对性。

四、集体备课应解决的问题

集体备课是目前中小学较为普遍的一种教学研究活动，它可以集中同学科同年级教师的力量，整合信息资源，相互取长补短，挖掘自身智慧潜能，使教学设计更科学、完整和符合实际。

但集体备课之前，应该先有教师的个人备课，在此基础上，同年级该学科老师再坐下来讨论研究，展示各自的教案，听取其他老师的意见，充实和修改自己的教案设计。

集体备课应弄清和解决以下几个方面的问题：

1. 对教材相关知识的准确理解。其一是所教学的内容，老师们是否已把握，有没有理解错误，如果有，应通过集体备课给以解决；其二是与教学内容相关的其他知识，甚至其他学科知识，老师们是否清楚，是否理解这些知识的内涵和相互关系，如果不清楚、不理解，可以通过集体备课弥补，必要时，还可请其他学科老师到场讲解或个别请教。

2. 对所教学生的认识。集体备课时，老师们应对学生情况进行认真分析。其一，从生理心理方面去研究学生对教学内容的可接受程度，从多角度、多方面去想学生可能之所想，疑学生可能之所疑，共同解决教学中可能遇到的各种困惑；其二，站在学生的角度去设计学生的课堂活动，分析学生在自主学习、提问、训练过程中可能出现的各种情况，研讨如何根据课堂上学生的不同学习情况（如学习状态、偶发事件、纪律、学生提出老师预先没想到的问题等等），及时调整课堂教学策略。

3. 对发挥集体作用与体现个体特征之间关系的辩证理解。集体备课中，老师们可以资源共享，也可以产生思维碰撞。这样，可以帮助自己加深对教材内容的理解，对教法与学法的把握与指导，拓展教学思路。但教师之间的取长补短、提高认识、资源共享，不是让他们失去自我，而是为了更好地发挥每位老师的教学特色。教无定法，教学有法，贵在得法。年轻老师思维活跃，信息储备多，与学生的年龄差距小，易于沟通；老教师教学经验丰富，工作作风严谨，教学方法成熟系统。新老教师都各有特点，又都可以相互学习。但集体备课之后，每位执教者都应根据自己特长和所教班级学生实际，调整自己的教学设计，这样去归纳、提升和再创造集体备课的收获。

4. 对集体备课是否需要形成统一的教学模式的认识。教学过程是师生的生命历程，而生命活动的过程是丰富多彩的。教学作为一项人与人交流知识、情感、方法、价值观的活动，有着十分复杂的情况。一个好的设想、一个教学资源，并不是每个人照搬就能产生同样的效果。集体备课不排斥教师个人的创造性劳动，不扼制教师的教学个性。因此，那种要求集体备课必须统一重难点、统一教学过程、统一教学方法、甚至统一作业、统一教具（如多媒体）等的所谓"五个统一"或"六个统一"的做法，是幼稚可笑的，它机械地强调绝对统一，误解了集体备课的本意，使教案变成了千篇一律的"模子"，甚至变成了束缚教师的工具。

总之，在实施新课程之后，我们对集体备课应该有一个清醒和正确的认识。作为教师个人，要通过集体备课来获取更多有用的信息资源，借鉴更好的课堂教学方法，更准确地把握相关教学内容，更全面地分析和科学引导学生的学习，进而在提高课堂教学效益的同时提高自己的教学水平。作为学校的教学管理与指导部门，也应该通过集体备课来规范教师们的教学行为，提高全校各学科教育教学质量，优化教学资源配置，进而在提高各教研组、备课组教研能力的同时提高教师队伍的整体水平。因此，集体备课是要整合教学资源，开发教师教学潜能，使之取长补短，提高教学效益，而不是扼杀教师个性特色，追求整齐统一的的机械模式。恰恰相反，教师只有在集体备课之后进行更深刻全面的反思（思考、探讨、总结），循环往复，提高深化，在共性中凸显出自己的教学个性（优良的个性特征），才能真正使课堂教学充满活力，才能提高课堂教学效率。

五、怎样运用优秀的教案范例

教案范例是许多知名教师教学思想和宝贵经验的结晶，是他们创造性劳动的成果，有很高的教学参考价值。但从不断变化的教学内容和学习主体来说，教案范例又是"静态"的，既具有时空的特定性，又具有撰写者和运用者自己的教学风格。如果我们只将教案范例简单地照抄在自己的备课本上，来个照本宣科，没有自己的思考，没有和自己的教学特点以及学生的生活实践紧密结合起来，那必定是对教案范例的误用。

怎么合理巧妙地运用教案范例进行课堂教学活动呢？教师在实践中不妨采取以下几种方式：

1. 阅读对照式。教案范例虽然不是理论文章，但往往渗透着作者的教育思想，反映了一定的教学经验，认真阅读思索，有利于教师教育教学理论水平的提高。同时，教案范例在许多方面都有其独到之处，如教学引入，教学情境的创设，教学突破口的选择，教学过程结构（如学生活动）的设计等等，能给教师们以启发和借鉴。在阅读过程中，建议教师们作点阅读札记和点评等，也可以在学习了一两篇教案范例后，结合自己的教学进行对照思考。久而久之，在不断地阅读、思考、揣摩、领悟、对照改进过程中，使自己的教育教学素养更加深厚，视野更为开阔。

2. 运用反馈式。有一些优秀的教案范例确实能够直接为老师们所运用，但在运用的过程中必须予以适当的调整。因为，教师、学生、教学条件各有不同，甚至会有很大的差异，所以运用时也不能一成不变。同时，教师在运用教案范例之后，必须进行及时的反馈总结，对教案范例的不当或不适用之处给以修正和调整，使之更丰富、完整和科学。

3. 撷取精华式。很多教案范例在整体上是难以"为我所用"的，但其中的某个部分、某个精彩的设计恰好能给我们的教学设计以启发，以帮助，甚至可以直接选用，如有的课堂高潮的创设技巧，创设优良教学情境的具体方法，生动的案例、比喻等等。但所有的选用都要与学生的实际和教学目标紧密结合起来，才能产生良好的教学效果。否则，凭教师的主观臆断，生搬硬套，精华的撷取就变成了大掺和、大杂烩，就没有了多少实际的作用。

4. 比照启发式。将同一课题和教学内容的几篇教案范例进行比照，是一种很好的运用方式。它的突出优点在于，通过比较，我们可以发现其中的巧妙之处和问题所在，可以活跃我们的教学思维，开阔教师们的教学思路。当然，比照的目的不是为了给教案范例定个优劣高下，而是让我们能从不同的角度进行审视，扬长避短，更巧妙而科学地进行教学设计。

5. 专项探究式。再精彩的教案范例也不可能在方方面面都是优秀的，不同的教案范例有着不同的特色。对此，老师们完全可以从正反两个方面进行专项研究。比如，可以从许多篇教案范例中总结出"导入"的种种方式，学习名师们是如何进行新课引入的。诸如"突破难点的策略"、"提问方式的设计"、"课堂高潮的创设艺术"、"引导学生质疑的方法"等专项探究，都可以从教案范例中获取鲜活的材料，运用于自己的教学设计。

6. 集体讨论式。集体备课，集中同年级该学科多位老师的智慧，实现课堂教学资源共享，这已经成为许多学校领导和教师们的共识，并转化为众多教师的自觉行动。教师在集体备课时，可以利用讨论和说课等方式，依靠集体力量共同探讨，确定中心发言人，每位教师都可以谈运用教案范例之后的体会，比较自己的教学设计与教案范例的不同等等。大家相互启发，共同切磋，商量着借鉴与取舍的内容，在思维碰撞中达到共同提高的目的。

必须指出，运用优秀教案范例的方式还有很多，不同的教案范例有不同的运用方式，同一个教案范例也可以采用多种不同的运用方式，各种运用方式又是辩证统一、有机结合的，教师只有在自己的教学设计和课堂实践中灵活巧妙地运用，优秀的教案范例才会发挥更大的作用。

六、新课程条件下的教案创新

教案有两种：一种是用书面形式把备课成果描述出来的书面教案，描述完整全面者为详案，提纲式的、不完整不全面者为简案；另一种是将备课成果保存在头脑中，有必要时才将容易忘记的或容易散失的东西标注在课本上，摘记在卡片上，输入到电脑中，并不一定用书面形式详细描述出来。这可称之为非书面教案。

不管是书面教案还是非书面教案，都是备课成果的体现，其质量高低主要是看实用与否，是否符合教学实际，能否取得理想的教学效果，而不在于具体的表现形式。因此，教师需要备课，而且必须高质量备课，但备课成果的体现形式却完全可以随实际需要和个人喜好来确定，不是所有的人、所有的学科、所有的教学内容都要写完整的书面教案。

以下的事例对教师们在备课时也许会有一定的启迪作用[①]：

从 2002 年 4 月开始，山东省滨州市滨城区小营中心小学开始取消对教师书面教案的检查，不再以书面教案的编写情况作为考核教师备课实效的依据，提倡教案形式多样化，教师可以根据自己的实际情况和教学内容特点，自行选择教案表达方式，可以在教材、教参上画批注，可以在以前的教案本上圈点修改，可以写提纲，也可以制卡片，还可以什么都不写，老师们形象地将此改革称之为"0 教案"。

为了保证在"0教案"实施后教学质量不降低，鼓励教师们更主动积极、科学有效地备好课，该校还加强了对教师的备课管理，如加强备课指导，由分管教学的副校长、教务主任每天与教师一起备课，研究改进教学的策略；加强同年级同学科的集体备课；强化校领导推门听课的检查力度；组织各种教学观摩、公开课等多种形式的教学研究活动等等。

"0教案"改革给学校带来了生机与活力。教师的教学理念正在更新，教学行为得到改善，课堂更加灵活开放，师生关系也发生了根本性的转变。例如

该校的李雅静老师说：自从学校实行"0教案"改革后，教师在教育教学活动中有了更大的自主权，可以自主选择适用于实际课堂教学的方案，自觉地实现教育教学的目标，形成自己的教学风格。我们不再用大量的时间去写"花架子"教案，而是把精力用在对教学起重要作用的备课上：进课堂以前，认真钻研教材，并把设计好的教学过程在头脑中像演电影一样梳理一遍；分清教学主次，抓住一些学生可能存在疑问的地方加以思考、分析和调整，随手在课本上做一些提示性的标记，使之成为备课环节的一个有机延伸。经过近一年的实践，我们把教案"备活了"，教学中哪个地方该"放"，哪个地方该"收"，哪个地方该"扶"，自己逐渐能做到得心应手，驾驭课堂的能力得到了较大的提高。

苏向东老师说："0教案"并不意味着教学的放任自流，而是需要教师把更多的时间用于把握教材、研究教学上，自由地把自己的智慧、情感、个性魅力更多地投入到教学情境的创设之中，创造出焕发生命活力的课堂。比如我们的语文教学，以往那种教师先行设计的"彩排"、"依葫芦画瓢"的现象已经销声匿迹，不仅有井井有条、紧凑严密的科学论文体式的课堂，更有富于诗意的散文体式的课堂。"0教案"是务实的改革，它激发了教师进行创造，它释放了教师教学实践的智慧。

王道荣老师说：不再设计书写完美的教案了，教师在课堂上有了更多的创造性临场发挥。原先，有很多像我一样的"懒"教师常会照着抄来的名师教案"宣科"，学生的思路跟不上，我们就"生拉硬拽"，将学生绳之以"案"，此时的学生和教师都成了教案的奴隶。现在就不同了，我们可以根据教学大纲的要求灵活地掌握教学目标，用教材来教而不是教教材。课堂上，学生的思路就是我们教学的"线索"，我们只是引导学生前进。过去以传授知识技能为主，现在我们以促进学生的终身发展为己任；过去我们带着知识走向学生，今天我们陪着学生走向知识；过去我们把教科书作为学生的世界，今天我们让世界成为学生的教科书。

　　赵小兵老师说："0教案"给了教师一份难得的自由，但我们每一个人都在利用这份自由读书、求知，每个人都已积累了十几万字的学习笔记。他说，不抄写教案，我们有更多的时间去学习和思考。我们在学习中思考，我们在思考中提高。

　　可以说，"0教案"的诞生是课堂教学中的一场革命，是教案设计的一次全新变革，是教师备课的伟大创造。

　　长期以来，教师备课必须写教案，而且教案内容愈详细具体愈好，形式愈完整无缺愈好，书写愈工整愈好，否则就是"不认真"、"不负责"、"不敬业"。于是，学校或更高一级的教育教学管理者就制定出一系列的条款，检查时逐条照搬，死卡硬抠，严密检查。不曾想作茧者必自缚，为应付检查不动脑筋抄教参、抄教案的现象越来越普遍，真可谓"上有政策，下有对策"，就连一向责任心强的教师也不得不效尤，教师们都成了这种僵化机械的备课管理制度下的麻木被动的奴隶，没有了自主创新，甚至没有了教学的灵气。试想，用抄来的教案去教学，课堂上哪儿还有生命的活力？

　　无论是听、评课的领导、教研员、教师，还是教学活动的主导者，都必须清楚，那种纯粹为了应付检查的教案不论其内容多么充实，形式多么完整，书写多么认真，如果没有收到积极的教学效果，其价值等于零（甚至等于负数），那些机械僵化的备课管理制度，不论其多么具体明确,多么健全完备,多么冠冕堂皇,只要有碍于教师扎扎实实的备课,不能真实客观地反映备课的实际效果,其价值也同样等于零。

"0教案"不是笼统地否定一切教案,只是不再要那些工工整整书写在备课本上,填在机械繁琐的表格里的形式主义的教案。只要能备好课,教案怎么写都可以,写在脑海中也行。

"0教案"不是"0备课",该做的事情仍然要做好,只是不再用那些机械僵化的检查办法来束缚老师,不再毫无意义地加重教师的工作负担而已。

教案创新的方面有很多,方法也各异,"0教案"只是新课程背景下教师教案的一个创新,但它是实实在在的真创新,它留给教师们的思考尤其是留给教学管理者的思考,却是很深远的。

有一个真理是颠扑不破的:新的教育思想,往往在教育改革的实践中诞生和扎根;新的教育观念,也只能在教育教学的实践探索中才能获得旺盛的生命力。

愿每一位教师都以火热的激情投入到新课改的实践中,投入到全新的教案改革之中去。

(注:①案例选自《人民教育》2003年第9期:《"0教案"的实践与思考》

附:
案例一:

《南方经济的发展》教案

雷瑛

分析教材

采用的教材是北师大出版社出版的实验教科书《历史》七年级上册。设计的内容是第21课:南方经济的发展。本课以南方经济的发展为核心，主要分析了其发展的原因和表现，课文也介绍了人口南迁和淝水之战的史实。

分析学生

初一年级的学生，大多数喜欢听讲故事，也有一定的思维能力，但他们的认知水平较低。

设计理念

以学生的合作、探究学习为主，通过学生对"人口南迁的影响"、"南方经济发展的原因"等问题进行讨论来达到目的。同时也借助成语故事，培养学生的健全人格。课后的社会调查是让学生在生活中感知历史，对历史产生认同感。

教学目标

1. 知识与能力

(1) 能够归纳江南经济发展的原因和表现

(2) 探究人口迁移与经济发展的关系

2. 过程与方法

(1) 收集与本课相关的成语故事

(2) 开展探究性的学习，了解南方经济发展的原因和表现

3. 情感态度与价值观

(1) 通过草木皆兵、风声鹤唳等成语故事，培养学生在困难和挫折面前，应具备的心理素质。

(2) 通过南北方人民共同开发江南的史实，培养学生团结合作的精神。

教学流程

一、引入新课

学生相互交谈，了解对方来自哪些省区，并提问：我国的北方与南方是怎样划分的？（学生课前准备，查找一些相关的地理资料）

学生回答后教师提出：在我国历史上的东晋南北朝时期，北方与南方的情况是怎样的呢？（指导学生阅读教材第105页的课前提

示,让学生了解本课的内容和结构)。

二、讲授新课

请来自于其他省区的同学在班上作自我介绍,而其他的同学思考:这是一种什么社会现象?

生答:属于人口流动、人口迁移的社会现象。

老师引导:在我国历史上也曾有过一次大规模的人口迁移,它发生在何时?迁移的情况怎样?(以问题的方式来激发学生的求知欲)

(一)人口南迁

1. 以提问的方式,引导学生自主学习教材,设计的问题有:

(1)北方人口为什么南迁?(了解南迁的原因)

(2)人口南迁是怎样迁移的,分布在哪些地区?(利用"东晋南迁移民分布图",明确人口迁移的方向,分布地区,以便学生掌握查看历史地图的基本技能。)

(3)人口南迁的过程中出现了哪些感人的故事?(结合教材的内容和课前收集的资料)

学生自学教材后回答上面三个问题(回答略),老师对学生的回答给予鼓励式点评,其目的是培养学生学习历史的兴趣。

2. 学生间交流收集的与人口南迁有关的成语典故(促进学生间的交流与学习)。

生:闻鸡起舞、渡江击楫等。

请一位学生讲述闻鸡起舞的故事(略)

学生讲完以后,老师引导学生思考:你们听了以后,有什么体会?

生答:祖逖思念故乡,立志报效祖国,勤奋苦练的精神值得我们学习(培养学生热爱家乡、热爱祖国和报效祖国的历史责任感,树立起积极向上的人生态度)。

3. 组织学生讨论:北方人口南迁有什么影响?(探究人口南迁与

南方经济发展的关系）

把学生分成四个小组，每组选出一个代表，负责记录本组的讨论情况，并代表本组发言，陈述本组的观点。

第一组认为：南方的人口增加了，为南方经济的发展提供了劳动人手，对南方经济的发展起到了推动作用……

第二组认为：北方人与南方人生活在一起，他们相互学习，出现了民族融合的局面，推动了多民族国家的发展……

第三组认为：北方人口南迁有利于南方经济的发展，但是，他们不敢面对现实，采取"逃跑"的方式来躲避战乱，这种消极的人生态度应该批评。

4. 结合现实，以自己知道的事例来说明当今社会人口迁移、人口流动的情况。（把历史与现实有机地结合起来，让学生在生活中去感知历史）

甲生：三峡移民是属于人口迁移。（引导学生分析其原因、目的）

乙生：班上的同学有来自黑龙江、内蒙古、江西等省区。

丙生：民工潮、外出经商者或外国老板到中国投资、经商等。

老师在学生举出事例以后，引导学生分析人口迁移对经济发展的作用，并思考：人口流动会不会带来负面的影响（培养学生的辩证思维能力）？

小结：除人口南迁为南方经济的发展提供条件外，还有什么事件使南方经济发展的进程没有被中断？（过渡）

（二）淝水之战

1. 学生阅读教材107页，了解东晋、前秦建立的情况和淝水之战的结果。

2. 相关的成语故事

请2—3位同学向大家介绍收集的与淝水之战相关的成语。

主要有：草木皆兵、风声鹤唳。随后请两位同学分别讲述这两个成语故事（满足学生喜欢听、讲故事的愿望，同时培养学生的语言表达能力)。

学生讲完以后,启发学生思考:你们遇到困难、挫折时,应该怎样?请用成语表达(其目的是借助成语典故,培养学生能够承受压力、不怕困难的心理素质)。

生答:镇定自若、临危不惧。

提问:在前秦失败的原因中,你们得到了什么启示(让学生在学习历史的过程中去感悟人生)?

生答:骄兵必败。

小结:人口南迁和淝之战都有利于南方经济的发展,那江南经济是怎样发展的?(过渡)

(三)江南经济发展的原因

1. 提问:江南经济发展的原因是什么?(学生分组讨论,各组陈述本组的看法,若有分歧,让各组间展开辩论,以便学生养成合作、探究学习的习惯。)

学生讨论后归纳为:

(1) 北方人口南迁,增加了劳动人手,带来了先进的生产工具和生产经验。

(2) 南方有优越的自然条件。

(3) 南方战乱少。

(4) 南北方人民共同开发的结果。

2. 江南经济发展的主要表现

学生自学教材108页,根据教材叙述的内容,归纳出江南经济发展的主要表现(培养学生归纳能力)。

农业方面表现为:……手工业方面表现为:……

教师对学生的归纳进行评价,并鼓励学生:你们发现了什么问题,请提出来。(让学生主动地参与到教学中来,改变被动接受知识的学习方式)

生问:老师,什么是双季稻?为什么要把建业改名为建康。人口迁移为什么不向西部迁移?

师：组织学生讨论他们提出的问题，向学生讲述双季稻的含义。指导学生阅读"每课一得"，就知道把建业改名为建康的原因即避讳。对于人口迁移为什么不向西部迁移这一问题，引导学生从自然条件、社会的发展情况来进行分析。

三、课堂小结

学生以表格的形式整理、归纳江南经济发展的原因和表现。（培养学生以表格的形式陈述历史问题的能力）

全班同学进行评比，看谁的设计形式最新颖，内容最完整，评选出优秀者。（培养学生的创新意识）

四、课外作业

结合郫县的实际，以"人口迁移与经济的发展"为主题，写一篇小论文。（把学生分成两组，第一组了解十年前家乡郫县人口的数量、税收情况和人均生活水平；第二组调查现在的人口数量、税收情况和人均生活水平。两周以后，两组学生把调查的情况和收集的资料进行汇总、交流，在此基础上完成此作业）

自我评价：

本课成功之处表现在：第一，学生在探究人口南迁带来影响的过程中，与现实结合，了解现实生活中的人口流动、人口迁移的情况，在现实生活中去感知历史，使历史与现实有机的结合起来。第二，借助草木皆兵、风声鹤唳等成语故事，让学生去感悟人生，形成积极向上的人生观和价值观。第三，通过课后的社会调查，让学生在生活中认识人口迁移与经济发展的关系，使课堂教学的内容得到进一步深化。

（作者系四川郫县一中青年教师。该教案获北师大优秀课案评比三等奖）

案例二：

下课之后才完成的故事

这段时间我一直在思考"备课怎么备"、"教学设计如何设计"、"写教案如何写"之类的问题。在大学读书时，教教育学的老师在讲到"如何备课"这一节时，苦口婆心地强调要"备教材"、"备学生"，以教材的"知识结构"和学生的"学情"作为选择教学方法和教学工具的依据。记得期末考试的考题就是"怎样备课"。

自己做了教师之后，我一直按"备教材"、"备学生"这两个要求来设计自己的教学。后来我发现，"备教材"、"备学生"其实是合而为一的事情而并非分开的两个要求或两个程序，我将它理解为"根据学生的学情梳理教材的知识结构"。

有一段时间，我很为自己的这个想法和做法得意。学校曾在全校范围内检查教师的教案，我写的教案作为优秀教案受到学校领导的认可和赞赏。

但做教师的时间长了，我感觉我的教案越来越没有个性、越来越没有生机。像周围其他老师一样，我发现我的教案不过是在不断"重复"昨天的、过去的故事。教案也越来越简单，有时甚至懒得做教学设计，懒得写教案。

我开始为教案的问题感到困惑。

前两天接到学校通知，说有大学的专家来听我的语文课。学校领导提醒我"要注意教学设计"，"专家可能要看教案的"。

我对这样的任务并不陌生，我已经习惯于上所谓的"公开课"了。

但是，在为这节"公开课"准备教案的过程中，在我自己提醒自己"要注意教学设计"的过程中，我开始反思我自己以往的"公开课"的得意与失意。我意识到我所有的得意与失意，似乎都与"教案"、"教学设计"相关。而且关键的问题似乎还不在"上课前"我如何设计教案,关键是"在课堂教学过程中"如何根据学生在课堂中的实际状况调整我原先设计好的"教案"。如果这样来看,"教案"可能不完全是在上课之前设计好的,真正的教案,是在教学之后。

我不知道我这个想法是否正确,但我很愿意按照这个想法来展开这次的"公开课"。

(任英:《教案:下课之后才完成的故事》,《人民教育》2002年第12期)

案例三:

《老师说我是小蚌壳》教案设计

成都市都江堰团结小学 李亚丽

| 学　科 | 语　文 | 授课课题 | 老师说我是"小蚌壳" |

教材分析:
　　《教师说我是"小蚌壳"》是一篇二年级的课文,课文讲了一个淳朴的小孩子为了在教师节时给美丽、可亲的林老师送上一份独特的礼物,便亲自到野外采摘野花合成花束。可正因为她送的花束中有一种名叫"野葛"的有毒的大红叶,害得林老师生病住院。面对同学们的责怪,她委屈、后悔、自责,可林老师知道后不但没有责怪她,反而细心宽慰她,说她是"北部湾浅海里的一只小蚌壳,有一颗珍珠般的心,但需要海洋般的知识来滋养"。课文饱含儿童对老师纯真、炽热的感情,真切、感人。

学生分析:
　　班级学生通过两年多的学习,已经积累了一定的自主学习和感悟语言的能力,他们善于在老师的引导下通过猜测、推想、想像等方法感受语言文字背后隐藏的内涵,有一定的知识和能力储备。

教学目标:
　　1. 通过对"我"所送的礼物的独特和三次哭的体悟,深入领会"我"对林老师真挚的情感,在此基础上有感情的朗读课文。
　　2. 理解课文内容,结合搜集到的有关"蚌壳"的资料,弄懂为什么老师说我是"小蚌壳",感受林老师的可亲、和蔼。

教学理念与教学方式：

　　语文学科最重要的特点就是教学的人文性，情感是语文教学的灵魂之一。为此，针对教学内容《老师说我是"小蚌壳"》饱含儿童纯真、炽热之情的特点，我将本节课堂教学的重点定位为"深入领会'我'对林老师真挚的爱，并在自主体验的基础上有感情地朗读课文"。为了能最大限度地帮助学生领悟课文字里行间蕴含的浓浓的情，进而有感情地朗读课文，我尝试引导学生用推想的方法去感悟语言所蕴含的感情，辅以深情动人的音乐，打开学生真情共鸣的心窗，达到有感情朗读的目的。

教学活动过程：（教师活动）

一、引入：

　　1. 师：上节语文课我们学习了第九课《老师说我是"小蚌壳"》，通过这样一些句子体会到了"我"非常喜欢林老师，（出示小黑板），再读一读，再体会体会。

　　2. 师：通过上节课的学习，我们知道"我"为了表达对林老师的爱，特意在教师节前夕送了一份礼物给林老师，这是一份怎样的礼物呢？

二、体会"礼物的特别"

　　1. 师：从哪些地方看出"我"送给林老师的礼物是特别的礼物呢？
　　2. 师："我"在采摘野花时可能遇到了哪些困难？
　　3. 引读第9自然段。

三、体会"我"的三次哭

　　1. 师导语过渡：林老师收到礼物时幸福的微笑让"我"忘记了采摘野花时的疲惫。可第二天，却发生了意想不到的事情，是什么事？
　　2. 师：同学们深爱的林老师因为"我"的花束而住院了，同学们此时的心情是怎样的？该怎样读？
　　3. 师：同学们都说是"我"害了林老师，"我"真想害林老师吗？引读11自然段。
　　4. 师：文中有三次提到"我"哭，找一找，哪三次？分别为什么哭？
　　5. 师：林老师为什么说"我"是"北部湾浅海里的一只小蚌壳，有一颗珍珠般的心，但需要海洋般的知识来滋养"？

四、激情升华

　　1. 师：上节课有同学提问，当"我"流着泪走出病房时，看见林老师的眼里也含着热泪，这是为什么？现在你们能解决这个问题了吗？
　　2. 师激情导语：这泪是被学生真情感动的泪，这泪使师生情感完全交融在一起。同学们，让我们一起为美丽、可亲的林老师，也为那个有着一颗珍珠般的心的孩子唱一首觉悟的歌吧！

（学生活动：）

带着感情齐读表现"我"爱林老师的语句。

浏览课文，回答。

默读 8、9 自然段，思考。

汇报。（可以用书上的语句，也可以用自己的语言）

根据已有的经验推想"我"可能遇到的困难。
在老师的引导下朗读第 9 自然段。

根据预习情况回答。

在老师的引导下有感情地朗读第 11 自然段。

自学，讨论。
汇报。
讨论。
汇报。
再次有感情地朗读林老师说的话。

自主互相解疑。

带着自己的体会、感悟，有感情地配乐演唱《每当我走过老师窗前》。

案例四：

《〈枫桥夜泊〉新解质疑》教学设计

湖南浏阳　王虎森

教材分析

《〈枫桥夜泊〉新解质疑》是九年义务教育全日制初级中学教科书《语文》（人教版）第五册第三单元的一篇议论文，《不朽的失眠》是同册语文教材第四单元的一篇小说。按照传统的单元教学方法，该把它们分开来学习。可在实际的教学中，我打破了单元教学界限，把这两篇文章放在一起进行教学，取得了较好的效果。

之所以要打破单元教学界限，一是因为这两篇课文都与唐诗《枫桥夜泊》有关，而更重要的原因是，通过学习这两篇课文，有益于学生树立古诗文完全可以新读新写的观念。有了这样的观念，学生才可能逐渐学会"用"古诗文。而任何学习，"学以致用"都是最高的法则。

教学时间

2 课时

教学流程

一、学习张继的诗《枫桥夜泊》

教师简介这首诗的写作背景，然后让学生背诵（5分钟左右）。学生边读边背边想像诗中描述的画面。

（这首诗是一个引子，是一个例子，从这里切入比较自然。）

二、学生自学张晓风的《不朽的失眠》，教师作简要点拨

（一）教师点拨如下：

1. 金榜题名会如何？名落孙山又会怎么样？

明确：它们有天壤之别，在这种巨大的反差（对比）中写出诗人理想破灭之后的痛苦。

2. 小说根据诗歌进行想像，它在心理描写方面和诗歌相比有什么不同？

明确：更为细腻。抒情短诗与小说在文体上的不同是其原因之一。

3. 小说结尾是作者的议论，请你依据这一议论说说"不朽的失眠"的含义。

明确：诗人因痛苦而失眠，产生写诗的冲动，并写下了《枫桥夜泊》这首千古传诵的名诗。失眠不朽是因为诗歌不朽。

（二）课堂讨论：张晓风是现代作家，他离张继生活的唐代已有一千多年。作家是如何让当时的情景"如在目前"的？俗话说："人心隔肚皮。"张晓风不是张继肚子里的蛔虫，他怎么知道诗人当时的心理活动的？

明确：这一切都是因为作者丰富的想像力在"作怪"。

（三）得出结论：古诗文可以"新读"，而且可以"新写"。以古诗文为蓝本，以不羁的想像为"利器"，对古诗文进行程度不同的"改写"，这也是一种创作，有人称这种创作为"二度创作"。

三、学习《〈枫桥夜泊〉新解质疑》

这个部分也是以学生自学为主，教师作必要的点拨。

（一）教师点拨如下：

1. 新解认为，"乌啼"者，"乌啼桥"之谓也。作者刘金对此进行质疑，质疑的理由是什么？

2. 在新解中，"江枫""愁眠"是什么意思，"江枫渔火对愁"又是什么意思？作者刘金对此进行了质疑，其理由是什么？

（二）课堂讨论：作者刘金是不是反对"古诗新读"？

相当多的学生认为刘金是反对"古诗新读"的，但也有一部分学生认为不是这样。教师引导学生自己到课文中（最后一段）去找答案。

刘金自己的说法是:"总之,我觉得,这样的新解,把一字一句都落实到具体事物上,结果使诗的意境全失,兴味索然。这样的考证、新解,即使不是牵强附会,也是以牺牲诗的艺术为代价的。"

明确:刘金的这个说法跟我们上面的古诗文可以新读(新解)、新写的说法并不矛盾。他不是反对所有的新读(新解),他反对的是"以牺牲诗的艺术为代价的牵强附会的"新读(新解)。

(学生回答教师点拨内容中的问题觉得比较容易,绝大多数学生也能在书上找出现在的答案或自己概括出答案。但在课堂讨论的时候,出了一点问题:认为刘金反对古诗文新读的学生占了一半以上,所以教师不得不又引导学生仔细体会文章的最后一段)

四、放流行歌曲《涛声依旧》,学生聆听,学唱

这个部分主要由教师进行解说。

师:上面两篇课文,给了我们这样的启示:古诗文的新读新写,离不开古诗文,我们的想像必须以它们为起点,以"艺术"为终点。

不过,在还不是特别善于"新读新写"的现阶段,只要我们不是进行别有用心的"歪读歪写",古诗文新读新写就是应该大力提倡的。

《涛声依旧》这支歌曲就是古诗文新读新写的一个典范。

词作者陈小奇对《枫桥夜泊》这首诗是熟悉的,但如果仅止于此,他是不能创作出《涛声依旧》来的。有了对古典诗歌的欣赏和相当的积累,又有了现实生活的感受和体味,这两者邂逅并碰撞出火花,《涛声依旧》才有"出世"的可能。

由此我们知道,从《枫桥夜泊》到《涛声依旧》,不是"掘墓鞭尸",也不是简单地参观一下故宫长城什么的,它必须是"古"与"今"在一个特殊时间、特定空间的链接,"古"是"今"的触媒,"今"在激活"古"的同时,自己也"借尸还魂",从而获得了超越。

学以致用永远是我们学习的最高法则,古诗文新读、新写恰恰是这一法则的具体体现,它打通了古今的时光隧道,让我们真正地

"神骛八极,心游万仞"。

(这个部分既是上一个教学环节的必然延伸,同时又是下一个教学环节的先导。教师的解说是一种诗意的解说,是一种动情的解说,让学生觉得很美,并让他们不知不觉地产生一种新读新写古诗文的冲动)

五、总结并布置作业

(一)总结

师:古典诗歌不朽的艺术魅力当然首先有赖于自身的含蓄优美、意蕴丰赡,但我们这些千载之后的读者的积极参与也是一个不容忽视的因素。我们读古典诗歌常读常新,常新常美,这保证了以唐诗为代表的中国古典诗歌既像窖藏很久的美酒,一开封便浓香四溢,又像野草,"野火烧不尽,春风吹又生",永远是新的,永远生机勃勃、活力无限。

人人有自己独特的生活和命运,有自己独特的感悟和视角,所以人人都有对古诗文新读新写的可能。当然,欣赏任何一种艺术都是为了更新和创造,在当前创造力还不够强大甚或常常被压制的情况下,古诗文新读新写就不仅仅是一种个人的阅读和创作活动,它更是我们与生俱来的一种权利!

(二)布置作业

师:请同学们在本册语文课本第五六单元里或初中语文1—4册里任选一篇古诗(文),进行"二度创作",文体不限,字数不限。但有一点需要注意,那就是不能"翻译了事",比如,如果你选择《茅屋为秋风所破歌》或其他古文,不能只是翻译一遍交上来就算了,而要激发自己的想像力,身临其境,与古人一起悲欢离合,与他们同呼吸、共命运,只有这样,你的"二度创作"才可能获得成功。

(总结的目的是为了让古诗文新读新写的观念深入学生的心灵。布置作业是趁热打铁,让这种观念变成学生富有创造性的具体实践)

课后反思，学生觉得这种打破单元界限的教学比较新奇，聆听并学唱《涛声依旧》这首流行歌曲也让他们感到愉快，他们接受了古诗文新读新写的观念，但他们的创作实践并没有收到太大的成效。我准备继续沿着这条路走下去，下次上同样的课时，我会进一步告诉学生怎样运用古诗文：一是引用；二是一半引用一半改用；三是化用。

（资料来源：《人民教育》2003年，第13—14合期）

第五章

听课：在观察中把握课堂教学的真谛

听课，作为一种常规性的教学研究活动，一直以来都在各学校、各学科教研活动中经常地、广泛地进行着。有的学校还规定：教师每学期必须听课××节，学校中层以上干部必须听课××节等等。以行政管理的方式将干部、教师的"听课任务"给以"落实"，并制定出相关的奖惩条例（办法）。然而，为了完成听课任务，教师间相互抄写听课笔记的现象多有发生。究其原因不外有三：工作太忙，无暇听课；启发不大，听了无用；对听课的指导与要求不明确，不知如何听。

新课程改革大力倡导校本教研，主张开展学科、年级组、学校之间等多种组织形式的教学研究活动，主张将说课、听课与评课相结合，通过听课与评课研究活动改进课堂教学中存在的问题。而事实上，会不会听课、如何去听课、从什么角度去观察一堂课等等，都是有必要进行研究的。它既关系到听课质量以及常规教学的水平，也关系到课程改革的持续、有效、深入地开展。

本章拟从教师的角度探讨听课的有关问题。

第一节　听课的主要特征与基本要求

一、听课的主要特征

（一）什么是听课

听课是指教师或研究者凭借眼、耳、手等感官，运用有关的辅助工具（记录本、调查表、录音录像设备等），从课堂情境中获取相关的信息资料，从感性到理性的一种学习，是评价及研究的教育教学方法。由于听课者在课堂上最多的是看教师如何组织教学，学生如何开展学习活动（如小组讨论活动，分组实验活动，演示实验活动，多媒体展示以及幻灯、挂图、实物展示活动，课本剧表演等等），所以，在新课程理念下，人们又把"听课"称之为"看课"。

听（看）课是教学的常规工作之一，它既是教育行政和教学业务部门检查、指导教学工作及各种层面上的教研活动的重要内容，更是教师、教研人员的一项必不可少的、经常性的工作职责与任务。

听课要讲方法和技能，需要一定的学习和培训。听课者一方面应具备一定的教学修养和经验；另一方面还应掌握一定的听课技术要领，需要以新课程改革所倡导的科学理念与已有的成功教学经验为基础，以听、看、思、记、问（问学生）和谈等多种活动协调为保证的立体性综合技能。

听课不是改进教学的目的，而是手段和途径。通过听（看）课以及课后的点评达到鉴别课堂教学优劣，改进教师教学方法，从而提升课堂教学质量，提高教师教学水平的目的。同时，通过听（看）课，听课者的教学研究水平也得到相应的提升，这也是听（看）课所应达到的另一个主要目标。

（二）听课的主要特征

1. 目的性

听课者不应是盲目的，听课时总会带着想要达到的目的而去。例如，为什么要去听这节课？听这节课我要解决什么问题？对听课者而言，听课的目的和任务应该是很明确的、具体的。听课教师应该根据听课的目的来选择对象、时间和地点，并有选择和有侧重地听一部分课或学习一部分内容。例如，老教师指导新教师的"跟踪听课"，一般都按时间段集中听课，以便及时发现新教师在教学中存在的问题，及时帮助指导；而新教师听课的最主要目的就是观摩学习，主要看上课教师是如何组织教学活动的，如重难点是如何突出与突破的，学生的兴趣是如何激发的，教学手段和教学媒体是如何运用的，课堂优良的教学情境是如何创设的，以及板书的设计、学生活动的开展等等，新教师边听（看）边学习，并在自己的教学实践中参考运用。

2. 选择性

听课不是为完成学校布置的任务而进行，而是根据听课者的需要而选择。有意识有目的地听某节课，这就是选择。例如，青年教师要学习老教师处理教材重难点的经验，要学习有经验教师组织教学活动的艺术，就要根据这些老教师、有经验教师的特点，结合自身实际，有选择地长期地"随堂听课"，去观察、去比较、去模仿；某一学科或某一学校要推荐教师参加优质课竞赛，就会组成评委，组织教师听青年教师的课；就某一学科专题内容开展研究，这样的研究课，是同一学科教师都必须参与的，而领导同志要了解某一教师的课堂教学情况，也可以不打招呼地随机听课。

3. 指导性

凡听课活动都会在听课后形成听课者个人或集体的认识和意见，而且在所有的听课活动中，同学科教师之间、上级对下级，领导对教师、专家对教师以及结成"对子"的师徒之间的公开课、研讨课、示范课、竞赛课和随堂听课是大量的，形成的意见和建议也总是通过多种方式反馈给学校或教师本人。这就要求听课者要真诚地、与人为善地、实事求是地、辩证地提出一定的指导性意见和建议。

4. 主观性

虽然课堂教学是一种客观的实践活动，但在听课时的主观因素却很多。譬如，什么时候到什么学校（教室）去听哪位教师的课，多数情况下是由听课者自己决定的。而且在课堂上，无论听课者、被听课者或者学生都是有主观意识的人，其行为方式受意识支配，课堂教学的实际情况可能会因听课者的到来而发生变化。另外，听课者的听课行为受他的教育思想、教学观念和经验，以及对被听课者的印象等诸多主观因素的制约。所以，往往在听课后的评价中会出现听课者之间的意见多样性。真可谓"仁者见仁，智者见智"。

5. 理论性

其实，无论"仁"或是"智"，言之有理，行之有效，皆可吸纳。问题只在于"仁"者、"智"者，其理论依据是什么？听课需要掌握一定的艺术，也需要有一定的教育教学理论、心理学理论作支撑。听课者即使听本专业以外的课，也要能发现成功的地方和不足之处，这必然要求听课者有一定的教育学、心理学的理论基础，掌握新课程所倡导的教育教学理念和教学方法。听课者要在听课时进行认真的观察与思考，听课后认真回顾分析，要对被听课者作出一些有说服力的定量或定性的评价，这些都需要有相关的理论作指导。

6. 情境性

任何课堂教学都是在某种情境下进行的，平常没有听课教师参与的课堂情境是自然的、"原生态"的，师生之间因为没有外人的介入而显得自然、轻松、和谐。由于听课者的到来，师生都会产生一定的紧张感、兴奋感，从而打破原来的情境，形成一种新的课堂情境。这时，听课者、授课教师和学生都处在一种临时营造出来的环境之中；而且不同的时间、地点、条件就有可能有不同的过程，产生不同的结果，即使同一个教师在不同的学校上同一节课都有可能会得到不同的评价。听课时所获得的资料以及有关的感觉和理解是离不开一定的情境的，这种情境不可避免地会表现出不稳定性（波动性）、变化性和偶然性。

7. 共享性

听课活动也是一种学习活动。听课活动的开展不仅可以促进被听课者教学水平的提高，教学艺术更加精湛，而且对于听课者本人也多有帮助，是一项"双赢"的教学活动。听课者，尤其是听课教师把听课时所获得的优良的教学方法、典型的个案材料、精彩的教学艺术等记录下来，收集整理，能动地运用于自己的课堂教学实践，实现了信息资源的共享，方法艺术的共享，这样可以减少备课成本，提高教学效率。而讲课教师则可以从课后听课者与其交换意见中获得改进教学的多方面信息，从而为提高自己的教学技艺积累经验。

二、听课的基本要求

（一）要明确听课的目的、计划和要求

不论是听哪种类型的课，在听课前都应确定具体的目的和要求，听课者必须清楚这些目的和要求，否则，就可能得不到有效的、真实的听课信息，就达不到听课的目的。所以，就听课者个人而言，本学年度计划听哪位（或哪几位）教师的课，听课的主要内容是什么（年级、学科、教材内容），听这位（或这几位）教师的课所要达到的目的是什么，等等，都应在学年初有明确的计划安排。

就教学业务指导部门（如教研室）和学校而言，听课活动必须是制度化的，即听课应该有制度、有规范、有计划、有明确的目的要求及具体的操作计划。例如，每学期教研员、学校领导、学校中层干部和教师应听多少节课，不同的教师（如新教师、教新课程实验教材的教师等）要求听什么样的课，达到什么样的目的等等，应有具体的计划、目标、要求等，并且要让每一位听课者都知道，使他们能将其作为工作的组成部分，自觉地去听课和接受听课。管理部门（如教务处、科研室）要将听课作为常规工作进行督促和检查，使之落到实处。

（二）要了解教材、学校和教师的基本情况

不同的学科、不同的教材、不同的年级有不同的教学内容、教

学方法及教学要求,因此,听课者必须课前熟悉。譬如听新课程的数学课,是否数学教师(教研员)对各年级新课程标准的要求都了然于心了呢?如果不是这样,那么就需要事先学习,查阅相关资料,掌握该学科的课程标准和课程实施的具体要求等,熟悉听课年级的教材内容与教学要求。

熟悉教材可以在听课前突击看看相关的教学内容,但更多的是在听课之初或听课过程中用较短的时间翻阅一下相关的内容,对于非教学于该学科的听课者而言尤其如此。否则,你就不一定能听出授课教师是否遵循了新课标的要求,是否抓住了教学的重点,突破了教学的难点,学生是否掌握了所学内容,师生是否完成了教与学的任务等等。这样,听课就失去了学习和指导的双重意义。

另外,不同的学校、不同的教师、不同的学生会有不同的教学传统、教学特色、教学风格、教学基础、教学方法、学习习惯和认识水平等,听课者都应尽可能通过各种方式进行一些了解,以便增强听课的针对性及评价的客观性和公正性。

(三) 处理好听课者与授课者的关系

听课者走进课堂,会使课堂教学实际状况发生变化,绝大多数的授课者和学生对听课者抱有戒备心理和好奇心理(学生多是如此),特别是上级教育行政和教研室等业务部门以及学校领导听课,会导致师生产生紧张情绪。授课者一般力求使课上得让听课者满意,这样就必然会使这节课有别于平时的课堂教学。

听课者应抱着向授课者和学生学习的态度走进教室去听课,适当地与授课教师和学生交流,说说生活事,问问学生情况,以便转移和减轻师生的紧张心理,尽最大可能取得授课者的信任,取得师生的理解与配合。

进入课堂后,听课者要集中注意力,做到认真听、仔细看、勤记录、多思考,要注意观察学生的学习情况,在既不干扰学生学习又不干扰教师组织教学的前提下,了解这堂课的教学实情,同时使课堂教学以真实自然的面貌呈现出来。

（四）学习教育教学理论，了解相关学科的课程信息

新课程改革所产生出的新思想、新方法、新经验、新问题，必然要求听课者不断关注和学习相关学科的新理论，学习教育教学、心理学等理论，了解课程改革的新的政策形势、教学要求等，获取新的信息、新的知识，思考和探究新的问题，提出新的措施和要求等，进而提高听课的质量，正确地发现教师课堂教学的优缺点，提高听课的针对性和实效性。

（五）做到听、看、记、思的有机结合

听课主要应做到以下几点：1. 教师是否体现新课程的理念、方法和要求；2. 教学是否重点突出，难点突破，详略得当；3. 教师语言是否流畅，表达是否清楚，是否亲切和蔼；4. 是否有知识性错误；5. 教学活动是否有创新之处（听看结合）；6. 教师的思维是否多向、宽泛，学生的回答是否准确，教师的纠正（或请学生纠正）是否用语准确。

判断一堂课是否成功主要标准是：1. 教师主导作用的发挥情况。例如，是否鼓励学生回答问题，是否熟练地运用教具，是否指导学生学习，处理课堂教学中的偶发事件是否灵活巧妙；2. 是否善于抓住学生的不同特点组织教学，创设优良的教学情境；3. 学生的主体地位和作用体现得怎样。如学生是否参与了教学过程，是主动参与还是被老师牵着走（被动参与），学生参与面和参与的时间、参与的有效性怎样；4. 学生正确的学习习惯是否被培养，学生分析问题、解决问题和提出新问题的能力是否得到培养和提高。

原则上，听课记录应包括：教学实录（含板书），教学点评。

听课主要应思考以下问题：

1. 讲授者是怎样开始教学的，为什么要这样处理教材。换一种方式，换一个角度行不行。

2. 对教师成功的地方和不足或出现错误之处，要思考原因，并预测对学生所产生的相关影响。

3. 要进行换位思考，假如自己来上这节课，应该怎样上。

4. 把自己放在学生的角度去思考，我是否掌握和理解了这节课所学的内容，老师的教法是否吸引我，是否激发我探究问题，获取知识的欲望。

5. 新课程的理念、方法应如何体现在日常的课堂教学中，并内化为教师自觉的行为。如"三维目标"怎样自然、和谐融入教学环节之中，怎样达成具体的教学目标。

6. 这节课是否反映了授课教师正常的教学水平，假如没有听课者，假如就是一节随堂课，教师是否还会这样上，等等。

总之，应该根据听课的目的和要求，有侧重地将听、记、思的内容有机地、灵活地统一起来。如教师讲授或学生发言时，就要以听为主，兼顾观察；教师在板书、学生在演练或小组讨论、分级实验时，就要以看为主，兼顾听与思；学生在练习时，听课者既要观察授课者此时的行为，又要侧重于对已完成的教学时段的思考，并记录点评意见。

（六）认真做好听课记录

做好听课记录是对听课者的最基本要求。同时，这也是听课者基本素质的体现，反映出听课者的品德、态度、能力、水平等多方面的基本素质。

在做听课记录时要注意以下几点：

1. 以听、看为主，记录次之。听课者要把主要精力、注意力都放在听课、观察师生活动和思考问题上。

2. 记录应详略结合，突出重点，文字精炼。记录的内容一般包括板书、教师的重点提问、教学过程、学生的典型发言、师生活动情况、有效的教学方法和手段、教学中的精彩创新与失误之处。

根据听课的类型，记录也有详略之分，有的记录还可能突出某一个方面。一般而言，教学过程可以简明扼要地记录，讲课中符合教学规律，有创新、有特色的好的做法或不足之处等都可以详细地记录，对一些问题的思考或自己的见解、建议也可以详细地记录下来，以免遗忘。

3. 利用一定的时间对听课记录进行整理，并进行理性的思考，归纳、总结出共性的东西，推广或提倡一些成功的经验与做法等，提出必要的改进意见和要求。

（七）积极参与评课，实事求是评课

评课时，听课者应积极参与其中，要耐心、虚心听取并记录授课者的自述与自评，记录其他听课教师的评价，并进行认真的思考，以便于调整自己的思路，纠正自己可能存在的认识错误，并注意在听别人的发言中学会借鉴经验，提高自己。

除了参与集体评课，听课者还可能与授课教师进行单独的交流。交流时，听课者应抱着真诚、热情而又虚心的态度，主动地与授课教师交谈。要首先肯定授课教师上课的精彩之处，如对教学内容的把握、板书设计、教学引入、学生活动的安排、课堂提问、材料的运用，等等。只要是教师在教学中做得好的，都应充分（但不夸大）地给予赞扬。对青年教师，更要尽可能地发现他们教学中的闪光点，让他们多一些成功的体验。对于授课教师在教学中存在的问题与不足，要重点地，而非面面俱到，实事求是地予以指出，并提出自己的改进建议，这样既有利于授课教师接受意见和建议，又使他们能够按照新课改的要求去努力向着更高的方向发展。

与授课教师交换意见时，要尽可能地以学习者的姿态，以平等商讨的语气，以激励帮助为目的。在一般情况下，不要对所听的课作出定性的分析和评价。"客观——辩证——鼓励"是交换意见的三大要素。

三、听课应克服的现象

（一）无准备，随便听

这主要是指听课者事先要听哪一学科、哪个班级、哪位老师的课自己都不清楚，看着其他教师去听课，自己也拿着笔记本跟着去，没有一点思想准备。听这堂课的目的是什么？这一学科教学内容在新一轮课改中有什么新要求？主要是听什么（是看教师如何处理教

第五章 听课：在观察中把握课堂教学的真谛

材内容还是看教师如何组织教与学的双边活动)？我要学点什么？要做到心中有数。

没有事前准备的听课往往存在着听课过程中的盲目性。有的教师为完成学校规定的听课任务（节数）而集中一段时间随意听课。由于听课没有准备，没有计划性，听课的效果必然不理想，成了"为完成任务而去听课"的一种负担。因此，做好计划安排，按照听课的基本要求（前面已讲述），有准备地去听好每堂课，乃是保障听课质量的前提。

（二）不守时，影响课堂教学

听课教师没有在预备铃响后进入教室，而是还忙于处理自己的工作，当其忙完了自己的事之后再去听课，往往教学已经开始。于是，教室里所有人都得转移注意力，目睹迟到的听课者在教室过道里穿行。

听课教师须知：课堂纪律面前人人平等。预备铃响后进入教室听课，既是对授课教师的尊重，也是对学生和其他听课教师的尊重，同时更是对学生的一种身教：老师要求学生上课不迟到，老师首先做到。其实，每位教师一踏入学校，就会有干不完的工作，但无论如何都不能成为听课不准时的借口。此外，中途进教室听课还会破坏良好的教学情境，进而影响教学效率。

因此，提前或准时进入教室听课，应当成为对听课教师的一项严肃而又基本的要求。

（三）精力不集中，点评不到"位"

有的教师为了完成听课任务而去听课，在听课中往往精力不集中，或与相邻的听课者谈论与本节课无关的事，或低头"备课"、批改作业（试卷），或看杂书，甚至睡觉。课后评价这节课时，不知从何说起，于是只能人云亦云，或只是一个"好"字的评价，根本提不出自己的具体看法，讲不到点子上。有的听课者甚至连该堂课教学的听课记录都没有。这样的听课，一无目的性，二无指导性，三无借鉴性，而且被学生发现，还降低了该教师在学生中的信誉，影响很不好。

所以，听课教师一定要集中精力，认真听课，做好记录，而不做与本节课无关的事。只有这样，听课才有价值和意义。

（四）交换意见，缺乏辩证

有的听课教师在听完别人的课后，总是以一种"凡事不得罪人"的心态去评课，一味地说好话，用尽溢美之词，而对于授课者的不足或还需改进之处，要么只字不提，要么轻描淡写，一语带过。而另外有少数听课教师则为了显示自己的高水平，总是以一种"批判思维"的态度和目光去"审视"别人的教学，专挑毛病，吹毛求疵，看不到长处与优点，似乎找出的问题越多，越显示出自己的水平高。不懂装懂，指手画脚，没完没了，其实不得要领，全说了些琐碎之事，甚至闹出"苏联的霍姆林斯基说过……"之类的笑话。

教师应该用辩证的思维方法去观察、分析和处理问题。任何一堂课既不可能是完美无缺的，也不可能是一无是处的。听课者要本着实事求是和一分为二的态度去分析、去评价，任何凭主观臆断和感情用事或自视高明的点评都是与辩证法相违背的，是错误的。因此，课后与教师交换意见，要防止求全责备、吹毛求疵；要防止"报喜不报忧"；也要防止不懂装懂，不实事求是；要防止评课中的片面性。给上课教师正确的评价，就是对教师专业成长的一种正确引领。

第二节　怎样观察与分析课堂教学

能够正确、准确地观察和分析一堂课的优点、特色与不足，是听课者的基本功，也是新课程对教师的基本要求。在新课程理念指导下，听课者应当从以下几个方面去观察和分析授课者的课堂教学。

一、听课时应观察的四个方面

（一）观察教学目标

观察教学目标的确立与达成，是实施课堂教学的最基本的出发点与落脚点，教师在确立教学目标时应注意以下五点：

1. 目标的全面性

即每一堂课都应设计三维目标："知识与技能"、"过程与方法"、"情感、态度和价值观"。

2. 目标的准确性

即教学设计中要认真思考所确定的教学目标是否科学，语言表达是否准确、简明。

3. 目标的可达成性

即教师应将每堂课所确定的三维目标具体化，使之能够达成。教师确定的目标必须是通过教学中师生的共同活动所能达成的，符合学生认知的"最近发展区"，目标达成需经过努力才能实现，即不可以太难或者太易，尤其是认知目标与能力目标，都不可以过高或过低，要符合多数学生的认知水平与心理特征。

4. 目标的可变动性

教师在教学过程中，难免会出现原定目标难以全面达成的情形，特别是当学生在学习中积极讨论，主动参与教学活动时，在学生提出了老师预先没有想到的新问题时，教师所期望的原定目标的实现就有可能成为泡影。此时，具有教学机智的教师会及时调整课堂教学目标，把握学生学习的需要，以适合学习主体。

5. 目标的一体性

教师在确立课堂上的认知、能力、情感三大目标时，应将三者看成是有机联系的整体，不能机械地、死板地在教学中去划定什么时候实现（或投放）什么目标，尤其不应当将情感目标与认知、能力目标割裂开去，而应渗透于其中，体现于教学活动的全过程。

（二）观察教学过程

观察教学过程是否反映教师主导（或"教的主体"）与学生主体的特点，即教师在课堂教学中是否做到"三主"（教师为主导、学生为主体、训练为主线），"三自"（学生自己提出问题、自己分析问题、自己解决问题）和"三有"（让学生有所发现、有所议论、有所创新)。这里,学生的"三自""三有"都离不开教师的引导与指导。

新课程改革强调教师是学生发展的促进者,学生学习的指导者,学生成长的引路人。课堂上,教师不是围着教材知识内容转,不是讲书,而是帮助学生掌握知识,引导学生思考问题,指导学生自主学习,以促进学生身心健康的发展。因此,学生的主体作用到底发挥得怎么,关键在于教师在课堂上如何"导",即教师是否善于用吸引学生的神态、语言去激励学生;是否善于用富于思考的问题让学生思维"愤悱",激活学生学习的内驱力,使之主动投入到学习的过程之中去积极思考;是否善于创设学生愿意学、乐于做的教学情境;是否真诚地去发现并表扬学生在课堂学习中的求异思维与创新精神;是否善于用不同的思维训练方式去培养和提高学生的学习能力。课堂教学的全过程不应该是教师赶时间完成教学既定目标,完成教案设计的过程,而是学生发展的过程,是学生有价值的生命历程。以学生为本的课堂教学,目的是为了学生发展(掌握技能,吸收新知识,提高思维能力,懂得怎么做人等),而不是"赶教学进度"。如果真要论教学进度,那么,学生的学习进度应当自始至终成为第一位的衡量标准。

(三)观察教师施教

教师在教学中是否体现了面向全体学生因材施教。这要看课堂教学"两点"(重点、难点)、"三基"(基础知识、基本技能、基本能力)落实的力度以及师生交流和学生参与教学活动的广度。

教学中,教师不能将"基础扎实"狭窄地理解为知识数量的堆积,更不能将这种狭隘的理解运用于教学实践中,使其强化升级,变成对学生进行超负荷的训练。新课程是以一种全新的视野去审视"基础扎实"这一问题,即基础知识和基本技能的界定应在于它的基础性和发展性两个方面。漫无边际引申出来的各种类型的试题、补充练习题或解题套路等不是真正的基础知识和基本技能训练,就不可能培养学生的能力。新课程强调,培养学生搜集信息和处理信息的能力,获取新知识的能力,分析和解决问题的能力,使学生具有学习的积极性、主动性、创造性等,这都是应当打好的基础。这就比传统意义上的"基础扎实"更宽、更重要、更适合学生的可持续发展,而且每一堂课教师都这样努力去做,去引导学生,其困难程度比单纯地灌输式、重复式的强化基础的传统方法更大。所以,新课程对教师的教学评价着眼点是放在考察教师用什么样的方法为学生打基础,为学生打什么样的基础。在此,要防止两种倾向:一种是只重结论,忽视过程(忽视教学活动师生的生命的历程);另一种是只重过程,忽视结论(只耕耘,不管收获)。

苏霍姆林斯基认为,听课和评课时,必须注意以下几个问题:

1. 要研究教师的智力、学术眼界、知识兴趣在课堂上的表现和发展。
2. 要看教师这节课有没有明确的目的以及目的是否达成。
3. 要看教师是在教学生死记,还是在教学生思考。
4. 要看全班学生是否认真充分地学习。听课时,不仅要着重听被提问学生回答什么,而且应当注意其余的学生在干些什么。
5. 要看学生是否学到学习技能。
6. 教师的讲述能否得到反馈信息,讲述内容有哪些特点能促使学生积极思考。

这些真知灼见,对于新课程背景下的我国中小学课堂教学,仍具有很强的现实意义。

此外,听课者还应注意观察授课者对课堂上学生活动的驾驭情况,看授课者如何处理教学过程中产生的各种矛盾和偶发事件,评价教师的教学是否机智。同时,教师如何评价学生、如何对待弱势学生,如何利用教学资源等等,都是听课者应当给予关注的问题。

(四)观察课堂教学效果

观察一堂课的教学效果,主要是看教师是否在限定的时间内较好地完成了教育教学任务,教学反馈是否及时有效,学生收获如何。

正如经济学上讲的"成本利润率"一样,课堂教学也应讲究成本效应,讲究付出与收获之间、教学投入与教学效果之间的比例关系。

如果一位教师花了很多时间备课，准备了很多资料，上课时滔滔不绝地讲了几十分钟，而学生却没有多少收获，那么，教师的投入（精力）与教学产出（学生所获）之间就不成正比例关系，这样的课不可能是优质高效的。于是，我们常常看到这样一种现象：课表上确定的"正课"时间里，教师不太注意教学的容量是否适合，教学的目标是否达成，而把注意力放在了集体补课和题海战术上。于是，下一种现象又出现了：堤（题）内损失堤（题）外补，正课没完成的教学任务利用所谓的辅导课去完成，甚至占去了学生晚自习的时间去完成。简单的、同一知识的重复性训练检测题交给了学生去做，严重的还会出现不同学科教师间的"争课"现象。这在事实上加重了师生的负担，是一种不计成本的低效劳动。

新课程特别强调课堂教学的时效性，强调学生乐学、善学、巧学。这就要求教师树立与之相适应的教学时效观，精心设计教学内容、方法，设计学生的学法，提高教学质量，使学生每堂课都能有较大的收获（不仅仅是知识性的）。

二、注意观察教学中素质教育特征的体现

人们常说，课堂教学是实施素质教育的主渠道。在新课程改革的大背景下，怎样在课堂教学中进行素质教育；怎样在教学实践中构建素质教育的不同模式；课堂上师生如何才能真正有效地交流互动；学生如何才能生动活泼、积极主动地全面发展；教学活动怎样才能显现出生机与活力等等。所有这些必然成为了广大教育工作者在看（听）课、评课、备课、说课和总结课堂教学时所关注的重要话题。

许许多多的教师在实践探索中认识到，课堂教学中实施素质教育的关键是教学全过程都应体现出素质教育的基本特征：主体性、创新性、民主性、开放性、活动性、情感性等等。看（听）课者要站在素质教育的高度去观察课堂上教师是如何体现这些特征的。

第五章 听课：在观察中把握课堂教学的真谛

（一）主体性特征的体现

课堂教学必须以学生为本，培养他们的主体意识。全面发展每一个学生，最主要的任务还是落在了课堂上。学生是课堂上的主角，是学习的主人。学生的发展（分层次多方面的发展）是课堂教学的目标和归宿。因此，课堂上，要不断唤醒学生的主体意识，确立学生的主体地位，发挥学生主动学习、积极思考的精神。同时，要重视学生的自我教育，培养学生自主学习的能力，发展和完善个性，达到全面发展的目标。

例如：有位教师在数学应用题的教学时，将全班学生每三人分成一个小组。教师提出编题要求后，各小组学生同时进行编题，各小组所编题目不同，解法各异。编题结束后，教师选一个小组（A组）的代表向全班公布本组所编题目，但不公布解题方法，而是要求 B 组同学对 A 组同学所编题目给予评述和解答。当 B 组同学对 A 组所编题目给予评述和迅速解答后，再请其他组同学对 B 组同学的解答给予评价或阐述不同的解法。全班 15 个组的同学积极开动脑筋，发表不同见解，通过相互启发和自我教育，充分发挥了主体之间的互补作用，既学会了知识，掌握了学习的方法，又不断完善了自我意识。

又如：有位教师在教学"价值规律的表现形式"这一课题之前，先设计了 3 个课前作业：①让学生回家了解电视机等家电产品当初购买时的价格，然后再去家电商场调查同种商品的现价，看看家中的家电与商场中的家电有多大的价格差异，并分析其原因；②让学生利用休息时间去农贸市场了解时令蔬菜价格，并走访菜农或小贩，了解这些时令蔬菜在其他季节里的销售价格，并分析其原因；③对所调查了解的信息进行分析比较，从中找到带有共性（规律性）的东西。当正式学习教材知识时，老师不是先从书本开始，而是让学生分别展示自己的调查结果和分析结论，使学生从上课一开始就迅速进入积极主动参与的良好状态之中，在老师"惊喜"般地鼓励下，争先恐后地说着自己的发现与见解。老师适时恰当地"搭桥""点拨",引导学生掌握了教材中的艰深内容;在教学过程中,让师生共同参与、交流互动;问题由师生共同提出,让学生探索发现新知识;引导学生去思考得出结论,这都是课堂教学体现学生主体性特征,充分发挥学生学习积极性、主动性的极好做法。

(二)创新性特征的体现

课堂教学中实施素质教育,必然要求教师锐意开拓,不受传统思维和固有的教学模式的束缚,用新颖的方式去处理问题,以达到培养学生创新性思维和创新能力的目的。有人说,好奇心是创新的动力,求异是创新的核心。教师在课堂教学中要充分调动学生的好奇心,充分开拓学生的思维,充分挖掘学生的创新潜能,使学生的创新意识在课堂上突现出来,将学生培养成具有创新精神和创新能力的现代化人才。

有这样一个事例:一次,在数学"有余数除法"的教学中,数学教师上课后不是直接讲解当一个数被另一个数除不尽时怎么办,而是师生共同做了一个游戏。教师先将课前准备好的写有1～40数字的40张卡片分别按顺序发给4个学生,使每人拿到10张写着不同数字的卡片。教师提出第一个问题:"老师任意说出1～40中的1个数字,哪位同学能猜到这张卡片在这4位同学的谁手中?"老师说出了21、32、18、38等数字。同学们努力猜,但猜正确的同学很少,即使猜对了也说不出其中的道理。老师又提出了第二个问题:"请同学们随便说出1～40中的任何一个数,老师能马上说出卡片在这4位同学中的哪一位手中,不信谁来试试看?"全班同学争着给老师说数字,老师都能迅速给予正确的解答,全班学生惊叹不已。这时,老师又提出了第三个问题:"老师为什么能迅速正确地说出答案,同学们为什么就没有呢?其中的道理就是我们今天要学习的内容,让我们一起来探讨,找出其中的奥秘吧!"教师及时让学生拿出事先准备好的学习用具,分4人一组研究探讨,并不时地给学生提出带有启迪性的问题,使学生在生动活泼、积极主动的探究中,创造性地解决了由整数到余数除法这一难题。

第五章 听课：在观察中把握课堂教学的真谛

求异思维、形象思维、逆向思维都是一个人创新思维体系中不可缺少的组成因子。重庆市第29中学政治特级教师梁世昌在一次公开课教学中给同学们讲了一个有趣的故事：有一年，保加利亚篮球队和捷克斯洛伐克队争夺欧洲锦标赛出线权。保队需赢捷队6分方能出线，临终场8秒钟时，保队只领先2分。这时球在保队手中，当时尚没有三分球的规定。正当保队准备发底线球，而许多现场观众也认为大局已定：捷克斯洛伐克队出线，保加利亚队被淘汰出局时，保队教练却出人意料地请求暂停。故事讲到这里，梁老师停了下来，问学生：你们猜，保队教练要作出什么部署？你认为保队"没戏"了吗？为什么？假如你是保队教练，剩下的8秒钟你会让球员们怎么打才会反败为胜呢？梁老师一连串的提问犹如一石落水，激起了学生们思维的浪花。热烈地讨论、争辩之后，有的同学猜想保队教练会让队员迅速传球到篮下，上篮时导致对方犯规，球进了，裁判判为有效，并追加罚球两次，都命中，保队出线。马上就有同学反问：假如对方球员没有犯规或罚球不进呢？又有的同学突发奇想：捷队球员"药检"不过关，保队晋级（全班大笑）。最后，一位同学举手发言：这太简单了，保队球员发出底线球后，直接将球投入自己的篮框里，双方打成平局，把捷队拉入加时赛。听到这里，很多同学鼓起了掌，连声称妙。梁老师高兴地点着头继续讲到：正如这位同学所说，暂停结束后，保队后场发球，场上局面令观众惊呆了：接球的保队队员不朝前场跑，而是直奔自己篮下，替对方投进了一球，使双方打平。这样就必须打加时赛。大家想想，此时双方队员和拉拉队观众的心态会是什么样子？所以，在加时赛里保队队员奋力拼抢，积极上篮，最终以8分的优势结束了这场比赛，赢得了出线权。

这一故事情节生动，扣人心弦，老师的提问启发思趣，创设出学生积极思考的教学情境，学生的想像、求异与逆向思维能力得到了培养和锻炼。

（三）民主性特征的体现

在传统的课堂教学中，是以教师为中心，缺乏民主的空气，缺乏学生的个性张扬与个性正常发展。老师的满堂灌，"填鸭式"的教学，压制了学生主动学习的精神。

教学必须民主，学生与老师一样，都应当受到尊重。作为老师更应尊重学生的人格，尊重学生的人权，尊重学生的个体差异与创造力，并教育学生学会尊重他人。课堂教学以学生为本，从本质上讲，就是尊重学生，师生平等。教师的一个重要任务就是在不断健全自身的人格的过程中去尊重并帮助学生，引领学生健全他们的人格。课堂上，一切歧视、侮辱、讽刺、压制甚至体罚学生的行为都是侵害学生民主权利和人格尊严的，都是与民主的教育特征格格不入的。唯有以重视所有受教育者权利的，以平等、商量、相互尊重的观念与方式去营造民主的课堂氛围，教师才会受到学生的爱戴，学生的主体性才能充分发挥出来，学生的创新能力才能更充分地展现出来。

例如，一位美术教师在进行"画鱼"教学时，让学生动手画出"你认为最好看的鱼"。学生画出的鱼形态各异，色彩鲜艳，但也有的同学画的鱼比例不当，太显夸张。这时老师不是批评学生，而是让学生自己讲为什么画成这样子？你是怎样想的？有的同学说是看了动画片想出来的，有的同学讲，听说深海中的鱼嘴巴很大，有的同学说，河水污染了，鱼就变成大嘴巴、大肚子。老师在对同学发言给予肯定和表扬的同时，按同学想像帮学生修改所画的鱼。由于教师尊重学生，使学生的丰富想像力和创作热情得到了保护。

又如，一位历史教师在教学"英法联军火烧圆明园"时，饱含深情的讲述着圆明园恢宏壮丽的建筑风格和大量国宝被掠走之事。突然一名学生插话道：那些文物肯定好值钱哦！我捡到就发财了。学生的调皮与幼稚引来全班的哄堂大笑，但却没有让这位老师生气。笑声过后，老师马上说："是啊，那些无价之宝被侵略者掠走，许多文物至今仍然流失海外。同学们想一想，怎样才能让这些国宝回到祖国？怎样才能让火烧圆明园那样的悲剧不再重演？还有，现在有人提出要重修圆明园,不知同学们的意见如何?有没有更好的建议?"听老师这么一问,课堂里顿时像茶馆一样,学生们纷纷议论开了。课堂上充满了生机,民主的教学特征充分显现了出来,学生的主体性与创新精神也得到了发挥。

(四)开放性特征的体现

新的课程改革要求教师不要把课堂教学变成一种封闭的、僵化的、一成不变的知识传授场所。教学应该成为一个在实践中不断充实完善和创新的过程,成为一个开放的,在否定自身中不断发展的系统与过程。

开放性的课堂教学特征,要求教师要敢于打破陈旧的教学模式,树立开放的、创新的意识。首先,教学要紧密联系社会生产、科技发展和社会经济、文化生活的多方面实际,教师要善于根据社会现实和未来发展的需要去改革课堂教学,充分体现教育要"面向现代化,面向未来,面向世界"的思想;其次,教学中要将社会发展与学生的实际结合起来,善于捕捉生活中的信息作为教学资源,使课堂教学更生动、感性、直观,更容易为学生所喜闻乐见。

例如,一位县高中的政治教师在教高一年级"怎样发展我国农业"这一内容时,不是亦步亦趋地按教材顺序讲解相关知识,而是让学生就近了解自己家庭或同学家庭(身处农村)的实际情况,写出调查报告在课堂上交流。教师要求学生自读教材内容,结合调查情况谈自己的看法。于是,大多数学生自觉行动起来,在课前活动中搜集了大量信息,并结合教材知识进行分析,提出了稳定党在农村的各项富民政策,引导农民向土地投入,向科技要效益,大力发展农村二、三产业,实行产业化经营,增强农民的商品观念等许多好的意见与设想。这样,开放的课堂真正使学生成为了学习的主人,使学生学得更主动、更积极、更深入、更有效。

(五)活动性特征的体现

看一堂课是否有质量,最重要的一点就是看全体学生"动"起来没有,是有效的"动",还是无效或低效的"动",被动的"动"。

重要的在于，教师在课堂教学过程中要有充分的时间（学生自主活动的时间一般应不少于课时的 1/3）让尽可能多的学生进行主动活动，即让学生在主动的思维状态中，在能动的活动中，自己探索知识，交流体验，自我教育和进行创造性思维的训练。

例如，在小学自然课讲"大气压力"一节时，有位教师设计了将烧杯中放满水，上面盖一张薄纸板，再将杯子倒置，而纸板不会掉下来的实验。让学生动手操作，并对实验过程中产生的种种有趣现象进行思考、分析，然后通过读书、讨论等活动，使学生了解：大气有没有压力？什么是大气压力？大气压力与方向有无关系？这样，学生不仅掌握了科学知识，而且也培养起了自己的动手能力、观察能力和分析能力。

活动性特征的课堂教学，在各地各年级多学科教学中都有很多成功的事例，如语文课中的"课本剧"表演；物理、化学、生物课上的学生实验；政治课教学中的"模拟股市"、"模拟人大代表选举"、"最佳家庭开支计划"；地理、历史课的参观、考察，等等。

（六）情感性特征的体现

关注学生思维的过程与方法，更重要的是要在发展学生思维的过程中潜移默化地培养学生的情感和正确态度。如小学语文《小白兔和小灰兔》一课中，教师提问：你们喜欢谁？为什么？大多数学生的思维受课文主导的影响，喜欢小白兔，因为小白兔勤劳、爱动脑筋。这时有少数孩子还在举手，有不同意见。教师留心给这些孩子机会，这时有孩子说喜欢小灰兔，因为小灰兔也爱劳动，帮老山羊收白菜。这换一角度思考的方法正是课堂上培养学生创造性思维的契机。小灰兔后来会怎么做？学生们积极展开想像，教师顺势再提出要求：设想出小灰兔后来的多种结果。

关注学生的思维过程，一定要创造一个激励性的环境，让创造思维活动贯穿整个课堂：激发学生的学习动机和兴趣，充分调动学生学习的积极性；建立一个宽容的互相支持的课堂氛围；与学生一起分享情感体验和成功的喜悦；和学生一道寻找真理；教师能够承认过失和错误；引导学生积极参与，独立思考，敢于发表自己的意见。教师要充分理解学生的情感和想法，不能完全要求学生只能答对，也不能只要求答案的唯一性。

同时，情感性特征还体现在教师充满激情的教学过程之中：饱含情感的语言、眼神，富有个性而漂亮的肢体动作……

三、注意观察教师对学生思维品质的培养

思维是人脑对客观事物的间接概括反映，它能把握事物的内部联系、本质特征和规律，属于认知的高级阶段。"思维品质"是从"质"的角度而非"量"的角度去界定思维能力，它包括思维的智力品质和智慧品质。看一个教师上课，看（听）课者应从以下几个方面去观察和评价教师是如何培养学生的思维品质的。

（一）授课者是否注意培养了学生思维的深刻性和求异性

思维的深刻性是指思维不停留在表面现象、表层意义上，而能由此及彼，由表及里，由浅入深，抓住事物的内在联系，找到事物的本质和规律。这种品质表现出思维的抽象程度和逻辑水平，能使认识更深刻。在看（听）课时，要注意观察教师是否善于引导、鼓励，使学生的思维一步步向深层次推进。一般而言，教师应根据课文，有意设置疑问和障碍，引发学生去争论，去分析研究，也可以使用比较的方法，让学生在比同见异中深刻认识事物的本质。例如，语文教学在讲到鲁迅的《药》时，可设置如下三个问题：①小说为什么要安排明暗两条线索？②将明线变暗线或将暗线变明线行吗？为什么？③我们写文章应该怎样安排线索？又如，在学习了茅盾的《春蚕》和《多收了三五斗》后，教师也可以"比同"，让学生们去"求异"。事例很多，关键是看教师在教学中是否注意了培养学生思维的深刻性，运用不同的教学方法把学生的思维引向更深的层次。

在传统的课堂上，许多教师非常注意发展学生的求同思维，就知识论知识，忽略了求异思维和发散思维培养，没有很好地为学生设计一个开放的思维空间，有的教师没有及时抓住学生表现出的求

异思维训练点。在新的课堂教学中,教师应注意引导学生的思维向多维的方向发展,鼓励求异思维,用多种方法去多角度地思考问题。

(二)授课者是否注意了培养学生思维的批判性

思维的批判具有"审视"的功能,是指以批判的态度去对待思维的过程和结果,既善于正确评估别人的见解,看到他们的优点和缺点,又善于严格地评价自己的思想,检查自己的论点和论据是否正确。

看(听)课时,要留心于授课教师是否指导学生用审视的目光去钻研课文,不满足于教材所给知识和方法,甚至不盲目迷信课文内容。善于引导学生用审视的目光去钻研教材的教师,总是用激励、赞许的语言和目光去肯定孩子们的"叛逆"性观点。例如,一次在教学《马说》一课时,师生们大多将思维引向了发现千里马的伯乐,并与作者产生共鸣:"千里马常有,而伯乐不常有",赞扬伯乐的慧眼识良驹。突然,一名学生要求发言,她语出惊人地问:"假如没有伯乐呢?千里马会有吗?""假如常有,而又常不被发现,那怎么办?千里马还是难以成名驹。"听到这里,老师带头为这位学生的"异类"思维鼓起了掌,并顺势向全班学生问道:"假如没有'伯乐',你还愿意成为'千里马'吗?假如没有伯乐,你怎样成为'千里马'?"学生们被老师的提问激发起来,展开了热烈的讨论,并争先恐后地发言。有的说:是不是"千里马",关键在于自己努力,"伯乐"是次要的;有同学马上反驳:被发现是一种机遇,"伯乐"很重要;有同学又反驳说:把人才的命运寄托在个别开明者的慧眼发现上,太偶然也太悲哀了,应当建立一种制度,让"千里马"式的人才通过竞争脱颖而出,那"伯乐"就该退休了……由于老师的适时恰当的引导,学生们的批判思维被激发,整个课堂在老师有序的主导下进入了高潮,师生们已不再就《马说》去说"马"了,而是更深入地讨论了建立民主的制度问题……

(三)授课者是否注意了培养学生思维的灵活性

思维的灵活性又称思维的变通性,指思维不受陈旧的固定模式所限制，而能从多角度、多侧面考虑问题，用多种方法去解决问题。

课堂思维训练很多，无论是口头训练还是书面训练，看（听）课者都能从教师所设计的训练题中和讲评中看到许多有价值的东西。有经验的教师课堂上注意引导学生做一些需要变通思维的口头作业和书面作业，使学生的思维能适应变化了的情况和要求，而不依样画葫芦。如变换叙述的顺序、变换表达的方式、变换陈述的角度、变换题型，以及寻求不同而多样的解题方法等等，以培养学生思维的灵活性。

培养学生思维的灵活性总是与教师对学生的肯定性评价结合起来的。传统教学中，课堂上老师正讲得津津有味，突然有学生提前说出了老师要讲却还没来得及讲的答案或步骤时，老师往往会制止这样的学生，甚至批评他（她）不该"接嘴"。这样做，教师就压抑了学生的积极主动思维的热情，使他们原本灵活的大脑变得"懒惰"起来，消极地跟随着老师的"讲解思路"，耐心地等待着老师将要说出（而自己早已知道）的结论（答案）。久而久之，课堂上没有了生机与活力，也没有了特别突出的"尖子"学生，学生们逐渐地变成了被动接受知识的"容器"。在以学生为本的教育观念指导下，老师善于及时发现和鼓励课堂中那些闪烁着思维火花的灵活的大脑，并常请这样的学生临时充当起课堂上的"小先生"。这样，在教师的正确引导下，不仅课堂上能形成优良的学习情境，"因材施教"也就更容易落到实处。

所以，看（听）课时，我们也应注意授课教师是如何评价学生的"超前"思维的。此外，教师的机智灵活对培养学生思维的灵活性也会起到潜移默化的作用。

（四）授课者是否注意了培养学生思维的创造性

在所有的思维品质中，创造性思维是最有价值的一种。培养学生的创造思维能力是新课程对教师的高要求，对于具有创新意识和创造能力的新型教师而言，这不难做到。

创造性思维的显著特点是思维独特性，即指能提出与前人或他人不同的、特殊的、甚至常人"匪夷所思"的见解,发前人之未发,想他人之未想。课堂教学中,教师应注意设计一些开放性问题,答案不求统一,不求唯一,对某个问题,学生只要言之有理,即可视为正确。因此,教师应鼓励学生在所学知识时发表不同的见解,启发学生求异思维。

看(听)课者应从以下几个方面去观察和评价教师在课堂教学中对学生创造性思维能力的培养:

1. 看教师是否鼓励学生质疑问题,因为人的思维总是从问题开始的。

2. 看教师是否鼓励学生独立思考。尤其要注意提问是否具有启发性、整体性和导向性,是否给学生留有思考的余地。

3. 教师是否鼓励学生在课堂上争辩。真正有创新精神的教师不但鼓励学生之间的讨论、辩论,而且还鼓励学生与老师争论问题。

4. 看教师是否鼓励学生标新立异。成功的课堂教学,教师总是善于发现和鼓励学生提出与众不同的见解。

5. 看教师是否鼓励并帮助学生改进学习方法,特别是学习中的思维方法。

6. 看教师是否鼓励学生总结所学的内容,以及开展学习评价。通过这种方式既可以培养学生概括能力、表达能力,又可以让学生相互鼓励并提高自己。

教师对学生思维品质的培养既是全面的、多方位的,又是长期的、持久的,同时各学科也有其各自的特殊方式。听课时,要注意观察授课教师是否有侧重地培养学生某一方面(或某几个方面)的思维品质,是否是自然地、潜移默化地去培养,而不是表现出"刻意做给听课教师看"的痕迹。

四、注意观察教学中的几种不良现象

(一)滥用电教手段

传统的讲授式教学,由于忽视学生自主能动的学,故而形成

第五章 听课：在观察中把握课堂教学的真谛

"说灌"，老师一讲到底，学生被动接受。在长期的应试教育"熏陶"下，老师们也习惯于题海战术，成套的、重复地"狂轰滥炸"，自然形成对学生的"题灌"。新的课程改革对教师正确熟练运用现代教学手段提出了新的更高的要求，其目的在于增强教学活动的直观生动性，合理增大教学容量，提高课堂教学效益。但是，如果教师的教学指导思想没有从根本上加以改变，仍然是"我讲你听"，"我做你看"，"我问你答"，即没有真正地以学生为主体，没有"以学定教"，那么，就是课堂上运用再多、再先进的电教手段，也还是难以达到激活学生学习能动性，促进师生交流互动，提高课堂教学效益的目的。例如，一说到青年教师优质课竞赛（或其他类似的课），似乎堂堂课都得使用电教手段，听课老师一走进课堂，看到的是在日常教学中难以见到的录音机、投影机、录像机、多媒体（CAI）等现代装备，让人瞠目。课堂上，老师不断变换地操纵着这些设备，以最快、最直观形象的形式演示自己早已编排好的教案剧，学生们乃至所有看（听）课的老师们就在这令人眼花缭乱的"电灌"中分别地充当着吸收知识的容器和观众，偶尔有少数学生能"幸运"地当一回"群众演员"。

应当看到，电教是教学的重要辅助手段，而且随着现代课堂教学的发展，越来越显示出了它广阔的发展前景和无穷的魅力。但是，如果教师把一堂课成功与否的标准就认定为是否使用电教手段上，从而放松了对自身教学基本观念的更新和自身素质的要求，那就本末倒置了。须知：无论科学技术如何发展，教师自己适应时代发展要求的教育理念、人格魅力和教学艺术影响力始终是主要的，其作用是任何物质的东西所不能代替的。其实，许多有丰富教学经验又深受学生欢迎的教师，包括很多知名教师的课堂教学也并没有刻意去追求电教手段的多用，更不会去"滥用"，因为他们深知，任何外在的手段、形式都是为教学活动所要达成的终极目标——造就人服务的，电化教学只是其中的一种手段，一种重要的教学辅助手段（但非唯一手段）而已。

(二)"满堂问"的学生参与

课堂教学中，一些教师逐渐抛弃了"我讲你听"的"满堂灌"，取而代之的却是在教学设计和教学过程中的"满堂问"，似乎只有这样才能突显出学生的积极思考和参与学习，才贯彻了课堂教学中的启发式原则。即是说，好像一堂课只有"问"才会体现学生的主体地位和教师的主导作用，才能表现出课堂上师生间的交流互动，才能使课堂气氛更加活跃。

不可否认，一堂能激发学生思趣的课，教师精妙的设问是必不可少的。有时，一个提问会引起学生多方面的思考，引发学生的发散思维，会促使学生迫切想与同学和老师讨论，想赢得鼓励。高质量的课堂提问往往产生高质量的教学效果，或触类旁通，举一反三，一举数得，或知识的明晰和能力的培养皆在其中。有的课堂，教师几个精彩的提问能引出学生很多的提问，这样，师生带着问题进入学习情境，又在解决旧疑产生新疑的过程中迎来下课铃响，学生们意犹未尽，总是缠着老师问这问那，或继续与同学讨论……

但是，即使是问题——探究式教学，作为一种现代课堂教学模式，也并非"满堂皆问"。孔子倡导的启发式教学，历来主张思学结合，如"学而不思则罔，思而不学则殆"；启发思维应"不愤不启，不悱不发"，教师的教学提问要能够促进学生思考，激发学生"愤悱"。一堂课里，如果教师提了很多问题却不能引发学生的"愤悱"，或问题仅仅停留在多数学生已掌握的知识层面上（或者太艰深，学生不知其意），那么，课堂上就会出现这样的现象：或教师自问自答，"学生不配合"（许多老师爱这样说）；或有几名学生不着边际的乱回答，与教师所企盼的"正确答案"相去甚远……无论哪种情况出现都说明：这些问题没有质量，不切合学生认知实际，这堂课有可能因此不会是一堂高质量的课。另外，有的课堂提问是一问一答式的（老师提问单个学生），当一个学生回答时，其他学生都当听众，当看客，老师并没有让其他同学一起思考，而且是这个学生答不上来，老师又去问下一个学生，这就在无形间耗去了课堂宝贵的时间，耽误了学生的学习，减少了教学内容，降低了教学效率。用一个经济学术语讲：这是不懂得怎样优化配置课堂教学资源。

看（听）课的老师须知：一堂优质的课，教师的提问不在多，而在精与巧，提问能激活学生主体的能动参与，能创设出师生之间、学生之间交流互动的教学情境，能顺利完成教学者设计的"三维"教学目标。其中，尤其要引发出学生的问题意识和求知欲望，否则，"满堂问"所产生的学生被动参与，无论如何也不能称之为一堂好课。

（三）面面俱到的"完美"教学

有的老师，一遇有领导或同行来看（听）课，就高度紧张，生怕别人"挑漏眼"。于是，无论备课或上课，都刻意于完美，特别讲究教学内容的"全面""详细"。例如，语文课，小到生字、新词汇，大到章法、语段、修辞、写作，都要一一照应，全面讲解，全盘训练，甚至对作者的生平介绍也花去很多时间。似乎学生们一堂课就能把这些都掌握。

一位学校老师讲过这样一件小事：一位青年女教师教学闻一多先生的诗《死水》。一开始老师用了近8分钟的时间介绍闻一多先生生平，介绍《死水》一诗产生的时代背景以及诗歌所表达的作者的思想情感。她介绍得很全面、很详细，但从她的眼神与语气中，我仿佛感觉到这位年轻女教师不仅是要讲给学生听，而且是想告诉听课的其他教师，她是认真详细备了课的，课前查阅了很多资料，对诗歌的理解更深刻、更全面了，等等。果然，接下来她没有让学生朗诵诗歌，而是自己朗诵给学生听。然后，老师就开始了逐字逐句详尽的讲解，总共20行的小诗就在下课铃响的时候被这位女老师讲解完了。早已无精打采的学生们终于从刺耳的铃声中找回了自己的活力，欢叫追逐声回荡在教室与楼道间。

课后，女教师主动找我征求意见。当然，肯定的和鼓励的话必定是要说的，但我想，为了教师自身的成长与发展，我必须坦诚地告诉她。我问道："孩子们到学校来干什么？"她答："读书啊！"我说:"对啊!这堂课你为什么不让学生读书呢?"答:"内容太多了,没有时间,所以我让他们下去读。"我说:"不是诗歌的内容多了,而是你把教学'扩容'了,你怕学生不了解作者以及他所处的那个时代,甚至你怕学生难于理解每句诗的含义,所以,你就全面而详细的讲解。而且你忘了他们已是高二年级的学生,你讲课的语气语调都像是在初中二年级的课堂上。你注意到没有,当你详细讲解诗歌的时候,有多少学生趴在桌上,有多少学生注意力不集中,在做其他事情,又有多少学生在全神贯注地听讲。所以,我认为,这堂课被你上成了'一潭死水'。"年轻女教师认识到了这堂课的失败,于是问我:"那我重新上一次行不行?"我说:"好啊,不过我建议你上课时注意以下几点:第一,高二年级的学生已学习了中国近现代史,课前可以让他们自己去查阅资料,了解作者和作者写的诗歌,课堂上讲给同学听;第二,诗歌的朗诵老师可以示范,但要多让学生去读,可全班齐读,分小组读,个人朗读,学生一边朗诵一边领悟,找到不同的感觉。第三,精心设问,引发学生思考,让学生充分谈出自己对《死水》的认识,这有利于提高学生,也有利于提高教师自己;第四,在整个的师生活动过程中,教师的主导作用要自然地体现出来,并向着既定的教学目标而去,在学生们积极主动的投入下创设出优良的教学情境,进而提高教学效益。"

第二天,这位老师在另一个班再次上了《死水》一课,下课后她激动地对我说:"这堂课太愉悦、太轻松、太兴奋、太让我感动了,孩子们的见解、体会让我收获了很多。"

课堂教学切忌面面俱到。教学要追求更美,但不要苛求完美,因为追求是无止境的,完美的事物也不存在,美是相对的。一堂课下来,学生有所收获,教师也有"一得"足矣。在新课程背景下,教师应牢固树立以学生为本的思想,更多的去设计学生如何学。看(听)课者也应该从这一立足点去剖析一堂课的优与劣。

(四)单一僵化的教学模式

所谓"教学模式"就是在一定的教育思想和教学理论指导下,

为实现一定的教学目标而制定的有关教学活动如何组织设计和调控的策略体系。如孔子的启发式教学模式,夸美纽斯的班级教学模式,陶行知的互教互学模式,布卢姆的目标教学模式,巴班斯基的"最优化"模式等等。真正能够被他人所接受、所效仿的教学模式,必定是符合教育教学规律、心理认知规律,并在教学实践中不断修正自我,不断发展创新的与时俱进的模式。

然而,时下的许多课堂,包括一些公开课,没有自己的特点,众多上课者的课就一个模式,毫无创新色彩。例如,一说运用现代教学手段,就给人表演多媒体课件,甚至有的课件内容与教学并没有多少关系;一提"学生参与",就请几名学生上讲台表演(做题、答问等);一谈"讨论问题",必定都是"四人一组",前后集中;甚至一讲教学目标,就必定要展现出个"一、二、三",再让学生齐声朗读……

一个先进科学的教学模式,是在长期的教学实践中形成并发展起来的,是行之有效的。须知:教学有模,但无定模,妙在创模(创新教学模式)。我们倡导教师在教学实践中,在借鉴他人或前人模式的基础上,根据实际,认真总结,在科学理论指导下形成自己独特的教学模式。但坚决反对模式化倾向,即反对将任何一种教学模式生搬硬套,形式化地用在教学实践中,因为那只是一种僵化了的模式,一种没有生命力并最终会被教师们自觉抛弃的模式,模式不等于模式化。

正如一位老师所说的:一个没有创新色彩的教师,他的学生又怎么能有创造力呢?听真正教学名家的课,我们便知,这是某某的课,那是某某的课,说明他们已形成了自己的特色和风格,而这也正是他们的人格魅力所在……这也是我们每位教师应追求的目标。

所以,无论看(听)课者还是上课者都应注意,课堂教学风格的雷同,模式的千篇一律,这样的课堂是不能作为优质课给予评价的。

第三节　怎样在听课中把握本质问题

新一轮课改的春风正吹拂着中小学的课堂，给教学活动带来了生机与活力。许许多多的课堂出现了前所未有的"热烈"和"生动"：教师以激励性的语言代替了对学生发言的否定性评判；课堂上学生的辩论争鸣、合作探索热闹起来了，学生们更积极主动地参与到教学活动中来了；教材知识变成了"一个例子"，师生仿佛都能弃之而教、弃之而学，文本成了可有可无的了；成功的教学几乎等于圆满完成了预定的教学任务，实现了预设目标的教学……

俗话说得好，外行看热闹，内行看门道。当我们冷静地观察与思考了这些"热烈"、这些"生动"以后，就会提出这样的反问：老师对学生发言的评价就只能说"好"、"很好"而没有更灵活、更真实具体的表达方式了吗？课堂上学生越活跃，争论越热烈就越好，越是体现了"以学生为主体"的思想吗？学生的参与是以数量多少（如参与次数、人数）为标准还是以参与的有效性为标准？是注重参与的形式还是注重参与的实质？教材难道真的成了可有可无的"例子"了吗？解决了问题（往往是知识性的）的课，完成了预定的教学任务的课就必定是成功的好课吗？

所有的反问集中到一点：在新课程背景下，我们应当如何从听课中把握课堂教学的本质问题。

一、课堂评价：廉价的表扬不是激励

课堂评价，是课堂教学的有机组成部分，是学生学习活动的重要环节。无论是接受学习，还是探索性学习，也无论是学生学习方式的转变，还是教师角色的转换，都不会削弱课堂上的评价功能，而是对评价的目的、评价的方式和评价的时机等提出了新的要求。这就是：不囿于某种固定的评价方式；不停留于表面的判断式评价；不一味地肯定（或否定）；不夸大其词地评价。评价主体和评价方式

是多元的（有教师评价、学生自评与互评、集体评价和个别评价等等），是发展性的，是为了真实地促进学生的学习与探索。试想，如果教师对学生的错误认识（结论）不加以纠正，而一味说好，对学生模糊的认识不置可否，那么，学生就会误解为得到了教师的肯定、赞同或默认，"其为惑也，终不解矣"，其他学生也潜移默化地接受。这样，就会以谬传谬，误人子弟。

课堂上，教师对学生回答问题的评价主要有以下4种：

1. 暧昧性评价，不置可否，让学生不知自己的回答是对还是错。

2. 倾向性评价，澄清是非，传授知识，告之答案，"授之以鱼"，学生得到的知识容易忘却，没有继承性，缺乏反思因子。

3. 启发式评价，常对学生的回答提出递进式问题，如"为什么？""怎么办呢？""有更好的解决办法吗？"等等，给学生留下再思考的空间，启发其思考。

4. 探究性评价，如对比性评价，有针对地提出问题，引导学生思维，评价画龙点睛，并激活学生思维，使他们对所学知识能更深刻领会和系统把握，让学生们有实实在在的成就感。

因此，课堂评价应注重灵活性、客观性、实效性。如果一节课上处处都是"很好"，"你真棒"，"你真了不起"之类的表扬话语，把表扬激励的方式变成了一种公式，就会令学生心中不安，变得浮躁。廉价的表扬让学生觉得别扭，太容易也就不会珍惜，就会淡漠。正如福建师范大学余文森教授所说的那样：一味的表扬，正如一味的惩罚一样并不可取。对学生而言，过多的夸奖并不会起到鼓励的作用，尤其是教师不假思索，脱口而出的随意性夸奖，不仅不能对学生产生积极的引导，反而会导致学生形成浅尝辄止和随意应付的学习态度。

课堂评价应注意，在学生发言时，暂不作倾向性评价，待到总结时再作点评；面对学生不同的见解、不同的理解，教师要有具体的意见，鲜明的观点，准确的结论，而不是一味"喊好"；教师的评价应是赏识中有剖析，肯定中也看到不足，用灵活多样的方式去唤醒、鼓舞和激励学生。课堂教学中，教师应当关注学生的情感与态度，帮助他们健康成长，尤其是在学生智慧的火花闪现时，教师要善于捕捉并予以充分肯定。但是，任何赞赏都应该有一定的限度，切忌滥用，如果只要有学生发言就说"棒极了"、"真聪明"，这样的评价就会失去应有的价值和意义。廉价的奖赏会让人产生惰性。只有认真诚恳地指出学生的错误，进行客观公正的评价，才能使学生明确努力的方向。

二、学习过程：活跃的课堂不等于科学的设计

在几乎所有的公开课上，学生合作学习的形式都表现得很充分，小组热烈讨论，学生争相发言，看上去热热闹闹，气氛非常活跃，体现了教学的民主，学生更多地拥有了自由活动的时间和相互交流的机会。但是，这样的热烈气氛，却出现了令教师难以调控的情境，课堂上，学生一会儿忙这，一会儿忙那，教室里乱哄哄，教师该讲的没讲清楚，学生该听的未能听到，成了"为活动而活动"，为形式而形式，既没有激发起学生深层次的思考，又使课堂纪律难以控制，教学目标难以达成。

导致上述现象的原因是一些教师在准备教案时没有真正理解新课程所提倡的培养学生自主学习能力的理念，没有掌握课程标准的要求，没有围绕教学目标进行科学的设计。同时，一些教师不善于捕捉学生发言中有价值的东西，引导学生深入讨论，以为只要学生们都积极踊跃地发言了，课堂上此起彼伏，高潮不断，那就一定是成功的好课。

这里，教师们（无论是上课的教师，还是听课评课的教师）都应该懂得，改变教学方法的根本是转变教学理念，不能将教学方法的改变简单化、程式化。课堂教学改革的实质不只是调动学生的积极性、主动性，更不能把课改理解为就是让教师放开手脚，让学生自主学习，讨论合作。须知，课堂上学生的活动不应当是表面的、外在的，而应当是学生的思维围绕所学知识、所探索的内容和问题主动地展开，处于活跃状态，积极地思考，大胆地想像、质疑。这种内在的、深层次的思维的活跃，才是教师和学生都该追求的课堂情境。动静结合，收敛适度，动得有序，动得有效，动而不乱。

那么，怎样才能创设这样的课堂学习情境呢？

首先，教师在教学设计时一定要从学生的认知实际、生活实际出发，对课堂上所要解决的问题有一个分析与估测：问题怎样设计，才能引发学生深层的思考？如何为学生思考和解决问题提供材料信息和方法指导？哪些问题学生能独立解决，哪些问题需要发挥学生合作学习、优势互补的作用？等等。然后再根据学生实际设计具体的学习方法，如合作学习、自主学习与探究性学习的具体安排。

其次，教学中教师要针对学生的不同意见和问题，引导学生开展讨论、辩论、重点发言等，并抓住学生发言中暴露出来的问题，及时给以矫正（最好是师生共同纠正）。当教师提出问题让学生讨论时，要能放手让学生动起来，同时又注意适时调控，以避免学生兴奋过度或活动过量。无论在教学设计还是在教学过程之中，教师都应具体研究怎样放，怎样收，放多长时间，什么时候收拢。

第三，科学的教学设计应使课堂上学生的活动真实高效，即学生讨论或发言时能言之有物，言之有理，有条不紊；学生做时（实验、活动）要能边做边思考，关键在于观察、分析、判断、质疑、解惑。因此，教师在教学设计和课堂的具体操作中应注意创设学生认识、发现和解决问题的情境，激励学生主动活动，如在小组合作学习之前一定要给学生留下一段独立思考和与文本对话的时间，待学生们对研究的问题形成了自我的初步认识后，再进行师生之间的交流互动与学生之间的合作学习，并引导学生形成小组内的"主动、互动、互勉、互进"的合作学习情境。

第四，教师在进行教学设计时，应熟读课程标准，对每一个教学环节都进行一次再思考，多问几个为什么，思考每个教学环节是否有助于教学目标的达成，要求实求真，摒弃"花架子"。课后，要及时反思调整，并与其他教师一起探讨，寻求改进策略。

三、学生参与：踊跃的发言并非都体现了主体地位

"学生是学习的主体"基本上已成为教师们的共识，但学生的主体地位在课堂学习中应该如何体现，一些教师在课堂教学中却用实践的方式证明着他们并不怎么准确的理解：有的教师把学生的参与简单地看成是回答老师的提问，于是课堂上仍然采用简单的问答式，一问一答，学生们忙得不亦乐乎，但实际上他们的思维仍旧在同一水平上重复；有的课堂表面上看似热烈精彩，学生能准确回答教师提出的问题，但很少有学生提出疑问，发表自己的见解；有的课堂表面上看是师生互动，实际上是用提问的方式进行"满堂灌"，直到学生被请"入瓮"，认同老师事先设计好的答案。这样的课堂，师生之间、学生之间都没有真正有效地互动起来，学生没有实质性的参与，其作为学习的主体，他们的地位并没有得到应有的体现。

怎样认识课堂教学中的学生参与？北京师范大学教育学院肖川教授认为："参与是学生学习主动性的表现形式，也是学生发展学习策略和学习品质的重要途径。"为此，他把学生实质性参与教学过程归纳为7个方面：

1. 学生参与并确定对自己有意义的目标的提出。
2. 学生对学习内容的质疑。
3. 学生学会修正（如对定义、原理的表述），懂得修正的意义。
4. 学生对所学内容的多元化的理解。
5. 学生自主规划和调控学习的进程。
6. 学生参与设计评价指标。
7. 学生对自己的学习活动的反思总结。

肖川教授尖锐指出："当下现实的课堂中普遍存在的问题是课堂的控制过度，学生对于教学过程的参与往往流于形式和表面，而不是实质性地参与，学生并未真正卷入到学习的过程之中，从而使学生感受不到智力劳动的快乐，缺乏深厚的精神生活的背景和氛围。究其原因，恐怕是教师专制主义的性格，对学生的理智能力缺乏真

正的信任,对于教学目标的追求过于单一——过分强调知识和技能的掌握,而忽视诸如情感、社会性、态度、价值观、创造性、主动性、想像力等方面的发展。"①

因此,要落实学生在课堂学习中的主体地位,就必须调动起学生主动积极的"思维参与"热情。教师应当创设学生"思维参与"的教学情境(或师生共创这一情境),巧妙地提出问题,引发学生的认知冲突,使学生处于一种"心求通而未得,口欲言而弗能"的状态。在这样的教学情境中,教师要大胆放权给学生,让他们有思考、发言和实验(表演、操作等动手)的机会,让他们的讨论、质疑、交流等始终围绕着要解决的问题来展开。要让尽可能多的学生都活动起来。这样,全班学生处于思维的活跃与情感的兴奋状态,他们参与的积极性就会高涨起来,参与的程度也会大大提高。只有积极、主动、兴奋、有效地参与学习过程,学生才能得到真正的发展。

新课程倡导的自主学习、合作学习、探究性学习,都是以学生的积极参与为前提,没有学生的积极参与,就不可能有自主、探究、合作。实践证明,学生参与的深度与广度,直接影响着课堂教学的效果。没有学生的主动的、有效的参与,就不会有成功的课堂教学。

要让学生的参与有效并且高效,教师应注意以下几点:

第一,充满激情地投身于教学之中,创设起学生主动参与的课堂情境。教师要以自己的激情(生动、风趣、幽默、激昂的神态和语言)去感染学生,激发起学生的思维热情。

第二,精心巧妙地提出引发学生思考的问题,引领学生参与到思维问题的学习氛围之中。教师的提问应是有层次的,先易后难,步步深入,既要能够使学生进行自主学习,独立思考,又要能引发学生合作学习,积极探究,实现学生之间的互动。

第三,面向全体学生,鼓动学生大胆参与。对学习过程中产生的"弱势学生",教师要特别给以关注,要小心呵护他们那颗渴望得

---

① 肖川:《主体参与:自主学习的要义》,《人民教育》,2003年第23期。

到老师、同学赞扬，但又容易受到伤害的心灵，用真情去唤醒他们参与的热情与智慧。

学生参与是否有效并且高效，是课堂教学是否真正体现学生作为学习主体的重要标志。

从新课程改革的角度，听课时应观察：

1. 学生参与教学活动的主动性怎样。
2. 学生参与教学活动的思维深度、广度以及参与面如何。
3. 学生在学习过程中的交流合作，探究情况如何。
4. 学生在学习过程中的智力活动情况（如创新意识）、情感体验情况如何。
5. 学生在学习过程中的收获与发展情况（三维目标的实现情况）如何。

总之，把握课堂教学中的本质问题，既是对授课教师教学的高要求，也是对看（听）课教师在观察课堂教学，并对一堂课的优劣客观而准确判断时提出的高要求。只有认真学习并深刻领会新课程所倡导的"以人为本"的课堂教学理念，我们才不会被各种看似"生动""热烈"的教学场景所迷惑，而是"透过现象看本质"，真正地把握一堂优质课的真谛。

附：

案例：

一堂估算课

（一）

这是一节小学数学课。

"今天，我们学习估算。"蒋老师笑着对学生们说，"假设我们正在逛商店。看，这是什么？"

说着，她展开自己制作的挂图。

第五章 听课：在观察中把握课堂教学的真谛

"随身听。"同学们叫道。
"有什么用处？"
"学英语。"
"那么估计要多少钱？"
"100 元。"一个学生说。
"不对，比 100 元多。"老师说。
"200 元。"一个穿红裙子的女孩猜测道。
"红红真聪明！表扬她。"

老师话音未落，教室里顿时响起了很有节奏的拍手声，"嗨，嗨，嗨，你真棒！"学生们齐刷刷地伸出大拇指，同时，老师把一颗金星贴在红红的前额上。

"随身听的准确价格是 242 元。"老师把价格写在了黑板上。
"这是什么？"老师又出示了另一幅自制的挂图。
"小孩子骑的单车。"学生们说。
"多少钱？"
"200 元。"
"不对，比 200 元多得多。"
"1000 元。"
"不对，比 1000 元少多了。"
"500 元。"
"还是多了。"
"400 元。"
"对，表扬他！"老师兴奋地叫道。随即响起："嗨，嗨，嗨，你真棒！"

给小孩贴金星时，老师太激动了，手按得太重，差点把小孩按倒。

老师标上价格：387 元。
"那么想要这两样东西吗？"老师问。
"想要。"

"买这两样东西，你们估估要多少钱？"

"我知道，老师，让我说！"一个穿黄衣服的男孩踮着脚，高高地举着手急切地说。看得出，举手的学生太多，他生怕失去这次机会。

"欢欢，你说。"

"比 200 远多。"

"你估得不对。谁能告诉欢欢应怎么估算？"老师立刻作出反应。

很多学生举起了手，老师让其中一位说："随身听 242 元，约 250 元；单车 387 元，约 400 元。250 加 400 等于 650。买这两样东西，大约要 650 元。"

"对，表扬他！"

"嗨，嗨，嗨，你真棒！"

"老师，我还有其他估法。"

"你说。"

"我用笔算了，242 元加 387 元等于 629 元，629 元接近 600 元。"

"同学们，这也是一种估法。但与前面相比，哪种方法好？"

"前一种好。"

"为什么？"

"前一种不用笔算，方便啊！"

"真聪明，表扬他！"

"嗨，嗨，嗨，你真棒！"

"同学们，怎么列算式？"老师问道。

"242 加 387。"学生们答道

老师在黑板上写出下列算式：242＋387＝650

"算式列对了吗？"

"不是等于 650，是约等于……"

"对，表扬他！"

"嗨，嗨，嗨，你真棒！"

老师把算式中"="改写"≈",并说:"这就是今天要给你们介绍的新符号——约等号。"

"它很漂亮,你们想一想,它像什么?"

"像大海里滚动的波浪。"

"真有想像力,表扬他!"

"嗨,嗨,嗨,你真棒!"

"我觉得像飘动的红旗。"

"这想法也不错,表扬他。"

嗨,嗨,嗨,你真棒!"

……

(二)

下课后,课程中心的教授、博士们和授课、听课的老师们进行了座谈。

上估算课的老师自我介绍说:"我姓蒋。"

来自课程中心一位教授开玩笑说:"可能是因为你姓蒋,所以,在课上你动不动就'奖'。"

"哈哈。"参加讲座的人笑了。

(在轻松愉快的气氛中,教授、博士们与蒋老师进行了对话。)

教授:"嗨,嗨,嗨,你真棒!"从这看,你们很重视对学生的鼓励。

蒋老师:是啊!

教授:你能说说,采用这种方式,是出于什么考虑?

蒋老师:传统教育似乎总是一味地批评、指责、否定学生,使学生缺乏自信心,所以这次课改提倡多鼓励学生。哪怕学生只有一小点成绩,也要表扬;只要有一小点进步,也要鼓励。

教研员:课改后的教育,是一种鼓励性的教育?

蒋老师:我想是。正是基于这种理解,对学生一些很小的闪光点,比如,把约等号想像为波浪,我们也给予最隆重的奖励。

博士:按我的理解,提倡对学生鼓励,是针对这种情况:现有的评价过分地看重考试分数，使分数低的学生抬不起头，这些学生数量很大，教师应找出他们每一个人的优点，多鼓励。我想，鼓励太少，主要是针对这方面。

蒋老师：对，有的人，在学知识方面差，但动手能力很强，表扬这个优点，会使他树立起信心，学习也就跟上了。又比如，有的学生学习不好，但组织活动行。我们就表扬他有组织能力，这对他的学习当然是有促进作用的。这可以说，表扬其他优点促学习。除了这种表扬外，我认为，表扬学习也能促学习。

博士："嗨，嗨，嗨，你真棒！"就是"表扬学习促学习？"

蒋老师：是的。

教授：老师对学生笑一笑，点一点头，是不是表扬？

蒋老师：是。对小孩，这种方式不够强有力。鼓励的力度愈大，小孩愈积极。课堂上，你们看到了，很多学生抢着回答，抢不到，有的急得哇哇叫。

教研员：一堂课下来，有的孩子脸上贴了好多金星，看起来，像唱京剧。

蒋老师：这么大的小孩，贴的金星越多越高兴。

教授：刚才你说，奖励的力度越大，学生学习越积极。这使我想起一位心理学家做过的一个实验。

他把学生分成两组，做同样一些数学题。对第一组的人，每做出一题奖1美元。第二组不奖励。

那么说，哪组做得更好？

蒋老师：当然是第一组。

教授：确实观察到第一组的人做得又快又好。

实验完后，有一段空闲时间，学生喜欢做什么，就可做什么。

那么猜，在这种情况下，哪组会有更多的人继续做题？

蒋老师：第一组。因为奖励已培养起做题的兴趣。

教授：实验结果刚好相反，第二组做题的更多。

蒋老师：这说明什么？

教授：过多的外在奖励，不利于培养学生内在的、持久的学习兴趣。所以从这个角度说，我赞同前面的观点，课改提倡鼓励，就是指要多鼓励困难学生，看学生除了分数外，还要多看其他优点。

蒋老师：我有点明白了，像那样表扬学生可能确实有些不妥。比如，前面估计随身听的价格，红红说是200元，我不知道她是怎么估的，只知道合我的答案了，就把手一挥"表扬她"，同学们立即："嗨，嗨，嗨，你真棒！"

教授：我想，红红经这么一夸，可能整节课激动得无法上课。

蒋老师：（蒋老师看了看刚才上课的录像带）从录像带上看，这女孩真没有在听课。

博士：这么强力的表扬，她激动得难以平静。一会儿想我太聪明了，过一会儿又想同学门不知怎么看我，再过一会儿又想我妈一定会很高兴。激动得想这想那，还能专心听课吗？

教授：我们再看录像，注意那个穿黄衣服的男孩。

教授：看，就是这个男孩子。当蒋老师问买随身听和单车，合计需要多少钱时，他第一个抢着回答，答错了，立刻受到了其他人的纠正。

蒋老师：从录像带看，答错后，他整堂课情绪都不稳定，左顾右盼，心不在焉。

博士：他答错了，立刻被纠正，而别人因纠正他的错误而受到了隆重的表扬。他会不会这样想呢？这多丢脸！今后，少先开口为妙。

蒋老师：你们说的确实有道理，在课堂上，学生说错了，我该怎么办？说对了，我又该怎么办？我要如何反映，才比较恰当？

教授：每个老师处理这些问题都不同。我带来了一盒录像带，看一看，对我们也许有启发。

（三）

（下面就是录像带中的一堂"估算课"）

"同学们，今天有很多叔叔、阿姨来听我们的课，你们有什么感觉?"崔老师问。

"我很高兴,但觉得有点紧张。"一个女孩说。

老师说:"别说你们,我也有点紧张。你们看,我的腿直打颤(老师装的)。"

孩子们被逗笑了。

"叔叔、阿姨有多少人?"老师问。

"不知道。"

"你们可以估计一下。"

孩子们转过头来观察教室后面坐着的人。

"大概40多人。"一个学生说。

"你是怎么估计的?"老师问。

"教室的一半我们坐,另一半差不多被叔叔阿姨坐满了,人数可能和我们班的人一样,大概是40多人。"

"对,就像这样,生活中我们随时都可以用估计。"老师鼓励说,"这个问题暂时讨论到这里。"

"当爸爸、妈妈带你们去逛商店时,你们对什么感兴趣?"

"暴龙机(一种电子游戏机)。"很多男生叫道。

"它的价格是多少?你们注意了吗?"

"可能是50元。"

"你怎么知道的?"

"我买超人(玩具)要50多元,我想暴龙机差不多也是这个价钱。"

"还有其他看法吗?"老师慢慢地问道。

"可能是100多元。"一个学生说:"我去看过,准确的价记不清了。"

"是128元。"老师说。

"怎么知道的? 老师,你也喜欢暴龙机?"同学们惊喜地问。

"我儿子和你们差不多一样大,他也喜欢暴龙机,昨天下课后,我坐车去商店看的。"

老师把一张暴龙机的广告画挂到黑板上。
"你们还对什么感兴趣?"老师问。
"单车。"很多学生说。
"就是儿童骑的自行车?"
"价格是多少?"
"200元。"
"你怎么知道的?"
"我问过邻居,他就有一辆单车。"
"不是这个价,我到商店看过很多次了,要的钱很多。"一个男生说。
"是多少啊?"
"快到400元啦!"
"为什么这两位同学说的不一样?"老师问。
"可能是牌子不一样。"一些学生解释说。
"我想也是。"老师完全以一个普通讨论者的口气说:"看,这是昨天我去看的一个牌子。"
老师展示了一张儿童自行车的广告画。
"价格是多少?"
"从广告上看,是364元。"一些学生说。
"如果讲价,还可能降下一点的。"一女生说。
"暴龙机是128元,单车是364元。现在,我问一个问题,当看到这两个价格时,你们想到了什么?"老师说。
好一会儿,学生A说:"我有点失望。"
"为什么?"老师问。
"这两样东西,我都想要,但加起来肯定超过1000元,我的零用钱不到1000元,我买不起了。"
"看到这两个价格,我有点高兴。"学生B则说。
"为什么高兴呢?"老师问。
"两样加起来不到1000元,我有希望买。"

"我不明白你的意思。"老师说。

"过春节时,我得到 1000 多元压岁钱。"学生说。

"钱在你手里?"其他学生问。

"不,被我爸爸没收了,放到银行里了。"

"那就不是你的了。"其他学生说。

"是我的,我爸爸说了,我可以用这些钱买我想要的东西。"

"看来,你肯定能买了。"一个学生说。

"不一定,钱在我爸爸手里,用任何一分钱都要他同意才行。"

"如果我回去跟我妈说,要买这两样东西,她也会问要多少钱?"学生 C 说。

"那你想过要多少钱吗?"老师问。

"我估计了,不超过 600 元。"

"你怎么估计的?"

"把 128 元看成 200 元,364 元看成 400 元,200 元加 400 元是 600 元。"学生 C 说。

过了一会,学生 D 说:"比 600 元要少,我估计不超过 550 元。"

"你怎么估的?"学生 C 说。

"128 元接近 150 元,364 元接近 400 元,150 元加 400 元为 550 元。"

"还要少,约 500 元。"学生 E 叫道。

"怎么估计的?"其他学生叫道。

"100 元加 300 元为 400 元,28 元加 64 元不到 100 元,总的就不到 500 元。"学生 E 说。

"我有 300 元,能不能买到这两样东西呢?"学生 F 问。

"肯定不能。"学生 E 说。

"为什么?"

"你想一想,单单自行车就是 364 元。"学生 E 说。

"那 400 元,能不能买呢?"学生 G 问。

"128 比 100 元多,364 元比 300 元多,128 加 364 肯定比 400 元

多。"学生 H 说。

"唉！我只有 400 元钱在我妈妈那里，我买不成了。"学生 G 说。

"可以买啊！"学生 A 说。

"你给我一点钱？"学生 G 不相信地问。

"不是，你可以讲价，人家会降一些价的。"学生 A 说。

"人家不降怎么办？"

"你就去叫警察！"

这句话引起了一直在一旁认真倾听学生对话的老师的注意，他对学生们说：

"同学们，当我们去买东西时，在哪些情况下，应去叫警察？"

"有人偷钱。"有的同学说。

"有人打架。"另一些同学说。

"人家不降价，应不应该叫警察？"学生 G 问。

"不应该。"很多同学说。

"大人去上街，跟人家讲价，人家不降价，大人去叫警察了吗？"老师问。

"没有。"学生们说。

"如果你们和爸爸、妈妈说，想买暴龙机和单车，他们会同意吗？"老师问。

"不会。"一个学生说。

"为什么？"

"要的钱太多。"

"我跟我爸爸说过多次，我要买暴龙机。"一个学生说。

"你爸爸同意了吗？"其他同学问。

"一直没有答应。他总是说，玩电子游戏机会上瘾，上瘾后，不想做功课，影响学习。"

"你们认为他爸爸说的有没有道理？"老师问。

没人回答，很久，一个男生才说："有一定道理。"

"你能详细说说吗？"老师诚恳地说。

"我舅舅从外地来，给我买了一个暴龙机，玩了一段时间后，就有问题啦。玩起来，就不吃不睡。我爸爸发觉了，就没收了暴龙机。经过与他多次商量后，现在他允许我每星期六上午，可作为休息玩一玩。"

"暴龙机在你手里吗?"一个学生问。

"不，控制在爸爸手里。"

"如果我有暴龙机，我只在休息时玩一会儿。"另一个学生说。

"不，我开始也是这样想。可后来多次都是一玩起来，就控制不了自己，才由爸爸控制的。"

"我们现在来说说单车。"老师提议道。

"我跟我爸爸说，我要买单车，他说，等他考虑考虑。"一女生说。

"我妈死也不让我买单车，她担心我骑着上街，出危险。"一个男生说。

"不会危险的。"另一个男生说。

"街上车很多，不小心会被汽车撞着的。"

"为什么邻居姐姐可以骑车去上学?"

"她长大啦，是初中生。"

（四）

(录像带看完了。蒋老师和教授、博士们的对话又开始了。)

蒋老师：我有一个发现：崔老师对学生的答案无论是对的还是错的，都全部接纳。

教授：教师接纳，并不表示教师全部赞同，是表示教师在听，并且很乐意听。

蒋老师：这就使学生愿意把自己的想法和感受说出来?

教授：对。

蒋老师：对学生正确的答案，崔老师不忙着去表扬，对错误的答案，也不急着去否定。而是引导他们详细地了解各种答案是怎么来的。通过这种了解，学生们明白哪怕是错误的答案，对每个人认

第五章 听课：在观察中把握课堂教学的真谛

识的提高也是有帮助的。甚至认识到错误只是在一些前提下是错误，而在另一些前提下就变成正确的了。

教授：对。正是教师给学生提供了这么一个安全的心理环境，学生的思考和情感得到充分的尊重，想法和意见得到尽情的流露，每个学生的思维和情感才得到发展。

蒋老师：最直接表现就是，在这种环境下，学生思维活跃，想法很多。比如，同是做类似估算题，在我的教室里，只出现2种算法，而崔老师的教室里，却出现了7种。

教授：在没有批评和表扬的压力下，学生心里轻松了，心里想到什么，就说什么。这样，答案自然就多了。

座谈结束了，蒋老师走出了会议室，一位中年老师追上来自我介绍说："我姓古，外校老师，还没参加课改。"

古老师：从录像带上看，崔老师上的那节估算课不是纯粹的数学课吧？

蒋老师：这节课上，学生除了讨论估算问题外，还涉及零用钱问题、讨价还价问题、玩电子游戏机问题、骑单车的安全问题。

这节课巧就巧在把学生已有的经验和所学的新内容，以及价值和情感都自然融合到了一起。这正是课改追求的一种理念。

古老师：我看了一下课本，发现无论是你或是崔老师，估算课都没有按课本上？

蒋老师：对。课本内容有些没上，上的部分也被我差不多全改编了。

古老师：这行吗？

蒋老师：对于新教材，这正是大力提倡和鼓励的。

古老师：将来考试，如果刚好考到你没上的，或者是被改编过的，那怎么办？

蒋老师：将来是按《课程标准》考，而不是按课本考。如果有十多家出版社出了十多种课本，你按哪家课本考？

对这部分内容，《课程标准》是这样规定的："能结合具体情境进行估算，并解释估算的过程。"无论你使用哪本课本，对课本这部分内容做何改编，只要你达到上述目标就行了。

古老师：我认为课本是专家编写的，经专家审定的，它的质量比教师个人改编的更有保证。

蒋老师：这当然没有错。但从另一个角度看，无论专家多么有水平，但对各地环境、各个学校具体的情况，一线教师要比专家掌握得更多。教师应有自主权。实际上，就是不给他自主权，在教室里进行教学的是他，他也会根据他的经验，按他的感觉，去处理教学。

古老师：改编课本内容，不同老师有不同的改编法。改编的目的是提高质量，但我担心有的改编反而降低了质量。

蒋老师：你这种担心是有道理的。比如，我的改编就可能反而降低了质量。但通过这次平等的对话与交流，我觉得进步很快。所以，只要平等对话的这种机制始终存在，新课程就有前途。

（撰写者：赵光平、罗星凯、刘小兵）

第六章

评课：在交流对话中改进教学

本章所谈的评课（又称课堂教学评价），是以新课程所倡导的课堂教学观为依据，运用可操作的科学手段，评价主体按照一定的价值标准，对课堂教学的各个要素及其发展变化进行价值判断的过程。课堂教学评价的实施可以为被评价者设计教学、改进教学、激励其进行创造性的教学活动提供更科学的依据；同时也为广大一线教师优化课堂教学，提高课堂效率，提高自身教学能力，进而迅速发展自己，提供必要的帮助；并为教育部门的决策提供参考和借鉴。

第一节　课堂教学评价的功能与指向

一、课堂教学评价及其变革

评价，从字义上理解即评判价值。任何评价从本质上看都是价值判断的过程，评价的标准就是价值判断标准。中小学课堂教学评价就是依据教学目标和中小学课堂教学的具体规范标准，对课堂教学活动进行系统考查，评定其价值和优缺点以期改进的过程。具体可以理解为：

1. 中小学课堂教学的评价对象主要是中小学教师的教学活动，评价标准是教学目标和中小学课堂教学的具体规范与要求。

2. 中小学课堂教学评价就是判断教学活动及其效果与评价标准之间的实现程度的过程。

3. 评价的目的和结果不仅仅是对教师的教学作出价值判断，更重要的是促进教师对今后的教学进行调整和改进，帮助中小学教师作出更科学、更符合实际的教学决策是评价的最终目的和归宿。

20世纪80年代以前，指导课堂教学的主导观念是以知识为核心的教育价值观。在这一教育价值观的引领下，中小学各学科课堂教学基本上都是围绕着知识的传承和传递而展开的。作为课堂教学的重要环节之一的课堂教学评价，其着眼点同样也只是关注作为教学资源一部分的知识体系，而很少关注学习主体——学生的发展。教师是否完成预定的教学目标，甚至一节课的认知目标，往往被作为好课与否的主要指标。这样的课堂教学评价，只把认知目标作为教学的出发点和归宿，必然导致课堂教学刻板化，导致教师在课堂上只关注知识的有效传递，而不愿意花更多的时间去考虑学生的人格、态度、情感、能力等其他方面的发展。

进入20世纪80年代，随着教育改革的推进，人们认识到，知识是学不完的，书也是教不完的。知识不再成为课堂教学评价的唯一标准，隐藏在知识背后的能力受到了教育者的关注。人们普遍认为，课堂教学应强调对学生能力的培养，课堂教学评价也应更关注教师的教学能力。以能力为核心的教育价值观超越了以知识为核心的教育价值观成为这一时期各学科教学的价值取向。教学评价指标的设计几乎都有固定的技能要求。譬如，"教学目标明确""教学进度安排合理""课堂提问准确精炼""多媒体运用恰当""板书设计美观""教态自然""语言流畅"等等。这种基于能力取向的课堂教学评价比之于以前只注重知识取向的课堂教学评价是一大进步，因为它在一定意义上贴近了人的发展和教育的本质。但它仍然有很多的不足与缺陷，它只倾心于对教师教学能力的评价，主要关注教师的课堂表现，关注教师是怎么讲的。即使关注到学生的行为表现，也基本上被看作是对教师教的回应，或者成为教师教的点缀。这样做，片面地强化了课堂教学评价的鉴定、证明功能，导致教师为了迎合评课标准而"作秀"的虚假行为。在课堂上展示十八般"武艺"，创造出许许多多虚假的优质课来。

今天，人的全面发展正日益成为教育普遍关注的课题，"以人为本"的理念使教学的主导观念从单纯关注知识和能力转向对师生个性发展、个性化教育的关注。"以人为本"的新课程理念要求中小学各学科教学评价要以可持续发展理论为指导，以促进教师教学能力的不断提高，促进学生的全面发展，促进课堂教学质量的不断提高为目的，着重评价教师在课堂教学中促进学生发展的过程，摒弃单纯评价教师的技能施展。突出评价在教师和学生水乳交融的交流互动中的矫正、总结、促进和催发功能。在新课程这一理念下构建的中小学课堂教学评价侧重于考察教师对学生主体意识和参与精神的培养；强调发展学生的创新精神和创新能力；关注课堂教学过程的有效互动；看重教师在学生的情感发展、人生态度与价值观的引导和培养方面所作的努力。基于新课程以学生为本的教学理念，中小学课堂教学的评价正聚焦于师生个体的发展上，即师生与新课程共同成长和全面发展；立足于"以学定教""以教促学"，即把关注学生在课堂教学中的表现作为课堂教学评价的主要内容。此外，这一理念下的课堂教学评价还谋求自身内部机制的发展，使之更趋科学化、合理化，更能动，更富有教育意义和发展性。

二、课堂教学评价的功能

课堂教学评价的功能是指课堂教学评价所具有的，能产生实际效用的能力。教学评价的功能是多方面的，最主要的是以下几个方面。

（一）判断功能

判断功能主要是指通过评价可以了解教师目前的教学现状和存在的问题，可以比较全面地掌握被评价者的实际教学水平，根据评价结论还可以区别评价对象的优劣程度，判断被评价者是否达到以及在多大程度上达到新课程改革所提倡的课堂教学的诸项要求，从而为确认、评选等鉴定性工作服务。

（二）导向功能

导向功能主要是指评价标准本身具有导向的机制。一方面，以新课程所倡导的课堂教学思想、理念为价值取向而制定的中小学课堂教学评价标准，客观上就为教师的教学活动指明了方向，给教师提供了一个可参照的奋斗目标。另一方面，通过教学评价过程中被评价者现实的教学状况与评价标准之间存在差异程度的信息反馈，可以为行政部门加强管理提供决策依据，可以让教师了解自己教学存在的问题与不足，通过改进和完善，使教学活动不断地向价值目标靠近。导向功能的实质在于使教学活动既以教学目标和规范标准为起点，又以教学目标和规范标准的最终实现为归宿。

（三）激励功能

激励功能主要是指教学评价具有激发人的动机的作用。肯定的评价必然对教师产生积极的作用，使他看到成绩，增强自信，产生积极向上的动力和行为，相反否定的评价则可能挫伤教师的积极性。但作为被评价者，每个人都有实现自身价值的需要，都有获得较高评价的追求，教学评价结果所做出的价值判断必然有高下之分，它让被评价者在看到自己差距与不足的同时，也能够在一定程度上刺激并激发被评价者的竞争意识，激励每一个被评价者按照一定的标准去规范自己的行为。这样，教学评价的开展，在一定程度上促进了教学中竞争机制的引入。这不仅有利于激发和调动教师奋发向上的积极性，也有利于教师自觉规范自己的行为，使其更加符合新课程所倡导的教学理念和中小学课堂教学的具体要求。

评课的最终目的在于帮助教师实现教育思想与教学理念、教学目标、教学内容、教学方法与手段、教学过程和训练设计的优化与创新,实现教学管理的优化和教师教学基本功的优化。

三、课堂教学评价的目标指向

建立在新课程理念下的中小学课堂教学评价标准是新的教育思想、教学理念在教学评价中的具体反映,是中小学课堂教学规范标准的具体化。确立这样的课堂评价标准,有利于更科学、更规范地指导中小学课堂教学的评价。从评价的指向看,应包含以下四个大的方面:

(一) 衡量教师是否重视学生主动参与课堂学习

课堂教学的过程,是学生在教师引导下学习知识、练就能力、发挥潜力、培养创新精神、学会做人的过程。学生是否能在这些方面有所收获、有所发展,在很大的程度上取决于他们参与学习的程度。怎样提高学生的参与程度,把有效的学习时间贯穿到具体目标的学习中去,是评价一堂课教学效度的重要指标。教师是否重视学生主动参与课堂学习,可以从以下四个方面评价:

1. 学生的参与状况与品质。学生参与课堂学习的状态与品质包括:学生能用自己的话去解释、表述所学到的知识;学生主动提问的次数;学生参与解决开放性问题的数量;学生综合运用相关知识,解决比较复杂的综合问题的数量。

2. 学生参与的方式。学生参与课堂学习的方式包括:个别学习与小组合作学习交叉进行;小组学习和讨论有实质性的交流;分组实验或学生单独实验;学生个别回答提问或分小组抢答竞赛等。学生的参与不论是哪种方式,都应确实起到交流想法、方法和丰富见解,提高认识的作用。并且通过讨论、交流、实验、答问等,能够解决问题或产生新的想法、疑问。

3. 学生参与的时间和广度。它包括:其一,学生在课堂学习中主动活动的总时间。学生在课堂上主动参与学习的时间至少应该有一半以上,参与程度高的课(尤其是理科学习)其时间应达 2/3 以上；其二，学生个别学习的时间。学生的个别学习包括独立阅读课文，独立思考和分析问题，不包括学生的个别发言时间（课堂发言可算作集体交流的时间）；其三，学生回答问题与示范的人次。即有多少学生参与了教师的提问，以及准确回答问题的人次；其四，学生群体活动（含小组合作学习、群体讨论或辩论）的时间与人数。

4. 学生参与的效果。具体包括：预定学习目标的达成度怎样；学生的相关能力和意志情感、价值观的形成，提高与扩展；学生的学习是否形成良好的思维，动口与动手习惯；学生的注意力和情感投入的程度；学生能否综合几个方面的相关知识解决比较复杂的综合问题；学生参与开放性问题研究的能力等等。

（二）关注教师能否培养学生的创新能力

发展性课堂教学关注发展学生的创新能力。它包含着一种创新的意识，一种发现问题，积极探求的心理取向；一种善于把握机会的敏锐性；一种积极改变自己并改变环境的应变能力。新课改把传统的教育目标按"知识——实用技能——态度和能力"的排列模式完全颠倒过来，按"态度和能力——实用技能——知识"的顺序重新排列。这种目标排列顺序的改变，意味着中小学课堂教学将以培养学生的创新精神和实践能力作为改革的方向。教师在课堂教学中必须能够引导学生不断探求知识，自主学习，合作交流，寻求规律，发现创新。因此，考察教师培养学生创新能力的有效过程是评价课堂教学质量的一条重要标准。其评价可以从下述角度进行：

1. 创新学习的时间和数量。包括：教师提出了几个开放性的问题？教师提出一个问题后，留给学生思考的平均时间是多少？课堂教学中有多少时间是用于学生的独立思考、独立学习或研究的？课堂教学中有多少时间用于小组自由讨论？学生的回答不是照着教材念，而是有自己见解的人次是多少？学生提问有创造性、有个性的人次是多少？学生主动提问的次数是多少？等等。

2. 创新学习的策略。包括：教师是否创设问题的情境，引导思路，展示思维过程，使学生有较高的思维活动的质和量；教师是把自己的思维方式或问题的结论直接传输给学生，还是启发学生自己思考，得出自己的结论；教师能否尊重学生的不同观点和思维方式；当学生见解出现错误或偏颇时，教师是否引导学生自己发现问题，自我矫正，将机会留给学生；教师对有独立见解的学生，是否有意识地表扬、鼓励等等。

3. 创新学习的设计。包括：教师能否引导学生从不同的起点或不同的角度、不同的方向去思考问题；教师能否为学生提供（或引导学生自己寻找）多个思维方法和思维结论，增强学生思维的多向性，发展学生思维的流畅性。

4. 创新学习的效果。包括：学生能否从多种角度思考问题；学生回答问题是否有新意、独创性；学生的分析是否深刻；学生对学习材料的归纳概括能否把握住问题的核心与本质；学生的学习方法是否新颖有实效；学生的表达是否流畅，意义是否丰富等等。

（三）评析教师的课堂教学是否保持一种有效的互动

新课程条件下的课堂教学理念提倡学生在参与中学会合作与竞争，形成学习共同体以产生整体效应。研究表明：学习不仅仅是个人的行为，还是一种社会性的行为。学生个体根据自己的经验所建构的认知体系具有个体性和局限性，只有通过意义的共享和协调，才能真正获得。即是说，知识是合作掌握的。学习是学生、教师和其他学习者之间相互作用的结果。只有通过学习者的合作与竞争，个体的知识结构才能更趋于合理、丰富和全面。学生学习的内在需要要求课堂教学提供足够的多向交流机会，要求教师转换角色，成为学生学习活动的组织者、引导者、参与者和合作者，能够激发起学生学习的积极性，给学生提供充分从事学习活动的机会，帮助学生在自主探究与合作交流的过程中体验学习过程，整理信息和获得经验，使教学过程成为师生互动、生生互动的充满生机与活力的生命历程。据此，观察一堂课是不是高质量的课，教师能否使课堂保持一种有效的交流互动也是一条重要的标准。

评价教师是否保持了课堂教学的交流互动可以从以下几个方面

入手：

1. 教师是否能做到参与协商、鼓励和监控学生的讨论和练习过程，而又不包办代替，不控制学生讨论的结果。

2. 教师能否给学生提供必要线索的反馈，培养学生判断、交流、反思和评价的习惯与能力。

3. 教师能否促进学生知识有意义的建构，通过示范、讲解和实验，尤其是提炼和概括，分析与评判，帮助学生进行有意义的学习。

4. 教师能否把自己看成是学习者，与学生一道学习，敢于承认自己的不足以及不如学生的地方。

5. 教师能否热情鼓励学生质疑问难，提问、讨论和辩论；能否容纳学生的"接嘴"和标新立异的见解，并巧妙调控，正确引导。

（四）观察教师是否关注学生品德的养成和情感的发展

作为教学"三维目标"之一的情感、态度、价值观目标，其达成应是贯穿于课堂教学的整个过程之中的。社会主义教育的方针要求教师在课堂教学中应教书育人，注重对学生知、情、意、行的培育。但这种培育不是靠枯燥乏味的说教去完成的，它必须通过学生的感悟，学生的情感发展潜移默化地去实现。学生的情感发展与学生在课堂学习中所获得的体验密切相关，积极的体验会使学生不断地对所学的知识产生浓厚的兴趣和需要，自觉地由"知"内化为"行"。而积极的体验又是建立在课堂上民主和谐的学习氛围之上的，是建立在学生感受到知识的力量之上的，是建立在学生不断取得成功与不断进步之上的。因此，教师是否能营造民主、宽松、和谐的课堂教学氛围，形成相互尊重、信任、理解的课堂环境，促进学生正确的人生态度、价值观的形成和情感的发展，同样也是新课程课堂教学评价的重要指标。

考察教师是否关注学生的情感发展和人生态度、价值观的形成，是否能在教学过程中对学生进行科学的人文精神的教育与培养，可以从教师创设宽松和谐民主的课堂情境的程度以及学生情感投入的程度两方面去判断与评价：

1. 教师创设宽松和谐民主的课堂情境的程度：观察教师是否精神饱满、情感积极；是否善于发掘教材的情感因素，是否细心观察和运用来自于学生的和现实生活中的情感素材；讲课与组织活动是否能引起学生的兴趣与情感共鸣；是否善于表扬鼓励学生，让学生体验成功的乐趣；是否充满对学生的理解和人文关怀；是否用科学的世界观、人生价值观去引领学生；是否有民主的作风，能原谅和艺术地纠正学生在课堂学习中的不良表现；是否善于体察学生的情绪变化，恰当调控教学。

2. 学生情感投入的程度：学生注意力是否集中，是否有高昂的学习热情，主动积极，跃跃欲试；是否保持良好的思维状态，能从学习中获得兴奋与快乐；是否保持内在的持续不断的学习兴趣和需要，有一种积极向上的心理状态。

除了以上四个方面的课堂教学评价目标指向，教师在教学过程中的情感态度、教学组织安排、教学语言、课堂板书、教态、学科专业技能、应变能力以及教师运用教学媒体的能力等，都是课堂教学评价的重要指标。

第二节　教学评价的内容、方法与原则

一、教学评价的指导思想

一堂优质的课必须是以新课程所倡导的教育思想和教学理论为指导的，以面向全体学生，全面提高学生作为现代人应具备的基本素质为根本目的，以充分体现学生主体地位，实现教学过程各要素及其组合优化为基本素质特征的教学活动。

课堂不是"教书"而是育人，教学过程中教师是以书本为载体，去教会学生做人所需的知识、能力与品行。所以，一堂优质的课要以学生的获得为出发点和归宿，要以学生为本，而不仅仅是预定教学设计的定时完成，更不是单一的知识传授目标的达成。新课程所

倡导的知识与技能，过程与方法，情感、态度和价值观这三维目标应当在一堂课中得到较好的体现和实现。课堂中学生是学习能动的主体，充分体现学生的主体地位，就必须实行真正的教学民主。教师要尊重学生、鼓励学生、激发起学生的能动主体的意识，与学生进行平等的交流互动，将学生既看作是教学的对象，也看成是教学的资源。并努力地、合理地配置包括学生资源在内的课堂上的各种资源，实现课堂资源的优化组合在内的课堂各种资源，进而在师生互动中实现预定的教学目标，优质高效地完成教学任务。

二、教学评价的主要内容

（一）评教学思想

现代课堂教学是教与学的双边活动，谋求的是师生之间和学生之间的交流互动，是教与学的"同频共振"，其核心是突出学生的主体性。具体表现为：

1. 教师的主导与学生的主体并重。教师的主导作用主要体现在科学准确地建构教学内容，依据学生实际选好教法，设计学法。精心设计教学过程，指导总结学习方法，点拨知识疑难，实现教学的目标。课堂上学生有强烈的学习参与欲望，学生的参与得到教师的鼓励、尊重与引导。

2. 研究教材知识与研究学生并重。课堂教学应是民主的，是师生"群言堂"，杜绝教师"一言堂"；课堂是学堂不是讲堂，教师是主导而不是主讲。教师应研究学生的学习兴趣、学习态度、学习方法、学习效率。

3. 传授知识与培养能力、指导学法并重。教师对学生的思维能力，如概括能力、分析能力、对比能力、发散思维能力、应用能力、表达能力等等，在课堂教学中给予了怎样的培养。学法指导，如怎样读书，怎样练习，怎样分析等等，是否给予引导与启发，是评课的重要内容。

（二）评教学内容

1. 看教师是否认真研究了学生，做到从学生实际出发建构教学内容，是否面向全体学生开展自主学习、合作学习和探究性学习，是否让所有的学生都参与讨论、实验、训练等活动。

2. 评授课内容是否正确，是否过易过难，是否符合学生认知心理和已有的知识水平。

3. 评教学是否做到了重点突出、难点突破、疑点突明、教育点突现。通过一堂课的教学是否使学生形成了新知识的增长，构建了新旧知识的交融，获得了进一步拓展学习的"钥匙"。

4. 教学在完成既定目标后，是否又引发起学生新的思考，进而产生新的问题，激发起学生新的思维兴趣。

（三）评课堂结构

1. 课堂引入是否吸引学生的注意力，是否激发学生的思维，是否与将要教学的内容有密切关系。

2. 课堂讲解是否适时、适度、实效，是否导多灌少，是否引发学生的思趣，是否创设起良好的教学情境。

3. 练习讲评是否体现了学生主体与教师主导，是否注意思维能力的培养，是否有针对性和规律性。

4. 课堂时间分配是否恰当，学生活动时间是否给够（学生自主活动时间应不少于 10～20 分钟），教与学的环节是否环环相扣。

（四）评教学方法（艺术）

1. 评教师是否能依据学生情况和学科特点、课型等，实施有效的教学策略。

2. 评教师的教法是否有益于激活学生思维，引发学生产生认识冲突，教师是否与学生一道化解难点，突出重点，揭示规律，总结方法。

3. 评教师的教学机智，重点观察其对偶发事件的处理艺术。

4. 评教学特色。一堂有特色的课凝聚了从教者的大量心血，闪烁着教师个人独特的艺术光芒，甚至可能孕育出教学理念的创新火花。

5. 评教学手段的使用。先进教学手段不仅操作规范，而且要有效发挥还需作艺术的加工，而语言艺术最关键，组织艺术和调控艺术是重要内容。教学艺术博大精深，内涵丰富，评价此点，能看出一个教师的基本功与发展潜力。

（五）评教学效果

1. 评教学目标是否达成，即学生对该堂课所学知识是否掌握，能力发展的要求是否在学生活动中得以呈现。良好的习惯养成，情感的陶冶，学习品德的升华等是否一以贯之地展现出来。

2. 评教学情境是否真实而优良，教师是否一味地搞表演，把学生作为"群众演员"，是否搞"花架子"而无实际内容，教学内容是否合适，是否产生出良好的课堂学习氛围。

3. 评学生与教师的信息反馈是否畅通、及时、有效。

4. 评学生的学习状态是否既紧张又活泼，既严谨又轻松、自然、愉悦。

三、教学评价的主要方法

（一）把握理论的科学性

对于一堂课的优缺点，成功经验与典型失误，有待解决的突出问题，从理论上作深刻剖析，从理性上找准根源，做到以理导课，以理服人。

（二）增强评课的针对性

反对面面俱到，要根据不同的课型、课题，不同的对象择其要领重点点评，应加大用新课程所倡导的课堂教学理念评析的力度，克服评课者的思维定式，增强评课的现代气息。

（三）突出对教师的激励性

评课的宗旨在于帮助教师提高教艺，所以评课者要通过评课挖掘被评者的教学特色，肯定讲课者的大胆创新。

四、教学评价的基本原则

课堂教学评价应遵循以下原则:

(一) 求真务实的原则

教学评价 (评课) 的目的是为了帮助被评者提高教学技艺,改进教学。同时,也给其他参与评价活动的教师以借鉴和启发。因此,求真务实,说真话、实话,对于所有参与评课的教师而言,都是一种重要的责任,评课者只有本着客观、公正、实事求是的精神,进行辩证评价,才能使评课达到它应有的功效。

(二) 真诚和谐的原则

教学评价时,评课者要以一种发自内心的真诚善意的态度去面对被评价者,面对所有参与评课的教师,用诚恳的语言去客观分析被评者教学的优劣长短,给执教者提供中肯的指导意见。要让所有的人,尤其是执教者在一种和谐融洽的氛围中,在充满智慧与快乐的心态之下畅所欲言。只有这样,才能有助于执教者和其他教师反思自己的教学,才能有助于教师教学水平的提高。

(三) 重点点评的原则

评课时切忌"眉毛胡子一把抓",面面俱到。评课者要善于抓住要点细致分析,有理有据,如对于执教者在哪些地方出了问题,需要作怎样的改进,哪些地方有特色,可以发扬光大等等,要在评价时详略得当,使被评价者听来明白,心服口服。

(四) 突出个性的原则

因为执教者情况千差万别,教学风格各异,教学形式多样,所以,评价的侧重点就不尽相同。评课时应有不同的要求。例如:对一些有多年教学经验的骨干教师,评课时应提出更高的要求,而对于刚参加工作不久的教师,则就应更多地从教学基本功上加以点评。此外,评价时抓住不同执教者的不同教学特点,分析总结其教学特长,能促进他们个人教学风格的尽快形成。

(五) 激励奋进的原则

教学评价的目的是要激励教师不断进取,在教学实践中迅速成长起来,成为课堂教学乃至整个课程改革的积极践行者。因此,评课者应在认真客观和辩证分析执教者教学情况的同时,对其教学中表现出来的优点特色(如良好的心理素质、语言能力、机智、驾驭课堂的能力等)给予充分肯定。

(六)讲求艺术的原则

课堂教学评价是要讲求艺术的。评课者要掌握心理学知识,灵活运用评课的艺术,尤其不要以成败论英雄,不要用可能引起执教者反感、失望、过度紧张的语言去刺激他(她)。评课语言要尽量平和、充满关怀、表现善意;要注意把握的尺度,从帮助、共勉的角度去评价,评课不评人。

第三节 课堂教学评价指标体系的建立

在新课程理念指导下形成的中小学课堂教学评价指标体系,是当代课堂教学的思想、观念在教学评价中的具体反映。建立中小学课堂教学评价指标体系既是课堂教学评价的起点,也是其评价的依据。

一、评价指标体系建立的依据

(一)针对当前中小学课堂教学中存在的问题

大量的调查研究表明,当前我国许多的中小学课堂教学都不同程度地存在着教学思想陈旧、教学方法单一、教学效率不高、学生学习负担过重的状况。在学校管理中还存在着课堂教学常规管理不落实,对教学过程缺乏有效的监控措施等问题。找到问题,解决问题是建立科学、规范的课堂教学评价指标的现实依据。

(二)体现社会发展对教育的需求

未来社会经济的发展需要教育培养大批高素质的合格人才,这些高素质的人才不仅有较高的、全面的科学文化基础知识,还应有适应未来社会发展所需要的现代化的思想、观念、精神风貌、思维方式和行为准则,还应有较强的实践动手能力和创新能力。社会经济发展对教育的需要也就是课堂教学所追求的目标,必然地也就成为课堂教学评价的重要依据。

(三) 满足教育促进人全面发展的需要

教育的根本目的是促进人自身全面的、和谐的发展。新课改的一个重要方面,就是要改变目前课堂教学中普遍存在的只重知识,而不重能力;只重书本,而不注重学生长远发展的状况。最终目标就是要让学生个体成长,促进每一个学生得到全面、和谐的发展。因此,课堂教学是否促进了学生发展,必然成为新课程条件下中小学课堂教学评价的重要指标。

二、建立课堂教学评价指标体系的理念与思路

(一) 坚持"以学生的发展为本"

新课改的核心理念是"以学生的发展为本"。要发挥教学评价的教育功能,"建立促进学生全面发展的评价体系"。确定中小学课堂教学评价指标,要从学生全面发展的需要出发,注重学生的学习状态、学习需求和情感体验;注重教学过程中学生主体地位的体现和主体作用的发挥;强调尊重学生人格和个性,鼓励发现、探究和质疑,以利于培养学生的创新精神和实践能力。

(二) 注重考察体现素质教育课堂教学特征的基本要素

课堂教学是一个从准备到实施,再到目标达成的完整过程,是一个复杂多变的系统,要全面反映这个过程,需要具备相当多的因素。确定课堂教学评价指标体系,既要着眼于课堂教学的全过程,又不能面面俱到,要突出体现素质教育课堂教学不可缺少的基本要素,以便在评价中进行有针对性的诊断和正确的导向。

(三) 坚持评教与评学相结合,侧重评学

课堂教学是师生互动的过程,是教师组织和引导学生进行有效学习的过程,是师生互动、生生互动,共同实现具体发展目标的过

程。"评教",建立促进教师不断提高的评价体系,有利于大面积提高教学质量。"评学",建立评价学生学习状态和学习效果的评价体系,以具体评价这一堂课的教学效果。只有以评学为重点,课堂教学评价才能真正起到促进教师转变观念,改进教学的作用。

(四)体现学科课堂教学特征,注重评价的开放性

课堂教学具有丰富的内涵,学科、学生、教师、教学条件诸多方面的不同,使课堂教学千变万化,情形各异。确定课堂教学评价指标体系,既要体现课堂教学的一般共性,又要为不同学科和不同条件的课堂教学留有可变通的余地。要提倡创新,鼓励教师们的个性化教学。

三、建立课堂教学评价指标体系的原则

新课改条件下中小学课堂教学评价指标体系的建立,必须在一定的原则指导下进行,以确保教学评价标准的客观、有效、可操作,并有利于教学评价功能和作用的正常发挥。建立中小学课堂教学评价指标体系除应遵循建立一般教学评价指标体系的科学性、操作性、协调性等原则外,还必须遵循以下原则:

(一)充分体现新课程所倡导的课堂教学教育思想、理念的原则

新课改就是要改变目前课堂教学中以教师讲授为主,以书本知识学习为主的状况,突出以学生发展为本的现代教育的思想和观念。教学评价从评价指标的构成要素、主要内容、权重分配等都必须充分体现这一新的现代的教育思想和观念。第一,从评价的内容看,由过去主要评价教师变为既评教师,又评学生,从过去注重终结性评价,变为过程评价和终结性评价并重,而更重过程的评价,对教师的评价从过去注重教师语言的清晰流畅,重难点知识的突破,教学思路的清晰有序,板书的工整合理,变为着重评教师是否多角度的引导学生积极参与学习活动,是否充分有效地组织学生进行思维训练,是否指导学生掌握学习方法等方面;第二,为了加大评价指标的导向力度,对教师课堂上是否组织学生活动、学生活动的有效

性和质量加大权重,甚至实行一票否决;第三,设立课堂教学评价的量化指标,以规范教师教学行为,如一堂课学生自主活动时间不得少于三分之一等等。

(二)先进性和现实性相结合的原则

中小学课堂教学评价指标体系的各项指标及其内容,体现了社会发展对教育发展的最新要求,为课堂教学不断优化指明了方向。但是,评价指标的时代性和先进性还应该符合现实的客观性,因为教师教学思想、观念的转变,教学方法的改革,教学水平的提高不是一朝一夕可以完成的,而需要一个渐变的发展过程。因此,在建立评价指标体系时,既要具有先进性的指标,也还要保留过去常用的对教师课堂教学进行评价的指标,在指标的构成要素及具体内容上应尽量反映中小学课堂教学的较高要求,以保证评价指标的导向作用,而在每项指标要求达到的水平上则可以根据实际情况作相应调整,逐步趋向高水平。

(三)共性与个性相结合的原则

中小学课堂教学评价指标体系是对广大教师的基本要求,具有普遍性,对教学效果的评价具有一致的标准。但是,教学活动是一个纷繁复杂、千变万化的过程,教师的个性、特长也是形形色色、千差万别,从这个意义上讲,统一的教学评价指标体系是难以准确、客观地评价不同类别、不同风格的教师的教学的。另一方面,课堂教学不仅要规范化,还要有创造性和多样性,既要有共性,也要有个性,这样才能适合学生的个别差异和个性发展的要求。因此,评价时要鼓励和倡导教师发挥自己所长,教学上有自己的特色和风格。在建立评价指标体系的时候,为教师逐渐形成自己的教学风格留有余地,在统一要求,共性评价的基础上,对确有特色的教师应给予特色加分,以肯定这样的教师和这样的教学。

(四)实用性与指导性相结合的原则

教学评价是一项实践性与操作性很强的工作,这就要求评价指标体系一定要有很强的实用性和可操作性,评价指标不能过于繁琐,应当简练，便于教师理解，也便于评价者掌握和使用。但是，在目前中小学课堂教学越来越重视自评和他评相结合的情况下，一套科学、实用的教学评价指标体系不仅是评价者评价课堂教学的依据，而且是被评价者不断转变教学观念，改进教学方法，规范教学行为的直接参照物。因此，建立评价指标体系一方面要便于评价者操作，要求简明，另一方面要有利于教师参考，要求尽可能全面、系统。实践证明，综合评价指标（可以评价不同学科的课、不同年级的课）宜简略，二级指标一般在10～15项为好，学科评价或不同课型的评价指标可以适当细化。

第四节　课堂教学评价的实施

一、课堂教学评价的一般程序

中小学课堂教学评价的一般程序同其他教育评价一样，包括三个环节，即评价信息的搜集，信息的整理和分析，信息的反馈矫正。

（一）评价信息的搜集

搜集评价信息的目的是为正确开展评价活动提供事实依据，只有充分地搜集到一堂课的各种信息，才能准确评价这堂课的质量。因此，搜集信息是评价的基础。

听课是搜集课堂教学最直接、最可靠、最主要的方式。评价者只有亲临课堂教学现场听课，才能完整地了解一节课的发生、发展和结果，才能为评价的理性分析奠定真实的感性认识基础。因此，课堂教学评价离不开听课，这是一个重要环节。另外，在对诸如教师优质课的评比过程中，由于时间和地理条件的限制，也可以用收看课堂教学现场录像的方式来弥补不能亲到现场听课的缺憾，这也是实事求是的和允许的。

听课非常重要，但是如何听好一节课却也不是很容易的。如果缺乏目的，缺乏重点，缺乏对一节课质量高低的明确标准（参见第五章相关内容），就去课堂听课，恐怕难以获取准确的、重要的信息，或者眉毛胡子一把抓，或者避重就轻，都达不到科学评价的目的。为此，在每一次听课之前，有关人员都要明确这次听课的目的，使自己明确听课的重点和质量标准。同时，应当建立相应的观察指标。作为课堂教学的一些基本常规如教学目标、内容、组织、方法、语言、反馈、效果等仍是听课搜集信息和评课的指标，不可忽略。但教师组织学生参与活动及学生活动的状况却应当是这期间听课、评课的重点，具体内容大致有如下几点：即教师教学目标是否转化为学生学习目标；教师是否创设了有利于学生活动的民主教学氛围；教师是否提出了有利于学生积极思维的问题；教师是否组织了多种形式的活动让学生广泛参与；学生参与活动的时间是多少；学生参与活动的人数是多少；学生参与活动的主动性如何；学生参与活动的深度怎样；以及学生参与活动的效果怎样等等。都可确立为本专题听课、评课的重点并转化成相应的听课观察指标。

听课是获取课堂教学评价信息技术的重要途径，除此之外，对中小学课堂教学的评价，还应提倡上课前的教师说课，上课后教师对课的自评和同行间的互评，有时候，还要组织学生评课。上述这些活动，可以视为是一节课的序幕和延伸，其中也能透出许多信息，这些活动同听课所获取的信息相结合，就构成了本节课更丰富、更准确的评价信息，为最后判定这节课的质量高低提供了最充分的依据。搜集一节课的评价信息，完整的过程应是（如下图）：

听（执教者）说课→看（执教者）上课 {了解学生评课 / 听取教师自评 / 参与同行评议

鉴于说课、自评、同行评、学生评本身具有评价的功能，也是教学评价的主要类型，尤其是说课，本书将在第七章的内容中作专门阐述，这里就不再赘述。但需要强调的是，获取一节课的评价信息和途径是多种多样的，绝不仅限于听课这一种方式。

（二）评价信息的整理和分析

评价者获得的评价信息，在开始时还比较分散和凌乱，让人难以把握头绪，必须采用科学的方法进行整理，使其条理化，才具有分析的价值。做这项工作，可以从两个方面去进行，一是状态分析，二是原因分析。

所谓状态分析是对所评价的课堂教学呈现的状态进行分析，目的是认清它的性质和程度。具体包括：特征分析、比较分析、总体分析。首先，特征分析。即是根据评价指标体系，对这堂课各相关方面的表现所具有的特征逐一进行剖析（如这堂课运用现代教育技术手段是否合理、有效，这堂课学生参与活动面怎样，思维是否活跃和有序等等）。这种分析一般来说都较为具体、全面，针对性强，使人们对评价对象的状况一目了然。通过这种分析，可以很清楚地认识到一节课中哪些地方强，需要发扬，哪些地方弱，需要改进，这是对一节课作出正确的价值判断的必要前提。其次，比较分析，目的是判断评价对象在群体中的相对水平或判断被评对象自身的发展趋势，这种分析可以帮助评价对象看到自己的优势，增强信心，也可以指出差距，激励上进。第三，总体分析。总体分析是对教师一堂课的整体表现情况所进行的概括性判断，是在进行特征分析和比较分析基础上的概括性分析。总体分析可以使人迅速把握评价对象与评价标准间的距离，掌握其所处的水平位置。

对评价信息进行整理分析的第二个方面就是原因分析。原因分析是在判定评价对象所取得的成绩和问题以后，为了进一步巩固正确的认识、态度和行为，改正不足之处，而进行的结果归因分析，这种分析还要针对原因提出相应对策措施。对原因的分析不提倡过多地归结为外部的客观原因，如生源、课程、教材、教学硬件条件等，而要从促进教师专业化成长的高度着眼，客观地分析其具有的素质优势和不足，以及对教学质量提高的正、负关系。新课程理念下的中小学课堂教学，应充分尊重教师的个性和创造，充分尊重教师劳动的成果。因此，对原因的分析既要实事求是，客观公正，又要尊重教师,积极鼓励,切忌"一棍子打死",说得一无是处,也切忌过分吹捧而失去评价的科学性、公正性和客观性。

(三)评价结果的反馈和矫正

通过对评价信息的分析和整理,评价者就已为所评课的质量状态作出了价值判断,这种判断的结果可以通过多种方式反馈给受评教师(有些还包括教师所在学校领导),常见的有如下几种:

1. 评价量表评定。将评价结果通过量表记分或评等级的方式记载下来,反馈给受评教师。该教师能从评价表上一目了然地知道自己授课方方面面的问题,对自己本堂课和教学质量能作出定量的估计。

2. 座谈会。评价人员与受评教师齐集一堂,双方充分交换意见,特别是被评价者可以听到来自多位评价者的意见,有利自己的进步。其程序是:执教者说课⇨听课者评议⇨领导、专家总评。

3. 个别交谈。评价者与被评价者一对一地交换意见,评价者可以针对被评课的情况,与该课执教教师作推心置腹的交谈。这样,既可以保护执教者的自尊心,又可以使问题的探讨更深入,更有利于被评者改进教学。一般而言,这只限于听者只有一两个人的情况下采用。

4. 书信交换。因为种种原因(如时间、地点、人员等因素影响,以及一些不便于在公开场所中交换的问题),评价者不能及时与被评价者交换意见,即可通过书信、电话、发电子邮件等多种方式把自己的评价意见反馈给执教教师。

将评价意见通过上述不同的方式反馈给受评者并不是课堂教学评价的目的。开展中小学课堂教学评价,真正的目的还在于促进教师进一步树立新课程的教学理念,改进教学行为,促进课堂教学质量的提高。因此,评价者在反馈评价意见时,一定要注意以下几点:

首先,反馈意见要尽量具体,做到有理有据,不空洞、不说教,不似是而非,要让人容易理解。比如某教师教学内容处理不当,如果仅是这一个结论而没有详细的阐述,被评教师就很难认识到自己的问题,如果在评价时能举出该教师授课中在这方面具体存在的问题,并将这个问题的弊端和改进意见一起提出讨论,则对执教教师的帮助就更大了。

其次,反馈意见时态度要和蔼,要以民主、平等的态度对待老师,语气尽量委婉,切忌盛气凌人,要让教师在接受意见时有一个轻松的心态。

再次,反馈意见时注意从正面鼓励教师,一方面要充分地看到教师授课中表现出的优点,另一方面在指出问题时也尽量巧妙、艺术,不致因语言生硬、简单而伤了教师的自尊心,要让教师既看到问题,又受到鼓舞,从而焕发出更高的工作热情。

教师在听取教学评价的反馈意见后,就会积极地调整自己的教学思想,努力改进教学行为,这就是教学评价的反馈矫正功能所发挥的正效应作用。到此,才称得上是真正完成了一个教学评价的全部工作。教学评价就是这样伴随着教学工作,不断地产生,不断地完成,循环往复,守护着教学一步一步地朝着既定的目标前进。

二、课堂教学评价指标解读

该方案中课堂评价指标共设置6个评价项目和14个评价要点(见例表)。

"评价项目",从影响课堂教学质量的基本要素出发,设置项目。

"评价要点",列出了对各个项目进行评价的主要内容。

"符合程度",是根据特征描述,对课与评价要点是否符合所作的判断。包括两个等级,即"基本符合"和"基本不符合"。

"*",标示的是衡量课堂教学最基本的评价要点。

"其他",是留给评价者列出自己认为所需要补充的评价项目和要点。

"教学特色",主要有两个方面的特征:一是教师教学在某些方面具有独创性;二是指教学效果突出。

"评价等级和评语",是评价者依据评价标准,评定等级,再写出评语。

例表　中小学课堂教学评价指标（量表）

评课人姓名＿＿＿＿＿＿＿　　教研室（组）＿＿＿＿＿＿＿
科目＿＿＿＿＿＿＿＿＿＿
　　　　　　　　　　　　　　课题名称＿＿＿＿＿＿＿＿
授课人姓名＿＿＿＿＿＿＿
教学班级＿＿＿＿＿＿＿＿　　教学时间＿＿＿＿＿＿＿＿
课型＿＿＿＿＿＿＿＿＿＿　　课时＿＿＿＿＿＿＿＿＿＿

评价项目	评 价 要 点	符合程度	
		基本符合	基本不符合
教学目标	*〈1〉符合课程标准和学生实际的程度		
	〈2〉可操作的程度		
学习条件	〈3〉学习情境的创设		
	*〈4〉学习资源的处理		
学习活动的指导与调控	*〈5〉学习指导的范围和有效程度		
	〈6〉教学过程调控的有效程度		
学生活动	〈7〉学生参与活动的态度		
	*〈8〉学生参与活动的广度		
	〈9〉学生参与活动的深度		
课堂气氛	*〈10〉课堂气氛的宽松程度		
	〈11〉课堂气氛的融洽程度		
教学效果	*〈12〉目标达成度		
	〈13〉解决问题的灵活性		
	〈14〉教师和学生的精神状态		
其他			

教学特色

评价等级	A	B	C	D

评语

对课堂教学指标（量表）中6个评价项目和14个评价要点作如下具体的说明和要求：

1. 教学目标

（1）符合课程标准和学生实际

符合课程标准的要求，包括知识与能力、过程与方法、情感态度与价值观等方面。

与学生的心理特征和认知水平相适应，关注学生的差异。

（2）可操作的程度

教学目标明确、具体、全面。

2. 学习条件

（3）学习环境的创设

有利于学生身心健康

有利于教学目标的实现

（4）学习资源的处理

学习内容的选择和处理科学

学习活动所需要的相关材料充足

选择恰当的教学手段

3. 学习活动的指导与调控

（5）学习指导的范围和有效程度

为每个学生提供平等参与的机会

对学生的学习活动进行有针对性的指导

根据学习方式创设恰当的问题情境

及时采用积极、多样的评价方式

教师的语言准确、有激励性和启发性

（6）教学过程调控的有效程度

能够根据反馈信息对教学过程、难度进行适当调整

合理处理临时出现的各种情况

4. 学生活动

（7）学生参与活动的态度

对问题情境的关注
参与活动积极主动
(8) 学生参与活动的广度
学生参与学习活动的人数较多
学生参与学习活动的方式多样
学生参与学习活动的时间充分
(9) 学生参与活动的深度
能提出有意义的问题或能发表个人见解
能按要求正确操作
能够倾听、协作、分享
5. 课堂气氛
(10) 课堂气氛的宽松程度
学生的人格受到尊重
学生的讨论和回答问题得到鼓励
学生的质疑问难得到鼓励
学习进程张弛有度
(11) 课堂气氛的融洽程度
课堂气氛活跃、有序
师生、生生交流平等、积极
6. 教学效果
(12) 目标达成度
基本实现教学目标
多数学生能完成学习任务
每个学生都有不同程度的收获
(13) 解决问题的灵活性
有些学生能灵活解决教学任务中的问题
(14) 教师和学生的精神状态
教师情绪饱满、热情
学生体验到学习和成功的愉悦

学生有进一步学习的愿望

（注：该评价量表为北京教科院基础教育教学研究中心课堂教学评价研制小组编制。）

三、课堂教学评价量表的使用说明

制定课堂教学评价方案的目的，是为任课教师、教育管理人员和教学研究人员实施课堂教学评价提供基本依据。一般而言，评价方案主要适用于对日常教学的形成性评价，评价对象（时间）是一节课。

现以前面的"中小学课堂教学评价指标（量表）"为例，对其操作使用的方法作一说明。

（一）等级评定方案

该评价量表采用模糊评价的方法，评价等级共分为 A、B、C、D 四级。为了鼓励教师在教学过程中的突出表现，等级评定办法由基本等级评定办法和特色表现升级办法两部分组成。

一人评课可以根据听课实况，按等级评定办法给出恰当的等级；多人评课，则采用多数定等法，即以多数评价者确定的等级为结果，或者通过集体讨论和评议确定等级。

1. 基本等级评定办法。如果 6 个标有"＊"评价要点中有被评为"基本不符合"程度的，应被评为 D 级；如果这 6 个标有"＊"的评价要点被评为"基本符合"程度的，或在这个基础上还有其他 1~3 个评价要点被评为"基本符合"程度的，应被评为 C 级；如果这 6 个标有"＊"的评价要点都被评为"基本符合"程度，并且还有 4~6 个其他评价要点被评为"基本符合"程度的，可被评为 B 级；如果这 6 个标有"＊"的评价要点都被评为"基本符合"程度，并且还有 7 个以上的评价要点被评为"基本符合"程度的，可被评为 A 级。

2. 特色表现升级办法。基本等级评定为 C 级或 C 级以上，并且教学过程中出现某一方面的特色，则该课可在原来等级基础上升一级；在两个方面表现突出，具有特色，则该课可在原来等级基础上升两级，最高等级为 A 级。例如，教师创造性地使用教材，使学生取得良好的学习效果；在网络教学中，教师通过有效的指导策略，促进每个学生的自主学习；学生在解决问题的过程中，创造性地解决了问题；学生在解决问题或探究的过程中，发现了教师或教科书不能解释的新问题等等。

（二）使用程序

1. 评课前，评课人认真阅读评价方案，熟悉评价要点的特征描述。

2. 评课前，评课人一般要对被评教师的教案（可以是简案）进行分析，并根据需要拟订检测试卷或调查问卷。

3. 评课人在评课过程中，根据评价要点做好听课记录。

4. 被评教师根据评价指标自我评价，并就教学条件、教学设计、教学实施等方面作简要说明。

5. 评课人按照评定等级办法，根据教学实施情况、学生测试或问卷结果、教师自我评价等，评定等级，再写出简要的、有针对性的评语。

（三）运用"评价量表"应注意的问题

1. 充分认识到运用"评价量表"为被评者的课评分定级并不是评课的最终目的。评价指标（量表）作为判定教师教学质量高低的标准，在教师的思想和行为中起着重要的导向作用，教师们自觉不自觉地都会按照评价指标所指定的方向去努力。因此，应当广泛宣传和推行符合新课程理念的中小学课堂教学评价量表，让老师们充分认识、理解其中所蕴藏的思想和内容，进而促进其转化为教师们自己奋斗的目标。

2. 在运用"评价量表"进行评课时要注意灵活性。这种灵活性除了要根据学校特点、学科特点、教师特点灵活变通地运用"评价量表"外，还要根据评价目的的需要，合理地选用指标体系中的指标项目。例如，以指导和研究为目的的评课，则指标体系就应当主要是作问题收集和分析的参照指标，不需要对指标所列的所有项目逐一进行量化评定。这种评价在上级业务部门到校评课与学校教研组内部的研究性评课中最常见。实际上，《评价量表》虽然可以作为定量评价考核教师教学质量的工具，但除了选拔优质课和学校考核教师评分定级外，很多时候，评价量表只是作评课的参照指标，没有必要逐条逐项地去打分或定级，在内容的确定上，也可根据需要有所选择。因此，评价指标（"评价量表"）的应用在内容的取舍和手段的选择上均可根据实际需要作灵活处理。

3. 利用课堂教学评价量表对教师的教学质量做出判定一定要建立在对这位教师认真负责的基础上，做到客观、公正、实事求是，同时，也要从爱护这位教师的角度出发，充分地认识其长处，激励教师积极进取。为此，评价者要深入课堂，获取丰富的第一手评价素材；要认真领会指标内涵，把握评价标准；要认真学习教育理论，提高业务水平，使自己的认识能力、教学能力首先达到新课程理念所倡导的中小学课堂教学的要求；要减少感情因素，既不人云亦云，也不把自己消极的、主观的情绪带到评价中，给每个被评者以公正。

附：
案例一：

一堂"失败"的好课

这是实验区一堂尚未正式进入课改的小学自然课。
课是以这种方式导入的：
"我们很熟悉的东西，其实我们并不一定很了解。"罗吉老师说，"比如，水，天天喝，天天用，可它的一些性质我们仍没注意到，不信，请看下面的实验。"
实验装置为玻璃管下连着一圆底烧瓶上，插入了一根筷子粗的玻璃管。

"里面有什么?"老师问。
"红色液体。"学生答。
"说详细一点。"
"红色液体充满了烧瓶,并上升到玻璃管中。"
"对。"老师点头,然后说:"红色液体其实是水,为便于观察,老师加了两滴红墨水。"
"将装置放到热水中,会出现什么现象?"
"烧瓶变热!"
"烧瓶里的东西也将变热!"
老师听后笑道:"真的不了解水!我们来动手试一试。"
一试,玻璃管里果然出现了怪事,学生十分惊讶。
"你们惊讶什么?"老师明知故问。
学生兴奋地嚷道:"玻璃管里的红水会动,会往上跑!"
"这说明了什么?"
一些学生说:"水增加了。"
"是什么地方的水增加了?"老师不解地问。
"装置里的水增加了。"
"根据是什么?"
"玻璃管里的水面上升,所以水增加了。"
老师问:"水增加了,是水的质量增加了还是水的……"话到了嘴边,她又咬住了。显然她不愿意说出"水的体积增加"这几个字。
她换了一种问法:"水增加了,是不是你们加进了水?"
"没有啊!"学生们说。
"没有加进去水,那水怎么上升了?"
"这……这……"学生们张着嘴答不上来。
"给你们5分钟,小组讨论一下。为什么水上升了?这说明了什么?"

("说明什么,不就说明水的体积增加了吗!"后面一个听课老师小声说。她的同伴则说:"可这话必须从学生口里说出来,否则,怎么体现课改新理念呢!")

"明白了吗?"罗老师问。

"明白了。"学生们答道。

一个男孩抢着说道:"水没有增加,是烧瓶里的热空气把水挤起来了。"

"塞子把烧瓶里的空气堵住了,空气变热,把水推上玻璃管里去了。"另一个学生补充到。

"还有其他意见吗?"罗老师一连问了三次,没人出声。

"这两位同学的说法,你们同意吗?"

学生们说:"同意。"

"烧瓶里明明装满了水,怎么会有空气?"教师急了,声音变高。

"水上升,说明水的体积增大了,是不是?"没有时间再拖,教师直接问了。

"是。"两个女孩迎合道。

"是什么使体积增大?"

"热气。"几个同学脱口而出。

"你们说的热气实际就是热量。"老师解释说,"吸收了热量,水的体积变大。"

各组按教师的吩咐,将装置从热水中取出,放入冷水中。

"看到了什么?"老师问。

"玻璃管里的红水下降了。"

"为什么下降?给你们 1 分钟想一想。"

(我们以为,一般情况下,有了前面的铺垫,学生准会说:"水受冷,体积缩小,水面下降。"可学生偏不这样说)

"水下降,是因为玻璃管里的水退到了烧瓶里;水之所以退回去,是因为烧瓶变大了。"

"烧瓶会变大?"教师惊奇地说,"烧瓶可不是气球哟,想变大就变大,想变小就变小。"这句话,逗得学生们笑了起来。

"其实,因为受冷,水的体积缩小,水面就下降了。"老师给出答案。

各组学生又用酒精做了实验。然后，师生们共同总结道："水有热胀冷缩的性质，酒精有热胀冷缩的性质，水、酒精都是液体，由此可以推出，液体都有热胀冷缩的性质。"

"刚才得出了什么结论？"老师问。

"液体有热胀冷缩的性质。"学生说。

老师举起一个烧瓶说道："这是煤油。它有热胀冷缩的性质吗？"

"没有！"学生们毫不含糊地说。

"怎么？它不是液体吗？"

"是液体，但不是红色液体，所以没有热胀冷缩的性质。"

（学生之所以这样想，可能是因为前面的水和酒精都染成了红色）

"你们愿不愿意用煤油做一下实验？"老师问。

"愿意。"学生说。

几分钟后，各组都做完了煤油实验。

老师问："你们刚才的想法对吗？"

全班叫道："错了，液体的颜色不影响热胀冷缩。"

（这堂课，经过一波三折，似乎快要成功了！）

"今天学习了液体的热胀冷缩。下面做道题，看看掌握得如何。"老师说。

"这是一道是非判断题，题目为：酱油、菜油都有热胀冷缩的性质。""对还是错？"老师问道。

全班同学异口同声地答道："错！"

老师愣住了，片刻后方问道："难道酱油和菜油不是液体？"

"是液体，但酱油和菜油是可以吃的。"一些学生说。

"酱油有色素。"有几个学生说。

"菜油烧不着，所以不会热胀冷缩。"另一些学生则说。

"刚才做过实验，酒精、煤油会不会热胀冷缩？"老师问。

"会。"学生们说。

"现在，酱油、菜油会不会遇热就膨胀，遇冷就收缩?"老师又问到。

"不会。"学生们坚定地说。

"这只是你们的猜测"，老师苦笑着说，"实际上，是会的。"

"啊!"学生情不自禁地叫出了声。

（下课了，罗吉老师心情沉重地走出了教室。下面就要评课了，不知听课的专家和领导会说些什么!）

※　　　※　　　※　　　※　　　※　　　※

座谈开始了。

罗老师谈了自己的看法："虽然自然课还没有进行课改，用的仍是老教材，但学校组织课改的学习，我们都参加了。通过学习，我们认为，老师讲，学生听，那是老课堂；学生说，老师听，这才是新课堂。学生说对说错，是一回事。教学要走出新路，必须要有勇气。"

"但是"，罗吉老师话锋一转，"新课堂也好，老课堂也好，讲的是'实效'两字。这堂课的目的就是要让学生初步理解热胀冷缩，但没有教会。后面的测试题，全班没有一个学生回答对，没有一个!""教学目标没有达到，这是一节失败的课!"罗吉老师说这句话时，满脸都是愧色。

校长看这局面，觉得有必要说一些情况："由于一些原因，备课没有备充分。原计划中，没有这节公开课。昨天，看到专家离开之前还有一些时间，才临时商议上这课。而自然课老师又临时犯胃病了，我就叫罗吉老师顶上。罗吉老师是副校长，现在教的是数学，以前曾教过一段时间自然课。"

罗吉老师接口说到："昨晚，听说上这课，我也慌了。以前没上过这部分，会上出什么结果，心里没有底。后来又想，自己有一定的教学经验，这部分也不难，怕什么。现在看，我过分自信了，课上成这个样，我没有预料到。"

一直在倾听的教授问道："什么没有预料到?"

第六章 评课：在交流对话中改进教学

"实验，做了；讨论和总结，也进行了。该做的都做了，按理学生应掌握了，可——"罗吉老师直叹气。

"可能是我们的学生基础差。"本校一个老师说。

"不"，罗吉老师摇摇头，"可能还有更深的原因。"

"比如，在我们眼中，液体就是液体。可你看到，小孩不这样想，认为有红色的液体、可以吃的液体、可燃烧的液体……"

"对，小孩认为只有某些特殊的液体，才有热胀冷缩的性质。"博士说。

罗吉老师内疚地说："这怪我，液体种类太少。"

"你的意思是——"教授说。

罗吉老师说："多用几种液体就不会闹出'酱油可以吃，不会热胀冷缩'这种笑话。"

教授摇手笑着说："那到难说，假设除了醋以外，常见的各种液体学生都做了，然后问醋会不会热胀冷缩，你猜会怎么样？"

罗吉老师微笑不答。

"不会，因为醋是酸的，和其他液体不一样。"教授模仿着学生的腔调说，引得在座的人笑了起来。

"怎么会这么难呢？"罗吉老师困惑不解。

博士解释道："难在与日常经验不相符。比如：你说，水受冷，体积变小。可孩子们觉得一杯热水冷了，并没有浅下一点。又比如：炒菜前，菜油也加热到高温，可并没有见体积增大。人都是更相信自己的感觉，儿童尤其如此。"

"对同一件事，孩子的理解可能和我们完全不同。"教授说。

"对，"罗吉老师很有感触地说，"比如，做水的实验，玻璃管里的水柱升高，说明水的体积增大了。可是学生并不这么认为，一会儿说水多了；一会儿说水没多，是烧瓶里的热空气把水挤上去。"

"为什么一会儿说水多了，一会儿又说没多？"教授敏锐地问道。

罗吉老师说："我到现在也没搞懂。"

博士解释说："说明学生心理存在冲突。"

"什么冲突？"教授追问。

"过去的经验与现在的实验现象冲突。"博士说。

"请具体一点！"

"每天喝水用水时都看到：往容器里加水，水面上升。可实验却是：没加水（装置是密封的），水却上升了。这就是冲突！"

"孩子如何解决这个冲突呢？"教授问。

"认为里面有空气，空气受热，把水挤上去了。"博士说。

"为什么要这样解决？"教授问道。

这问得太怪了，全场的人（包括教授本人）一时都答不上来。

突然，教授拿起一个装置，问坐在对面的一位小学语文老师。

"受热，这里面的水会怎么样？"

"上升。"

"为什么上升。"

"当然是热胀冷缩哟。"

"热胀是什么意思？"

"就是水的体积增大。"

"没有加进水，怎么体积会增大？"

"水松了一点。"

"那为什么受冷体积会缩小？"

"水紧了一点。"

教授兴奋地叫道："听到了吗，水松了一点，水紧了一点，这是什么意思？"

"装同样多的水分子，装松一点，体积就大；装紧一点，体积就小。"其实，到了这时，博士不用说了，大家早就明白了。

是什么导致这堂课失败？

原因之一就是小学三年级的学生没有，也不可能有分子的概念。

听到这里，罗老师心理轻松了一些。只听她问道："备课时，我怎么没有想到这层困难呢？"

"说实话，我也是刚才与大家讨论时才想到的。"教授说。

第六章 评课：在交流对话中改进教学

"以前，你没有听过这堂课？"罗吉教师问。

"听过，就是前不久在其他地方听的。"

"他们上得如何？"校长急切地问。

教授没有直接回答，而是说："在听课过程中，我向学生借了课本。当翻到要讲的这课时，我愣住了。"

"为什么？"别人问道。

"课上要问的问题以及标准答案，早已记在上面。"

"啊，敢如此作假！"人们叫了起来。

教授说："研究课要真实，只有真实才有研究的价值。你们的课就很好，可以看到学生的真实表现，可以听到学生的真实想法，提供了一个真实的案例让大家讨论研究。说心里话，听到这堂课，我感到高兴。不然，我真不知道学生学习热胀冷缩还会有这么多的困难。"

（赵光平　罗星凯）

（资料来源：《人民教育》，2002年第10期）

案例二：

邵公庄小学评价学生参与性的指标

评价项目	权重	评价要点	评定等级			
			A/7	B/5	C/3	得分
参与状态	1.5	1. 教师以饱满而稳定的情感，通过教态、语言、内容、媒体、评价等激发学生浓厚的学习兴趣及高涨的学习热情 2. 教师能运用各种手段使学生保持良好的注意状态 3. 教师对全体学生怀有热切的期待，能激发学生的自信心、进取心及较高的学业成就欲望。师生间民主、平等、情感双向交流，达到教学共振				
参与广度	1.5	1. 教师设置问题注意到教学过程的阶段性，学生举手答题率达80%以上 2. 教师的问题设置注意到学生的层次性，后进生举手答题率占其全体答题率的60%以上，并能适时关注不善于发表意见的学生 3. 学生在小组活动中的参与率达95%以上				
参与时间	1.0	1. 教师善于创设教学情境，学生自主活动的时间不少于2/3 2. 教师为学生提供充分展示的机会				

参与方式	1.5	1. 教师善于为学生创设多种有效的成功机会、自主选择机会。参与方式多样（如独立学习、集体讨论、小组活动、动手操作等） 2. 教师善于创设问题情境，为学生提供独立思考的机会，训练学生的思维能力 3. 教师善于根据教学内容、教学任务运用多媒体、教具（以及及时反馈调整）等激发学生主动参与
参与品质	2.0	1. 学生善于倾听、理解他人发言，并能及时抓住要点 2. 教师有较强的交往能力，善于与学生沟通，能指导学生在集体讨论或小组活动中有效地与他人交往和讨论 3. 学生普遍具有问题意识，敢于质疑问难，发表不同见解 4. 学生普遍具有较强的动手能力
参与效果	2.5	1. 95％以上的学生通过努力达到合格的教学目标 2. 75％以上的学生通过努力达到优秀的教学目标 3. 教师要结合学科教学进行学法指导，教会学生学习 4. 学生普遍具备良好的学习意志品质及道德品质 5. 学生具有较强的学习主动性

（选自唐少杰等主编：《课堂教学与学习成效评价》，广西教育出版社2000年6月版）

案例三：

"探究平行四边形的面积计算方法"教学案例

执教者：成都市新都区西街小学　廖传忠
点　评：成都市新都区西街小学　周光宁

教学设计意图：

本课是在学生已掌握长方形、正方形面积计算方法的基础上进行的。课中设计了"猜大小""比大小""算大小"等一系列探究活动，给学生提供了充足的探究机会，帮助学生在探索的过程中找到平行四边形的面积计算方法。

教学目标：

1. 引导学生操作、实验，找到平行四边形的面积计算方法，并进行初步应用。

2. 通过实验操作这一探索过程，激发学生的求知欲望，培养学生的探索能力。

课前准备：

教师给每位学生准备了三张纸片：一张是长和宽分别为 8 厘米、5 厘米的长方形。两张是相邻两边为 8 厘米、5 厘米的平行四边形。

教学过程：

一、复习引新，创设情境

教师：我们已经学过不少平面图形——有长方形、正方形……
（屏幕上展示已学过的平面图形）
教师：这些图形中，我们已经学过哪些图形的面积计算方法？
生1：长方形、正方形。
教师：长方形和正方形的面积计算方法还会吗？（"会"。学生们非常自信说）那老师要检查一下。
教师：请看屏幕（教师在屏幕上展示了一个正方形的图片，边长9厘米)。

教师：谁来算？(9乘9学生觉得太简单了!)

教师：(展示一个由木条做成的长方形框架图)大家一起告诉老师，这个图形的面积怎样计算？(学生迅速作出了回答：8乘5)

(评：激发兴趣引入，唤醒学生对生活经验的回忆，找准知识的增长点，为新课学习打下良好的基础，自然而实用)

二、引导探究平行四边形面积的计算方法

(一) 猜大小

教师：(故作神秘地) 下面，这个图形将会发生一些变化，请注意观察屏幕。

(课件演示：将屏幕上的长方形筐架拉成平行四边形。)

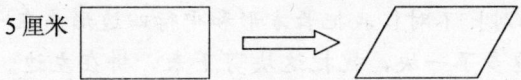
5厘米

教师：猜一猜：这个平行四边形和原来长方形的面积哪个大？(希望引起激烈争论)

学生七嘴八舌讨论开了。

学生1：我认为它们的面积一样大。

学生2：我认为原来长方形的面积大一些。

学生3：我认为现在平行四边形的面积大一些。

教师：咱们统计一下：哪些同学同意第一种意见？(48名学生中有46名齐刷刷举起了手，持不同意见的同学都没有拥护者)

(评：同学们看到拉成的平行四边形，其每条边的长度都没有变，"自然"地认为其面积大小也不会变，因此，绝大多数同学认为面积相等是符合情理的。这使得以下的实验验证活动成为学生自觉而迫切的行为)

(二) 比大小

教师：究竟谁的意见对？可以做实验来验证。(学生跃跃欲试)

介绍实验器材：

同学们手上正好有这两个图形——一个长方形，跟它一样，长是8厘米，宽是5厘米；平行四边形的两条边分别是8厘米、5厘米（比给学生看）。还有一把剪刀。想办法比较出它们的大小。（学生纷纷动手做起了实验）

教师巡视，了解学生实验情况，重点指导较困难的学生。

汇报：谁来介绍你比较的结果和方法？

生1：（大声地、胸有成竹地）我认为它们的面积一样大，我把平行四边形的底和长方形的长相比，发现他们一样长；再把平行四边形的这条边跟长方形的宽相比，发现也一样长。所以他们的面积是一样的！

话音未落，同学们纷纷反对。

生2：不对！不对！我把长方形和平行四边形叠在一起，发现平行四边形右边多了一块，就把这块剪下来，拼在左边。发现原来的长方形面积大一些。（学生们纷纷表示同意）

（评：学生就比较结果进行论证、阐述，同学之间进行思维交锋，这正是本实验力争达到的效果）

师：这个办法非常好！通过比较，发现拉成的平行四边形面积要比原来的长方形面积小。不过，老师还有两个疑问：把右边多的这一块剪下来，拼到左边后可以得到一个什么图形？

生：长方形

师：那你在剪的时候剪过的痕迹正好是平行四边形的……

高生纷纷抢答：高。

师：大家把平行四边形用剪拼的方法转化成一个新的长方形。通过比较，大家发现原来的长方形比拼成的新长方形面积要大，可是能否说明原来的长方形比拉成的平行四边形面积大？

生1：能说明，因为平行四边形和拼得的新长方形一样大。

生2补充：我看到原来的长方形比拼的新长方形大，而拼的新长方形和平行四边形是一样大的，所以长方形面积比这个平行四边形的面积大。

（评：学生的猜想、实验，很大程度上是经验估计的结果。教师适时地引导，使学生体会到研究数学问题，首先思路要明确，方向不要偏离主题；其次体会到我们思考问题应该有根有据。教师适时地引导，引而不拉，导而不代，这是很好的例证）

师：很多同学采用了这种方法，老师把你们的方法再演示一次。（动画演示学生比大小的方法）

（三）算大小，探索平行四边形面积的计算方法

师：通过比较，发现平行四边形的面积比长方形小。不过，这个平行四边形的面积究竟是多少呢？老师也想知道。你们有办法求出它的面积吗？

众学生：有！（非常有把握的样子）

（学生动手操作，教师巡视）

生1：迅速地量出了平行四边形的底和高，并用底乘高计算出了平行四边形的面积：

$8 \times 4 = 32$（平方厘米）

师：你怎么想到用底乘高呢？

生1：我觉得就应该底乘高，因为……

师：（拍拍生1的头，鼓励地）你再注意比较一下，拼成的长方形的长和宽与平行四边形的底和高有什么关系，说不定就能找到答案！

生2：量出平行四边形的相邻两边，分别为8厘米，5厘米。$8 \times 5 = 40$（平方厘米）

生2算出结果后，立即发现有问题，陷入了沉思。

（评：学生在"比大小"的实验过程中，掌握了一些研究方法，此时让学生再研究平行四边形的面积大小，有了思想方法基础）

（四）汇报计算方法

师：请一位同学汇报你计算出的结果和方法

生1：我把平行四边形转化成长方形，量出长方形的长是8厘米，宽是4厘米，它的面积是

8×4＝32（平方厘米）

师：同意吗？（同学们一致同意）

生2：我的方法和他的不一样，我直接量出平行四边形的底和高，用底乘高算出了平行四边形的面积是32平方厘米。我的办法简单些。

师：请同学观察屏幕，比较长方形的长和平行四边形的底，再比较长方形的宽和平行四边形的高有什么关系？能否用你比较的结果来解释为什么可以用底乘高求平行四边形的面积。

课件演示：比较长方形的长和平行四边形的底。
比较长方形的宽和平行四边形的高。

生：（恍然大悟）因为长方形的长和平行四边形的底是一样的，长方形的宽和平行四边形的高是相等的，用长乘高可以求出长方形的面积，那么用平行四边形的底乘高就可以算出平行四边形的面积。

老师板书平行四边形面积计算方法：$S=a\times h$

（评：自己亲自动手去探索出平行四边形的面积计算方法，这是鲜活的知识。"不经历风雨，怎么见彩虹？"学生的亲身体验，其成功的喜悦是发自肺腑的。但是，此时教师还是应该对计算方法进行说明：首先是这个计算方法是否具有普遍性；其次是计算平行四边形的面积时，知道底和高只是充分条件不是必要条件）

（五）练习

1. 口答：求平行四边形的面积。（略）

2. 深化练习，求这个平行四边形的面积。（略）

3. 动手实践，量数据，算平行四边形面积。（略）

（六）解释"猜大小"中，平行四边形面积变小的原因

课件再次演示，将长方形框架拉成平行四边形。

师：把长方形框架拉成一个平行四边形，每条边的长度没有发生变化。而面积却比原来的长方形小？你能否应用平行四边形的面积计算方法来解释这个现象。

（学生开始窃窃私语）

（评：从理论回到实践，深化学生的认识，学生知其然，还要知

其所以然。这是教者正确教学观的体现）

生1：长方形的长和平行四边形的底是同样长的，平行四边形的高变了，所以面积不一样。

师：（赞赏地）不错！谁能把这个意思说得更准确呢？

生2：长方形的长和平行四边形的底是一样的，平行四边形的底比长方形的宽短一些。所以平行四边形的底乘高所得的结果要比长方形的长乘宽所得的结果小一些，所以，长方形的面积比拉成的平行四边形面积大。

师：说得太好了！其实，长方形是一种特殊的平行四边形，长方形的长和宽是互相垂直的，也可以说成是长方形的底和高，平行四边形的面积计算方法对长方形和正方形同样适用。

（七）课件演示把"猜大小"中的长方形框架拉得更扁

师：这两个平行四边形的面积哪个大？这个问题老师不作解答，留给同学们课外解决。

课后反思：

在这节课中，我设计了"猜大小""比大小""算大小"一系列探究活动，在探究的过程中，引导学生找到平行四边形面积的计算方法。在这节课中，我给学生提供了比较充分的探究机会，但在学生总结平行四边形面积的计算方法时，没有引导学生自己在操作的过程中发现长方形的长与平行四边形的底的关系、高与宽的关系。而是采用课件演示、学生观察的方式，找到长方形的长与平行四边形底的关系、高与宽的关系，从而发现平行四边形面积的计算方法。这一做法有教师包办代替之嫌，成为这节课的一大遗憾。

（评：纵观这节课的实际情况，教师立足于引导学生通过动手操作，从猜想到验证，再到抽象概括，简洁明快，从教师到导师的角色进行了成功的转换。学生从知识的被动接受者变为主动研究者，并且很好地解决了问题，学到了知识，获得了经验，体验了成功。引导学生经历和体验数学知识的产生过程，体现了教者较好的教学观念和驾驭数学课堂教学的能力）

第七章

说课：走进教学研究的崭新殿堂

新一轮的课程改革所倡导的新的教学理念必将深刻地引导着新的教学实践。说课，作为教学方式的转变，对于教师们更好地理解和掌握教育理论，理解和掌握新课程的实质，以及对于广大教师教学行为的反思与研究，都是必不可少的。有学者认为：好的说课能把理论和实践有机地结合起来，它融备中说、说中评、评中研、研中学为一体，是优化课堂设计，共享教学资源，提高教师教学能力的一种有效途径。

第一节 说课及其作用

一、什么是说课

说课是指教师在备课的基础上，面对同行、教研员、专家，以语言为主要表述工具，系统而概括地解说自己对具体课程（如某一学科某一节课或几节课）的理解，阐述自己的教学观点，表述自己具体执教某一课题的教学设想、方法、策略以及组织教学的理论依据等，然后由大家进行评说。简言之，说课是教师对课程的理解，备课（教案）的解说，上课的反思。

说课活动由两部分组成，依次为解说（课前与课后）和评说（自评与他人评）。重点在解说，它是以教师口头表达为主，以教育科学理论和教材为依据，针对师生具体情况和课程特点，以同行为主要对象，在备课与上课的基础上所进行的教学研究系统。它要阐明的问题是：教什么？怎么教？为什么要这样教？这样教的理论依据何在？等等。评说则是针对解说而进行的评议、交流和研讨。

由于说课的目的不同，说课可以是课前说，也可以是课后说。前者主要关注教学设计中的思想方法、策略手段，后者应该主要关注教学设计下所引起的教学效果的探讨和反思。

说课作为一种教研活动，其一般特性有：

1. 群体性，即有众多教师、同行参与。
2. 交流性，即说课者与听课者彼此进行意见交流。
3. 共享性，即教学信息资源（如案例、故事等）实现教师间的共同占有与运用。
4. 研究性，即交流的内容必须是教师各自经过一定研究的结果。
5. 可操作性，这种可操作性是由以下因素决定的：

①说课的内容及其要求十分明确、具体和科学，具有规范性。
②说课不受时间、地点和教学进度的限制，具有灵活性。
③说课是教学中最接近教师的教学理论在教学中的应用，具有可验证性。
④说课是一种简单易懂的带有普遍意义的教研活动，具有广泛的参与性。

二、说课的作用

自 20 世纪 90 年代以来，特别是新课程改革实验以来，说课活动在全国各地都展开起来并受到第一线广大教师和教研员的欢迎。

其原因在于：

（一）它是教师对教材与教案进行一次再认识再修改的过程

在备课时，虽然教师对教材做了一定的分析和处理，但这些分析和处理难免会过于浅显与感性。通过说课，教师学会从理性上去审视教材，理解教材编写者的意图，更准确科学地把握教材内容，这就可以发现备课中的一些疏漏，再经过修改教案，弥补疏漏。从这个角度说，说课可以帮助教师更好地理解和运用教材。

（二）它是教师交流与示范的机会

说课活动是一种集思广益的活动，尤其是在个人预先备课的基础上，与同行、教研员在集体备课时相互交流，教师间思维的碰撞产生出智慧的火花，在说课与评议中切磋教艺，交流信息，畅谈教学经验，对说课者来说，获益最大。特别是年轻教师，应把说课活动真正看作是一次接受指导的学习机会。

（三）它是教师学习理论，提高研究水平的机会

说课的准备过程往往就是教师驾驭教材，选择教法，优化教学设计的过程。特别是，说课不仅要说明教师怎么教，学生怎么学，而且还要说明为什么要这样教，这样学。这就促使教师去学习教育教学理论，掌握心理学知识，认真分析思考问题。这是教师从理论上去认识教学规律的过程。同时，说课还需要教师做必要的文字和演讲准备，这对于提高教师的研究水平、写作能力和语言表达能力都有较大的帮助。

说课活动有较强的参与合作性，它能较好地解决教学与教研、理论与实践相脱离的矛盾。在新课程理念指导下的说课活动，更有利于调动广大教师深入学习教育理论，认真钻研领会新课程标准与教材，研究改进自身教学的积极性；有利于提高教师的业务素质，增强教师教学的理性思维，加快由"自在教学""他律教学"向"自为教学""自律教学"的积极转变，也有利于有效地制约和改变少数教师备课马虎（甚至不认真），上课敷衍，随意性很大的现象，同时还能实现教学资源的共享与优化配置，增强教研活动的针对性和实

效性。

三、说课与备课的关系

（一）相同之处

1. 主要内容相同，说课与备课的教学内容基本上都是相同的，个别的增减在说课（课前说课）之后的重新备课时进行。

2. 主要任务相同，都是课前的准备工作。

3. 主要做法相同，都要学习课程标准，要吃透教材，要从学生实际出发，选择教法，指导学法，设计教学过程。

（二）不同之处

1. 概念内涵不同。说课属于教研活动，要比备课研究问题更深入，也更全面。而备课则是教学任务如何完成的方法步骤，是知识结构如何转化为学生认知结构的实施方案，属于教学活动。

2. 对象不同。备课要把结果直接展示给学生，即面对学生去上课，是与学生的交流。而说课所面对的是其他教师，说明自己备课的内容、过程、方法，为什么要这样备课等等，是教师间的交流。

3. 基本要求不同。说课教师要说出自己备课的指导思想，说出所备课具体内容的教学设计，如教师的教学引入，学生学法指导的内容，如何创设优良的教学情境等等，以及为什么要这样设计，说出设计的客观依据和主观认识。而备课的特点则在于实际的运用，强调教学活动的安排，只需要写出做什么、怎么做就可以了。

4. 活动形式不同。说课是一种集体进行的动态的教学备课活动，是教师们的群体教研活动，而备课（传统意义上的）则更多的是教师个体所进行的静态的教学活动。

5. 目的不同。说课的目的在于帮助教师认识备课规律，提高备课能力，实现教学资源在教师间的共享共用。而备课则是以面向学生为目的，它促使教师搞好教学设计，优化教学过程，提高课堂教与学的效益。

四、说课与上课的关系

说课的目的是为了优化教学行为、教学资源、教学内容，提高课堂效益。因此，说课与上课紧密相连，无论课前说课还是上课后说课，都是为了改进和优化教学，其目标是一致的。

但是，说课与上课又有各自的特点：

（一）说课与上课的要求不同

上课主要解决教什么、怎么教以及学什么、学多少、怎么学的问题；而说课则不仅要解决上述问题，而且还要说出为什么这样教，为什么那样学，为什么要选取这些材料等问题。

（二）说课与上课的对象不同

上课的对象是学生，说课的对象则是具有一定教学研究水平的同行或领导。因为对象不同，说课比上课更有灵活性，更易于变动，而不受时空限制，不受教学进度的影响，也不会干扰正常的教学；同时，说课不受教材、年级的限制，也不受人员多少的限制，说课大可到学校，小可到教研组，甚至更经常地在同年级同一备课组内的教师间进行。

同时，说课与上课的目的、形式、内容、评价等也存在着较大的差异。譬如：说课的目的更直接地表现为提高教师的学科知识水平和教学能力，上课的直接目的是将教学的"三维目标"通过课堂传递给学生，使学生在学习的过程中运用适当的方法去认知所学内容，提高能力，树立正确的价值观，形成良好的积极的情感，进而全面提高自身素质。说课时，执教者以教师为对象，是教师之间的交流互动，上课则是执教者以学生为对象，是面向学生的一种交流活动。说课时，教师既要运用教材和其他信息材料，还要运用相关的教育科学理论、心理学理论进行解释与说明，而上课时，执教者更主要的是运用教材和其他教学工具开展教学活动。在进行评价时，说课的评价是以教师整体素质作标准的，而课堂教学时，往往以学生的学习效果作为评价依据。

总之，说课是介于备课与上课之间的一种教学研究活动，它是对教师个人备课的一种检查、深化、补充和修改，使备课更理性、更科学、更全面。它对于上课而言，也是一种更为缜密和相对完美的艺术准备。学校各教研组、备课组加强教师间的相互说课、评说课，有助于教学资源的共享与优化，也可避免或减少课堂教学的低效益。

第二节 说课的内容

一、说教材——目标与内容的确定、选取和分析

（一）教师要根据学科课程标准要求，说出所教学课题的教材主要内容，说明该课题教材内容的整体与局部之间的关系，各内容的地位和作用

教师在组织教学活动的诸环节中，教材内容与结构始终处于非常重要的地位，全部教学活动都是从研究和分析教材开始的，教师的备课活动必须围绕教材而进行，说课离开教材就没有了中心。因此，说课时，教师要分析教学内容以及它们的内在联系，说出自己对教材内容的理解。

教师要说教材相关部分的作用地位。要分析教材在课程体系中的作用及教学的特点，研究教材所组织的知识、技能、方法对学生认知结构的构建，个性发展和能力培养的功能，以及在科学研究、科技与社会发展等方面的价值。要剖析教材所包含的智力、能力与方法等教育因素，从而对教材及其相关内容的地位与作用有一个确切的定位。同时，教师要注意分析教材的系统和知识结构，教材展开的逻辑层次，教学的关键，提出处理教材的方法和依据。

（二）说出本课时（或几个课时）的具体教学目标以及确定目标的依据

教学目标是教学总体设计的出发点和归宿，科学合理的教学目

标具有以下几个特点：

1. 培养目标和教学的认知与方法目标。

2. 保证知识内容的科学性和注意知识体系的系统性。

3. 立足于打好基础，着眼于培养能力，注重于全面发展。

4. 注重知识与技能、过程与方法、情感态度与价值观三维目标在教学中的自然体现与渗透。

5. 教学的深度与广度既要根据课程标准要求又要符合班级学生实际，符合青少年心理及思维发展规律。

6. 为保证教学目标的切实实施和达标情况的检测，教学目标的表达应尽可能简洁、明确并且便于测量。

同时，教师处理教材的方式不同，制定的目标也会有差异，如果说课教师制定的目标与课程标准、教参不一致，应说明理由。

教学目标越明确、越具体，反映教者的备课思路越充分，教法和学法的设计安排也越清晰。说课时要避免千篇一律的套话，要从识记、理解、掌握、应用四个层次上分析教学目标，尤其是对不可量化评价的隐性目标的制定，一定不可随意，而应联系学生实际认真研究确定，说课时阐明实现隐性目标的方法与途径。

（三）分析教材的编写思路和结构特点，说出重点、难点

抓住重点、突破难点是不同的课堂教学结构取得最佳教学效果所采用的共同的方法。这也是我国课堂教学历来沿用的从厚到薄、由薄反约、由简驭繁、以纲带目处理教材的金点子。

一堂好课的教学内容有如下三个特点：

1. 应给的有关知识、技能、思想、行为习惯符合科学性，即没有错、缺、漏现象。

2. 体现内容的教学信息的容量和单位时间教学的知识密度适当。

3. 能较充分地保证重点内容的教学时间，教学有强烈的节奏感和合理的时间利用率，体现教学的时效性。

（四）说出该课题教材内容中的练习设计

如教材中的学生活动内容、方案，课文中的"想一想""看一

看""算一算""议一议""练一练""做一做""写一写""读一读"等栏目设计目的和练习形式,自己如何选取这些训练栏目。此外,音像教材的选用,教学多媒体课件的制作,教学挂图和图册的使用等等,都是教师说教材的重要方面。

二、说学生——分析学习主体,研究学法

学生是学习活动中能动的主体,教学活动应当体现以学生为本,学生的发展是课堂教学的根本目标和归宿。因此,教师说课就必须说清楚学生,即对学生的学习情况作出准确无误的分析,这是教学活动得以正确开展的基础。说学生必须研究学法,所以,以下几点是说课教师应该引起关注的:

1. 说出自己如何教会学生会学。这堂课或这一教学单元将对学生进行哪些具体的学法指导。教师要围绕学生发展这一根本点设计自己的学法指导方案,帮助学生学会学习,学会生存,学会发展,学会创造。具体而言,教师说学法,就是要说如何培养学生思考的习惯,思维的方法,创新的勇气;如何激励学生大胆质疑,批判性思维,探究性学习;如何以知识学习为载体,去提高自己的学习能力。

2. 说出自己如何让学生理解学习内容、学习的具体过程(过程中的几个环节、几种方式)以及学生对问题的思维过程。教师所设计的材料和问题是如何与学生的认知能力、思维习惯、生活经验相联系的,教师是如何注意选择与教材密切相关的、学生感兴趣的问题,灵活采用小组学习、自主探究、辩论演讲等学习形式的。这里,教师要说明学生学习新知识以前他们所具有的知识经验,这种知识经验会对学习新知识产生什么样的影响。

3. 说出培养学生学习能力的具体方面和培养途径,如课程标准所强调的识记、理解、运用三种基本的学习能力。教师说学生能力培养,应客观分析学生掌握教学内容所必须具备的学习技巧,以及是否具备学习新知识所必须掌握的技能与态度。

4. 说如何调动和激发学生的学习兴趣，引导学生主动参与，积极思维，高效学习。学法设计从某种程度上讲，也是课堂教学情境的设计，包括引入学习的方法设计，学习高潮的创设等等，教师只有启动了学生学习的内趋力，让学生产生了对学习的兴趣，才能使学生不辞辛苦地去探究，使他们对学习的火热情怀始终闪现出生命的活力与充满生机的智慧火花。当然，说激发学生学习兴趣，也别忘了说明学生的年龄特点，身体和智力上的个别差异所形成的学习方式。

学法优异的课是调动了学生主体参与的课，也必定是高效的课，其特点是：

①学生百分之百地参与到课堂学习活动之中，积极而主动。

②学习活动情境优良，高潮迭起，学生思维情绪活跃。

③学生表现出强烈的求知欲和探究精神，吸收、加工、处理、储藏、运用知识信息的速度快，效率高。

三、说教法——介绍选择"教"的方法与策略

说教法，就是说出选用什么样的教学方法和采用什么样的教学手段（策略），以及采用这些教学方法和策略的理论依据。具体而言，说教法包括：

1. 说出该教学内容所适合采用的哪种（或哪几种）方法，以及这种（或这些）教学方法的具体操作要点，要求教师要根据所教学科的课程标准，灵活掌握教材，采取适用而多样的辅助手段，运用形象生动的、鲜活的感性材料，灵活采用与教学内容相一致、相适应的教学方法、教学策略，以求达到最优化的教学效果。

2. 突出重点，突破难点，抓住关键点，把握兴趣点的具体措施。

3. 突出如何遵循以学生为学习主体，以教师为主导，以思维训练为主线的"三主"教学原则。

4. 本节课或本单元教学如何加强双基、发展智力、培养能力、提高觉悟。

5. 说出该教学内容如何适时恰当地使用现代化的教学手段及其媒体以及这样做的理由。

6. 说明板书设计，包括安排哪些内容，怎样编排，有何个性化等等。

评说课时，应注意一堂好课的教学方法的五大特征：

①教学方法运用的科学性和有效性能够保证学生正确领会和系统地掌握教材而不致造成混乱和歪曲。

②有利于培养学生的技能、技巧和分析问题、解决问题以及发现问题的能力。

③有利于激发学生的学习欲望，使他们生动活泼地学习，积极有效地参与，充分发挥他们作为学习主体所应有的作用。

④有利于学生学会效仿、学会质疑、学会批判性思维，从而培养起他们的创新意识和创新能力。

⑤教学方法与策略有利于学生身心的健康发展，适合学生的年龄特征与心理特性。

四、说程序——介绍教学过程设计

教学程序是指教学过程的系统展开，它表现为教学活动推移的时间序列，即教学活动如何引发，又怎样开展，怎样结束。

说教学过程是说课的重点部分，因为通过这一过程的分析才能看到说课者独具特色的艺术性的教学安排，它反映了教师的教学理念、教学个性与风格。也只有通过对教学过程设计的阐述，才能看到其教学安排是否合理、科学和艺术。

一般而言，说教学程序应从下面几个问题阐述：

1. 说出整堂课的设计思路及程序。教学过程是一个由多方面、多层次、多因素组成的完整而复杂的过程，教学过程中各因素之间的相互联系，构成了一定的结构与系统，从而形成一定的教学模式。它是在一定的教学思想或教学理论指导下建立起来的、较为稳定的教学活动结构框架和活动程序。结构框架是从静态角度来规范体现某种教学思想或教学理论的教学活动所必须具有的基本操作要素。活动程序则是从动态角度来规范体现这一教学活动的大致操作顺序。因此，说课教师在说教学设计思路及程序（环节安排）时，要把自己对教材的理解和处理，针对学生实际，借助哪些教学手段来组织教学的基本教学思想说清楚。

说教学程序要把教学过程所设计的基本环节说清楚，但具体内容只须概括介绍，只要听讲人能听明白"教的是什么""怎样教的""学生如何学"的就行。无需按教案像给学生讲课一样的讲解。

2. 说出主要教学程序与环节的理论依据。反映在学生的学习方面，包括"要学什么""能学什么""学得怎样"；反映在教师教的方面，则是"应干什么""能干什么""干得怎样"。说课者在介绍教学过程时不仅要讲教学内容的安排，还要讲清楚"为什么这样教"的理论依据（包括学科课标依据，教学法依据，教育学、心理学依据等）。

3. 说教与学的双边活动安排。具体包括：怎样运用新课程的教学思想指导教学，怎样体现教师主导作用与学生主体活动的和谐统一，教法与学法的和谐统一，知识传授与智能开发的和谐统一，德育和智育的和谐统一，"三维"教学目标的有机统一。

4. 说教学程序还应具体关注这些方面：如何分层落实教学目标；如何反馈调控；如何按逻辑层次和学生认知规律组织教学，有序地呈现教学内容；实验的操作方式；媒体的选择、呈现时间与方式；学生活动的组织、调控；学生能力培养的切入点、方法、途径，以及达标的检测评价办法等等。

合理的教学程序所体现的五大特征：

①新课的引入与课题紧密结合，能起到激励学生并引发强烈的求知欲与探索欲望。

②程序所出现的教学要求的序列与练习的序列，是由低层次渐次走向高层次的逐步上升提高的过程，教师能够巧搭教与学的台阶。

③教学环节的安排井然有序，环环紧扣，丝丝相连，课堂结构

严谨，合乎逻辑，流畅。

④新课的小结简单明了，使该堂课的主要教学目标在学生头脑中形成初步的条理与框架，使知识结构清晰明了。

⑤体现了及时真实的教学信息反馈，必要的达标或效果分析。

五、说得失——进行课后的教学反思

新课程改革强调教师的教学反思，一堂课即使上得再成功，都会有得有失，教学不可能是完美的艺术，而是有遗憾、有缺陷的艺术，同时也就是需要不断改进的艺术，臻于完善的艺术。强化课后的反思，可以通过坚持不懈的写教学日记、教学笔记等形式进行，也可以通过与同行们进行说课交流来完成。所以，说课活动也包括课后说教与学的得和失。

课后说得失，应从哪些方面入手呢？

首先，上课教师要全面总结该堂课的教学情况，说出自己在教学指导思想上是否有长进，是否突破了陈旧过失的教学理念，是否注意贯彻体现了新课程理念，体现了全新的、正确的学生观、教学观，是否突出了学生在课堂学习中的主体地位，树立了科学的课堂教学效能观。

其次，要说出自己在教学方法上、学生学法的指导上是否有改进，有哪些改进。教学目标与任务、教学内容、教师角色与学生角色在课堂上的重新定位，以及素质教育的新要求，都会直接或间接地影响着教法与学法的改进与发展。执教者说出自己在教学方法、学生学习方法指导上的得失，可以得到其他教师的认同和帮助，有利于改进自己的教学行为。

再次，要说出通过（一段时间以来）的教学与研究，自己在教学技艺上是否有所提高，有哪些提高。苏霍姆林斯基说：只有不断进修提高的教师才是真正的教师，教师的成长取决于他的教育学知识的质变和深化。一个努力提高自己的教师，会不断地处理着理论与实践的关系，好像是在用理论的光芒照亮自己前进的道路，这是他的成长和积累丰富经验的基础。

最后，要在深刻反省的基础上，说出自己在该课题教学中的主要不足之处以及改进的措施。赞科夫说过：没有个人的思考，没有对自己经验寻根究底的精神，提高教学水平就是不可思议的。教师要善于反思自己教学的得失，特别是反思自己的不足，在其他教师的帮助下改进教学，成就自己。

第三节　说课的方法和类型

说课的内容我们知道了，但怎样说课却是一个更艺术性的问题，把握好说课的方法，清楚说课的类型，将有助于我们说好课。

一、说课的方法

说课从课题开始。说课是教师说出自己对于课的理解，处理方式，是教师个体经过对"课"的研究之后的结果。所以，教师应把"课题"作为告之同行的说课活动的开始。

课题研究过程其实是教学的设计过程，是教案的形成过程，教师所研究的"课"的性质、类型以及对象和范围便是这一课题首先要明确的。例如，课题《商品的基本属性》中，应当指出：本课是普通高中《思想政治》第一册第一课第一节《商品》第二课题的内容，该节内容包括：商品经济的产生（含商品、商品经济的概念），商品的两个基本属性——使用价值和价值概念以及商品价值量、社会必要劳动时间、劳动生产率等概念及其相互关系。《商品》一节的总课时是3节课，《商品的基本属性》是本节中的第三课时，是一节概念课。

二、说课主要展现的过程

课堂教学是一个复杂多变的系统，要全面反映教学需要罗列相当多的因素。同时，教学又是一个"准备——实施——目标达成"

的完整过程,因此,说课主要展现的是:

1. 准备。即为教学准备阶段而进行的教学背景分析。由教学需要、教学内容、教学环境和教学策略构成。

2. 实施。由教学过程中的各主要环节、教学媒体和教学方法构成,主要解释怎么做,为什么这么做。

3. 目标达成。是指教师对教学目标的达成而进行的教学预测或反思,也就是对该课题教学设计所引起的教学效果的预测与评价,以及对自己教学设计的评价和反思。

三、说课的三个层次

说课的三个层次包括:教学背景分析(第一层次)、教学展开分析(第二层次)、教学设计和教学结果(预测)评价。如下图:

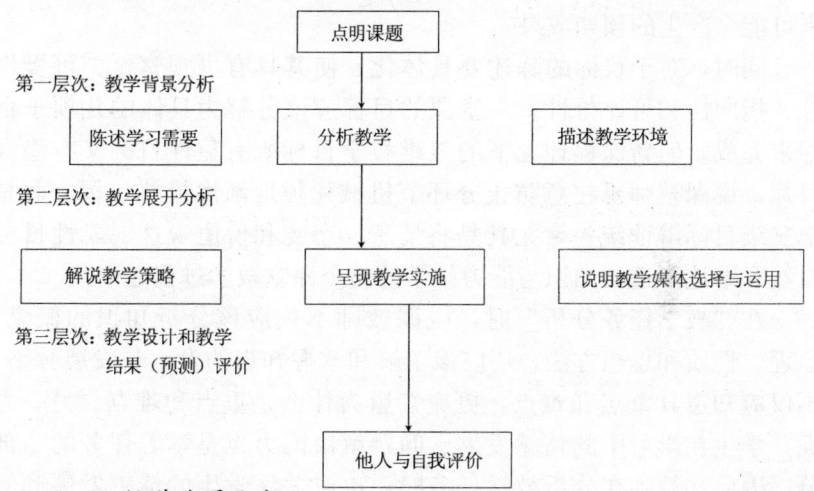

(一) 教学背景分析

在陈述学习需要中,包括了对学生学习起点、状态的分析和学生学习目标的分析两点。

不同的学生的学习起点不一样,学习个性、风格、能力也不尽相同。所以,教师首先要分析学生的知识准备情况,了解他们对新的学习所具备的相关的知识掌握程度；其次，教师要了解学生能力储备状态，主要包括在学习中所具备的认知加工和元认知能力；第三，能够预先判断学生对新的学习的关注和接受程度；最后，教师应了解学生的学习方式。只有这样，才能在课堂教学中真正体现"以学生发展为本"的新课程理念。

在进行学习目标的分析时，说课教师应注意以下几点：

1. 新课程理念下的教学目标，是反映学生通过一段时间的学习后产生的行为变化的最低表现水准或学习水平。因此，目标的陈述必须从学生的角度出发，行为的主体必须是学生。

2. 目标应该围绕"学生在学习之后，能干什么"或者"学生将是什么样"的来描述。

3. 必须描述所期望的这堂课的现行教学成果，而不是很远的未来可能会产生的预期成果。

同时，对于目标的陈述要具体化，使其具有可观察性、可操作性、指向性和可评价性。一堂课的目标应该分解为具体的几项子目标来完成，但新课程理念下的三维教学目标既有显性目标又有隐性目标，说课教师要注意防止分环节机械死板地渐次投放目标，而是把三维目标辩证统一，尤其是将情感、态度和价值观这一隐性目标自然和谐地渗透于知识与能力教学的整个课堂教学过程之中。

在"教学任务分析"时，说课教师不仅应该分析知识的概念、原理、性质和思想方法，还应该了解和掌握知识的发生与发展脉络，不仅应知道其重点和难点，更应知道为什么是重点和难点。另一方面，学生在学习中的情感发展、问题解决能力也是学习任务的一部分。因此，教师在分析教学任务时，也应关注学生的情感发展和问题解决的能力。

在教学环境描述时，说课教师要明确新课程理念下的师生关系是平等的，教学是在一种平等、民主、合作、和谐的环境中进行的，说课应该关注到这种软环境的营造。

（二）教学展开分析

教学展开分析所关注的是课中的"教——学"活动的结构，以及为目标达成所采用的方法、手段和措施。

在课堂教学活动中，教学内容、师生行为、教学策略三者是相互统一，有机结合的。对教学展开分析就是使教师将不自觉的教学行为转化为一种自觉的、有意向的和高效的教学行为。

说课者对教学过程进行展开分析包括三个方面：教学策略如何制定，教学策略如何实施和教学媒体怎样选择与运用。下面着重谈谈教学策略如何制定。

在整体上，教学策略中要求创设适合于学生认知差异的教学组织形式，以及使用适合认知差异的教学手段，通过教师提供的良好的教学环境和措施来完成个体的认知建构。在新课程理念下，我们还需要充分考虑到探究性学习、合作学习等学习方式的合理运用，让学生在探究中体验知识获得的过程与方法，学会科学探究的方法。

在具体上，教学策略必须针对不同的知识类型和认识过程进行选择。例如：对陈述性知识的教学策略主要是如何帮助学生记忆与理解，而对程序性知识的学习和掌握则首先是理解有关的概念和规则，然后通过变式练习获得。

反馈与调控的运用，以及对教学作出什么样的评价也是制定教学策略时不可缺少的一部分。在新课程"以学生发展为核心"的理念下，关注学生知识的获得，关注学生能力的培养，关注学生的情感，关注学生的个性品格都将是我们课堂评价的主旋律，因此，课堂教学中的反馈调控显得尤为突出与重要。

（三）教学设计和教学结果评价

这一内容是针对教师教学元认知的能力要求而提出的，能够更好反映教师自我认识教学、反思教学能力和提高教师对教学的评价能力，是说课中不可缺少的一个重要环节。

说课可以是课前或课后进行。课前的说课，一般是对为完成教学目标所设计的教学策略方面而进行的交流，而课后的说课，侧重于运用教学策略后的反思。因此,说课中这一活动环节也有两种不同的评价内容。

如果是课前说课,对其教学设计实施以后可能会出现的结果进行预测;如果是课后说课,则对其教学设计实施以后的教学结果与预期目标做一番比较,从中总结经验教训,并对原有设计提出改进,以提高教学设计能力。

在说课时,一个突出的问题是说课者往往比较注重说,而较少开展评,尤其是他人的评价,参与更少;即使有评价,也往往带有传统教研的痕迹,缺少深度和广度,只管对教材的处理提出见解,较少在教学理念、目的、策略上做进一步的探讨。这样显然不是完整意义上的说课。所以,如何将说课充分、完整、有效地开展,是值得教学第一线的老师们深入思考和继续研究的问题。

四、说课应注意的问题

说课作为一种全新的教学研究活动,有别于教师的备课和上课。因此,教师在说课中应注意以下问题:

1. 不能按教案"读课"。既然说课不是备课,教师在说课时就不应"照案宣科",不能"背课"与"读课",而要突出一个"说"字。一节成功的说课,教师应是按照自己的教学设计思路,有重点、有层次、有理有据、思维清晰地讲述自己的教学流程、策略与得失。

2. 说课不是讲课。说课所面对的是同行,多数情况下,说课是在学科内,甚至备课组内进行,所以,说课者不能把听说课的老师和领导视为学生,如像上课般地讲解教学内容。

3. 说课的时间应控制得当,既不可啰唆,详细叙述,也不可三言两语,草草结束。一般情况下一位执教者的说课时间应在 10~15 分钟之内完成。

4. 说课应站在教育教学理论的高度并运用现代心理学理论来分析研究教学目标、内容、对象、方法、策略等,要防止就事论事,防止孤立地而不是联系地阐述自己的教学设计,使说课处于一种低层次状态。

5. 应注意避免一种过于表现"理论依据"而脱离教材、学生和教师实际的，空谈理论的现象。说课要提倡创新，但也不可全盘否定传统教学中的一些被实践证明的今天还有生命活力的思想与方法。

6.说课者要注意发挥自身的教学个性和创新意识，防止照搬照抄《教学参考》上的内容，"克隆"别人的成果。

五、说课的类型

说课教师每次说课的目的是不一样的，所以，说课也就分成了以下几种不同的类型：

（一）研究型说课

这种类型的说课，一般以教研组或备课组为单位，常常以集体备课的形式，先由一位教师事先准备并写好讲稿，说完后其他教师评议并修改，变个人的智慧为集体智慧，这种说课一般一周搞一次，教研组或备课组的教师轮流说课。

（二）专题型说课

这种类型的说课是以某一项专题研究为目标来进行的。众所周知，说课的灵活性就在于它可以不像上课那样教学内容固定，教学时间固定，教学对象固定。说课可以根据需要灵活选择内容，安排时间，邀请同行和专家作为听课对象。专题型说课是在众多教学内容中选取专题，单项研究，这样可以把问题研究得更深入一些。

（三）示范型说课

这种类型的说课一般选择有经验的优秀教师先向听课教师做示范说课，然后让说课教师将说课的内容付之于课堂教学，最后组织教师或教研人员对该老师的说课内容及课堂教学作出客观公正的评价。听课教师从听说课、看上课、听评析课中可以增长见识，开阔眼界。示范型说课可以是全校性的、全年级性的，也可以是乡（镇）级的，还可以是区县（市）级的，一般每学期都可以举行一次。示范型说课是培养教师教学能力的重要途径。

（四）评比型说课

这种类型的说课带有竞赛性质，参加说课的教师一般都是通过层层推荐和选拔出来的优秀"选手"。通常情况下，这种说课要求参赛教师按指定教材，在规定的时间内自己写出说课讲稿，然后登台演讲，最后由听说课的评委们评选出比赛的名次。听说课的评委一般由学科的专家和教研员组成。一般这种类型的说课，有时还要上课，或者把说课与交流有关教学经验结合起来。这种说课类型多用于培养骨干教师和学科带头人。

第四节 说课的评价

说课必然会有评课。无论是课前说课还是课后反思性说课，如果没有同行或领导的评课，那么说课的价值就降低了。所以，只有把说课与评价说课结合起来，才能使教师从更高的理性的高度去研究分析所上之课，把握说课的方向和方法，从而更有效、更适当地促使教师自我加压，提高教育科研的积极性和能动性。

一、评价"说课"的内容

评价"说课"的内容应当与说课的内容相对应。

（一）评价说课者对教材的理解程度

1. 说课者对教材所处的地位及前后联系的理解、分析是否正确。
2. 说课者对教学目标的确定是否明确、具体、恰当、全面。
3. 教学重点、难点的确定是否恰当，符合学生已有的认知实际，能否分清主次，抓住了主要矛盾和矛盾的主要方面。

（二）评价教法的选择和运用是否合理、实用与有效

1. 是否适合该学科的教学要求、特点。
2. 是否根据具体的教学目标选用教法。
3. 是否符合学生的年龄阶段特征。
4. 是否能调动学生学习的积极性，促使他们作为学习主体的有

效参与。

（三）评价教法是否具有指导性和可操作性

1. 教法是否符合学法，与学生的学法相适应。

2. 是否考虑到学生的实际情况，如对不同层次的学生的不同指导，所应达到的不同目标等。

3. 是否明确了培养学生的某种能力和学习习惯。

（四）评价教学程序是否科学，是否能达到或已经达到了教学目标

1. 授课内容是否科学，是否将三维教学目标和谐统一于教学过程之中。

2. 教学结构是否合理，重难点是否突出，是否抓住了学生的兴趣点，激发了学生思趣。

3. 教法是否灵活多样，是否有利于学生活动，学法的指导是否得当。

二、评价"说课"的原则

（一）及时性原则

评价说课应采取现场说完课后就评价的办法，使之及时而高效。在说课者说完课之后，评价者应在规定的时间内对说课教师及说课内容进行既综合又具体的评价。

（二）辩证性原则

这里的辩证性是指评说者对说课应一分为二，既要肯定说课者的成功之处，也要指出存在的问题，不可绝对化。评价通常以肯定为主，先指出优点，而后再提不足，不能把说课的老师说得灰溜溜的。

（三）客观性原则

客观就是实事求是地评价教师的说课，真实而不带个人的感情因素，有一说一，有二说二。

（四）个性化原则

评价者的评价不能人云亦云，重复前面评价人的话，应有自己的认识与评价。同时，评价者还应评价出说课教师及其说课内容的与众不同之处，点评出说课教师的个性化特征。

三、评价"说课"的方法

评价说课的方法很多，归结起来主要有以下几种：

（一）同行评

说课之后，由同年级该学科老师或全教研组教师采取插话的方式或者轮流每个人单独发言评说，最后由组长总结。

（二）专家评

这是由教研员或是由学校中有丰富教学经验的骨干教师评说。这种评价带有指导性和示范性。

（三）评委评

这多半是在说课比赛的情况下，由教研员、骨干教师和领导组成的评委来评价，目的在于提高教师的说课水平，促进说课活动的深入开展。

（四）学生评

这一般是指在教师上完课并说课之后进行。一堂课是否成功，学生最有发言权，他们的评价往往是成年人所意想不到的，对改进教学有直接的帮助作用。

（五）书面评

有时当场限时评说，对有的评说者要求高了一些，为了减少活动的坡度，使全体教师都参与，在骨干教师示范评说的基础上，可以开展撰写评说稿的活动，教师针对某说课者及说课内容，参考有关教育教学理论资料，撰写书面评说稿，然后组织教师相互交流。

四、优秀"说课"的评价标准

（一）是否突出了新课程的教学理念

从说课内涵看,教学理念在说课中占有突出的地位,是整个说课的灵魂所在,说课使教师的教学理念始终摆在统帅的位置,发挥其指导作用和支撑的功能。说课不仅要说出当然,即教什么,怎么教,而且还要说出所以然,即为什么要教这些,为什么要这样教。没有用新课程理念指导的说课,是没有分量、没有力度的说课。

(二)诠释了怎样的教学思想

从说课表达形式看,说课不仅限于对教学设计或教学方案的简单说明解释上,它不是教案的复述,不是对上课的预测和预演,而是在兼有上述两点的基础上,更加突出地表达授课教师在对教学任务和学情的了解和掌握情况下,对教学过程的组织和策略运用的教学思想与方法。因此,要求教师在说课中必须清晰、完整、准确地表达出自己符合时代要求的教育思想和教学思路。

(三)是否体现了应有的教学能力

从说课的过程看,说课应该促使教师的教学研究从经验型向科研型转化,促使教师由教书匠向教育专家转化。因为教学思想的阐发,能够使教师进一步明确教育教学观,更好地树立正确的学生观;教学设计的展现,可以使教师把理论和实际紧密联系起来,用理论指导教学实践,解释教学现象;教学设计的预测或现象的反思可以提升教师的教学能力和升华教师的教学境界。所以在说课中应充分地表现出来。

(四)展现了什么样的教学境界

教学是一门科学,也是一门艺术,应该具有创造性。创新是教学的灵魂,也是教学的最高境界。

说课者对教学的创造体现在他(她)的说课之中,体现在他对于教学准确而独到的见解,对于教学环节独具一格的安排,对于教学策略独具匠心的理解和独特的运用技巧中。

(五)是否展示了演讲的才华

从说课技能上看,说课主要靠口头语言来表达。这使它具有演讲的特点,说课将静态的内在工夫的备课转为动态的外化工夫,它集中体现在说者的心口相应的协调和面对同行演说的技巧。同时，说课的讲是一种告知，让听者明白你所要进行的课题的内容、目的、策略、手段及其效果的评价，明白你的教学思想及行为所引起的效应。所以，说得好的课应该具有较强的说服力和吸引力，能够充分展示说课者的演讲才华，使他的教学思想理念更加令人信服，充满魅力。

总之，好的说课给人的感觉应该是说课者有较新的教育观念，能体现新课程理念，能很好地理解教材，了解学生，准确地把握重难点，并有效地进行处理，能合理地灵活运用教育学、心理学的一般原理，采取的教学策略手段符合学生认知规律和学科教学特点，说课应该逻辑性强，条理清晰，层次分明，语言准确、形象、生动，富有启发性和感染力，还能够体现说课者较强的取舍、处理、组织能力，知识面广，对所述问题有独特的见解等等。

附：

案例一：

《碱的含义 氢氧化钠》说课稿

说课者　钱建平

一、说教材内容

第五册第一章"酸、碱和盐"的编写思路是在学习第四册第三章"水和溶液"的基础上，从研究不同物质的导电性入手，把化合物归纳为电解质和非电解质两大类；在讨论、分析溶液导电性原因的同时，引入离子、电离等概念；然后，以离子概念为中心分别叙述酸、碱、盐的电离及其含义，介绍几种常见的酸和碱，初步了解它们的性质和用途，归纳出它们的通性；同时认识几种与生产、生活密切相关的盐。

在本章教材中，本节内容安排在"溶液的导电性、常见的酸、酸的通性"之后，这样，既可以通过书写电解质的电离方程式，归纳出碱的含义——碱是电离时所生成的阴离子全部，是氢氧根离子（OH^-）的一类化合物；又可以参照学习酸知识的方法和步骤，来学习碱的知识，让学生体会学习的方法和规律。

学习本节内容后，为下面学习碱的通性、中和反应以及第六册中的无机物之间的相互反应规律奠定了基础。无机物之间相互反应规律是化学中的重要规律，而氢氧化钠又是最常见的碱，且是重要的化工原料，所以学好本节内容十分重要，它是本章教学中的重点内容之一。

二、说教学目标

（一）认知目标
（1）了解碱的含义。
（2）掌握氢氧化钠的物理性质。
（3）掌握氢氧化钠的化学性质。
（4）了解的概念和氢氧化钠的保存。
（二）技能目标
（1）培养学生的实验操作能力。
（2）培养学生的观察能力以及根据实验现象进行归纳、推理的能力。
（三）思想情感目标
（1）通过碱的含义、氢氧化钠性质的学习，对学生进行物质的个性和共性之间关系的辩证唯物主义的教学。
（2）通过对常见的碱——氢氧化钠的学习，培养学生具有理论联系实际，学以致用的学风。

三、说教学重点和难点

1. 重点：碱的含义，氢氧化钠的性质。依据：碱是一类重要的化合物，氢氧化钠是最常见的碱，是重要的化工原料。

2. 难点：碱的含义，电离方程式的书写。依据：碱的含义从电离方程式的书写中归纳得到，而电离是比较抽象的概念；电离方程式的书写必须符合质量守恒和电量守恒，所以对初中生的认知来说，具有一定的困难。

四、说教学和学法

1. 教法

为鼓励学生主动学习，培养学生科学素养，本节课主要采用实验探究法。将教师的演示实验设计为学生探索性实验，让学生带着问题，动手操作，从实验现象中思考、质疑、讨论，在教师引导下得出结论。

整体思路为：教师设疑学生探索性实验→学生讨论→教师点拨→学生得出结论→教师小结→学生练习反馈

2. 学法

"教为不教，学为会学"；要"授之以鱼"更要"授之以渔"。在教的过程中，关键是教学生学法。本节课要教给学生善于动手、善于观察、善于思考的学习习惯；教给学生从客观事实中归纳出物质性质的能力；教给学生认识物质性质的方法，认识物质性质与用途之间的关系，从而达到培养学生透过现象看本质的科学方法；教给学生理论联系实际，运用科学知识解决实际问题的能力。

3. 教学程序

教学环节	教学设计	设计意图
复 习	1. 电解质的概念？常见的电解质有哪些？ 2. 电离方程式书写的要点？	再现旧知识，为学习新知识做好铺垫
引 入	请学生书写氢氧化钠、氢氧化钙、氢氧化钾、氢氧化钡的电离方程式	在旧知识复习中，引出新知识

设 疑	在上述四种碱的电离方程式中,有何共同点?	培养学生观察、分析能力
讨论总结	碱的含义	培养学生归纳能力
学生实验	取一粒氢氧化钠固体置于小烧杯中,观察颜色、状态及表面出现的变化;片刻后加入约2ml水溶解,用手触摸烧杯底部	通过实物和实验现象的观察,让学生得到鲜明的感性认识
学生讨论、归纳	要求学生得出氢氧化钠的物理性质和潮解的概念	培养学生的观察、归纳能力
教师总结	氢氧化钠的物理性质,并强调氢氧化钠有强烈的腐蚀性,不能直接用手接触	加强安全教育,并从中突出氢氧化钠的特性和俗名
设 疑	酸能跟指示剂等物质反应,氢氧化钠能跟哪些物质反应呢?	让学生比较、思考,激发求知欲望
学生实验	指导学生分别做氢氧化钠溶液跟紫色石蕊试液、无色酚酞试液、稀硫酸、稀盐酸、硫酸铜溶液、氯化铁溶液反应的实验,强调操作要点,并记录实验现象	培养学生动手、观察能力,让学生得到鲜明的感性认识
学生讨论、归纳	从上述实验现象中得出发生反应的化学方程式,从而归纳出氢氧化钠的化学性质	让学生学会从现象中得出结论的推理能力以及认识物质的科学方法

设 疑	氢氧化钠溶液能否盛放在带玻璃塞的试剂瓶中？固体氢氧化钠应如何保存？	让学生找出氢氧化钠能跟非金属氧化物反应的性质，并联系生产、生活实际，培养实际应用能力
学生总结	氢氧化钠的化学性质	培养学生的归纳能力
教师小结	碱的含义，氢氧化钠的性质	构建、强化学生的知识网络
练习与作业布置	教材及作业本有关习题	反馈、巩固
引 思	另一种常见的碱——氢氧化钙有何性质？碱有无通性？	激发求知欲望，培养预习习惯

五、说教学得失（教学反思）

自然科学是一门理科综合学科，在课堂教学中应以科学素质教育为主线，强调学生知识获得的过程；课堂教学的关键不在于教师讲得如何清楚，而是学生学得怎样主动。本节课采用实验探究模式，让学生通过实验、讨论得到知识和结论，这样既激发了学生的学习兴趣，享受到获得新知识的喜悦，又培养了学生的学习方法、科学精神和实践能力。整个教学过程充分体现了学生的主动学习和教师的引导作用的有机结合，教学效果较好。遗憾的是，由于时间限制，不能让学生补充做氢氧化钠跟非金属氧化物反应的实验，否则效果更佳。

（资料来源：英励兰主编：《初中自然科学说课稿精选》，宁波出版社2002年8月版）

案例二：

说教法、学法——"一株紫丁香"（节选）
（苏教版小学《语文》二年级上册）

1. 创设情境

根据儿童的认识规律，结合教材特点，用图画再现情境，用音乐渲染情境，用语言描绘情境，唤起学生对老师的感情，与课文内容产生共鸣，从而使他们如临其境，极大地激起学生学习课文的兴趣，以至其能联系生活，入情入境，尽情发挥想像，释放自己的情感。

2. 自主探究

《语文课程标准》指出："学生是学习和发展的主体，语文教学必须根据学生的身心发展和语文学习的特点，关注学生的主体差异和不同的学习需要。爱护学生的好奇心、求知欲，充分激发学生的主动意识和进取精神，倡导自主、合作、探究的学习方式。"因此，在识字的过程中，教师可以采用多种形式，放手让学生自主识字。在朗读中教给学生学习方法，让学生自读自悟，使学生自主获取知识、发现问题、体悟感情，从而真正成为学习的主人。

3. 朗读感悟

朗读是语文学习的重要手段，它能帮助学生理解课文内容，领悟文章精神，积累语言词汇，陶冶情操。《语文课程标准》中指出："阅读是学生的个性化行为，不应以老师的分析来代替学生的阅读实践。"本文是一首语言清新生动、感情真挚的散文诗，在教学中应用更多的时间对学生进行朗读训练，通过多种形式的读，让学生感悟体验，再通过读来表达自己所体验到的情感。同时对学生的朗读要进行适时合理的评价，激发学生向更高的朗读目标努力。

4. 练习说话

语言是情感的载体，情感是语言的内涵。《语文课程标准》中指出:"要尊重学生在学习中的独特体验。"因此,在本课的教学中,我设计了"讲一件老师关心爱护自己的往事","如果让你去陪伴老师,你会为老师做些什么呢?"……这些说话练习,旨在学生发挥丰富想像,引导学生运用学过的语言文字表情达意,以培养学生的语言表达能力。

(本案例节选自孟晓东主编:《新课程教材说课系列(小学语文二年级全册)》,江苏教育出版社2003年版,第30页)

案例三:

说教学程序——"可能性"

(苏教版小学二年级《数学》上册)

教具准备:CAI课件、硬币、不透明口袋,口袋中装有红、黄球、绿球的透明口袋、不透明口袋。

学具准备:不透明口袋(内套透明口袋,口袋中装有红、黄、绿不同颜色的球)、转盘、统计表、透明塑料袋以及装有红、黄、绿球的小箩筐。

1. 创设情境,激发兴趣

师:今天我们来比一比,看看哪个小组的蓝猫标记最多。瞧,蓝猫给我们讲什么故事了?(阿凡提故事大意是阿凡提向搜刮民财的黑衣人索要金币)

(电脑显示黑衣人要求阿凡提抛金币的画面)

黑衣人对阿凡提说:把这口袋里的金币往上一抛,如果落下后都是正面朝上,那这些金币就是你的了。

阿凡提说:你先把金币给我。(阿凡提把袋子里的金币倒出来,捣鼓了一会儿……)

师:这个故事的结果到底如何?通过这节课的学习,同学们一定能揭开这个谜底。

这一环节充分运用儿童好奇的心理特点，通过熟悉的"阿凡提"故事提出问题，并明确告诉学生学会了本课知识能解决这一问题，从而激发学生的学习兴趣，调动学生的情感，为新知的探索打下良好的基础。

2. 活动体验，探究问题

（1）一定

①猜测。出示3个透明口袋（1号袋有红球，2号袋装有绿、黄球，3号袋装有红、绿球）让学生猜测：如果从口袋中任意摸一个球，可能会摸出什么颜色的球？一定能摸出红球吗？

这一环节旨在激发学生探求欲望，增强探究信心。允许学生猜测就是鼓励学生创造性的想像，学生猜测后的心理状态是急切盼望得到证实，这样就比较充分地调动了学生的积极性，为学生主动探索新知奠定了基础。

②体验。A. 看录像明要求。（录像演示：一个小组摸球的示范动作）

先在1号口袋中摸球，摸前手要在口袋里搅几下，然后任意摸一个，并记住自己摸到的是什么球。摸出后，再把球放入袋中，如此小组同学按顺序轮流摸球。B. 分组体验。

③汇报。从1号口袋中任意摸一个，摸到的是什么球？

④推想。为什么从1号口袋中任意摸一个，而且每一个小组中有这么多的同学摸，摸到的都是红球呢？

⑤验证。让学生抽拉出1号袋中的透明口袋，观察到口袋里装的都是红球，从而验证自己的推想。

师：对，因为口袋里装的都是红球，所以，从这样的口袋中任意摸一个，而且随意摸几次一定能摸出红球。（板书：都是红球，一定）

⑥评价。师生共同评价，给能互相合作、有序开展活动的小组奖励蓝猫标记。

（2）不可能

①猜测。从2号口袋中任意摸一个球，一定能摸出红球吗？

②体验。学生从2号口袋中任意摸球。

③汇报。从2号口袋中任意摸一个，摸到的是什么球？

④推想。为什么从2号口袋中任意摸一个，而且有这么多同学摸，都摸不到红球呢？

⑤验证。让学生抽拉出2号袋中的透明口袋，观察到口袋里没有红球。

师：对，因为口袋里没有红球，所以从这样的口袋中任意摸一个，而且随意摸几次都不可能摸出红球。（板书：没有红球，不可能）

⑥评价。师生共同评价刚才的活动情况，奖蓝猫标记以鼓励。

（3）可能

①猜测。从3号口袋中任意摸一个，一定能摸出红球吗？

②体验。学生分组从3号袋中任意摸球。

③汇报。从3号口袋中任意摸一个，摸到的是什么球？

④推想。为什么从3号口袋中任意摸一个，有时摸到红球，有时摸到黄球呢？

⑤验证。让学生抽拉出3号口袋中的透明口袋，观察到口袋里既有红球又有黄球。

师：因为口袋里有红球有黄球，所以任意摸一个，就有可能摸出红球。（板书：有红球有黄球，可能）

⑥总结归纳：通过刚才的3次摸球活动，从中你发现了什么？

师：确实，像这样一定会发生、不可能发生、有可能发生的事在生活中还有许多。

让学生在活动中学习数学，是《课程标准》中提倡的学习方式。这节课相对于以往的数学课来说，它的特殊之外是以体验为核心。学生有很强的好奇心，有强烈的动手欲望，因此，这一环节，教师设计了开放式的学习活动，使学生经历"猜测—体验—推想—验证"的过程，引导学生自主探索、合作交流，让学生在活动中学习，在游戏中获得学习数学的愉快体验,并在体验中有所发现、有所感悟、有所发展。

(4)"试一试"

①猜测。(出示转盘)

这是一个转盘,红色、黄色、蓝色把这个转盘平均分成了三个区:红色区、黄色区和蓝色区,如果转动指针,猜一猜,指针转动停下后,会指着哪里呢?

②体验。

A. 提出要求(录像演示)

请小组长用统计表把指针转动停下后的指向情况记录下来,其余同学按顺序轮流转动指针。注意,每个同学转2次,指针停下后指在红色区就在红色后面画"√",指在黄色区就在黄色后面画"√",指在蓝色区就在蓝色后面画"√"。

B. 学生分组体验

③汇报。指针转动停下来,指在哪里呢?学生根据所统计的情况,进行汇报。

④分析。通过统计你发现了什么?由此看来,指针转动停下后,一定是指在红色区吗?除了有可能指在红色区,还有可能指在哪里?

⑤验证。的确,在生活中有些事情一定会发生,有些事情不可能发生,还有些事情一时不能确定,具有可能性。(板书:不可能)

这一环节让学生对"指针转动停下后的指向情况"进行统计,使学生再次经历记录、整理、分析的过程,既是对新学知识的巩固应用,又是发现问题深化认知的前提。让学生说说他发现了什么,既是发表个人意见,又给别人以启示,有利于形成师生和生生相互学习、共同提高的乐学氛围,从而使学生再次体悟"可能性"的问题。

3. 联系生活,内化提高

(1)联系生活。(电脑出示"想想做做"第1题图)

①观察图,感知生活中的的可能性问题。

师:"今天老师可能表扬我",这样的事有可能发生吗?"太阳从西面升起",这样的事情能发生吗?那应该怎样说呢?(太阳一定从东面升起)

②你能用"一定"、"可能"、"不可能"说说生活里的事情吗?

如:太空中可能有外星人;人不可能离开氧气;每个人一定有自己的属相……对讲得好的同学奖以蓝猫标记。

③小结。比赛进行到这儿,看看哪一组得到的蓝猫标记多?那是否就是说,这组一定是今天的冠军小组了呢?

师:在比赛还没有结束之前,各小组还有很多获胜的机会,让我们继续加油!

数学源于生活,没有生活的数学是没有魅力的数学。这里让学生用"一定、不可能、可能"来述说生活中的事,不仅能激发学生的兴趣,产生亲切感,而且能使学生认识到现实生活中蕴藏着丰富的数学问题,以此体现"小课堂,大社会"的教育观。

(2)内化提高。

①电脑出示"想想做做"第2题图。

"蓝猫"发给每个小动物一袋球,并让它们从口袋里任意摸出一个球,还提了一个问题:"想想一定是黄球吗?"小动物们该怎样回答蓝猫的问题呢?让我们来帮帮它们。

如果从这些口袋里任意摸一个球,一定是蓝球吗?

②电脑出示"想想做做"第3题图。

A. 如果从口袋中任意摸1个,一定是绿球,口袋里应该放什么球?

B. 如果从口袋中任意摸1个,不可能是绿球,口袋里应该放什么球?

C. 如果从口袋中任意摸1个,可能是绿球,口袋里又应该放什么球?

方法:先在小组中轻声讨论一下,然后拿出箩筐里的球和透明口袋装一装,最后说说为什么这样装。

拓展：在空口袋中放入 3 个红球，问如果从中任意摸 1 个，一定能摸出什么颜色的球？不可能摸出什么颜色的球？

继续放入 1 个黄球：如果从中任意摸 1 个，不可能摸出什么颜色的球？可能摸出什么颜色的球？

再放入 3 个绿球呢？

这里设计装球游戏，既深化学生数学的应用意识，又让学生在讨论、合作过程中体验成功的乐趣；既培养了学生的操作能力，又培养了学生的合作精神。

③通过刚才的装球活动，我们再来想一想本课开始讲的阿凡提的故事，黑衣人要求阿凡提抛出的金币落下后个个都是正面朝上，可是这可能吗？为什么？

确实按这样想阿凡提几乎是不可能解决这一问题的，那就眼看着黑衣人把金币拿走吗？

的确，阿凡提非常聪明，以他的聪明才智不难解决这个问题，那么，怎样才能使这些金币抛出落下后个个都正面朝上呢？想一想，在怎样的情况下金币抛出落下后个个都正面朝上呢？（把两个金币的反面粘起来，这样我们所能看到的就只有正面了）

阿凡提就是用这种方法惩罚了黑衣人，最后帮大家拿回了金币！

这一设计，既与本课开始提出的问题首尾呼应，形成一个整体，又具有一定的思维难度与灵活性，有利于训练学生思维的开放性和培养学生的思维能力。

（本案例节选自孟晓东主编：《新课程教材说课系列（小学数学二年级全册）》，江苏教育出版社2003年版，第104页）

第八章

上课：让教学彰显艺术的魅力

新课程对教师的课堂教学行为提出了更新更高的要求："教师在教学过程中应与学生积极互动，共同发展，要处理好传授知识与培养能力的关系，注重培养学生的独立性和自主性，引导学生质疑、调查、探究，在实践中学习，促进学生在教师指导下主动地、富有个性地学习。教师应尊重学生的人格，关注个体差异，满足不同学生的学习需要，创设能引导学生主动参与的教育环境，激发学生的学习积极性，培养学生掌握和运用知识的态度和能力，使每个学生都能得到充分的发展。"

遵循新课程的要求，不断提高自己，教师除了要加强理论修养，刻苦钻研学科知识，经常性地参与听课、评课、说课活动外，还应当在自己的教学实践中去探索、去实验、去总结和思考，进而不断改进自己的教学行为，铸就日趋成熟的、个性化的、精湛的教学艺术。教师要经过自己不懈的努力，使教学充满艺术的生命力，使课堂成为开启学生智慧的，燃烧着师生生命之火的幸福天地。

第一节 教学艺术的特征与功能

一、教学艺术的内涵

（一）什么是艺术

"艺术"一词来源于拉丁文 ars，在英语中艺术一词是 art。关于什么是艺术，古今中外的解释很多，概括起来有三种含义：

1. 指"技艺""技能"，如木工、石匠、技工的技艺或专门形式的技能。

2. 指富有创造性的工作方式和方法。如谈话艺术、管理艺术、领导艺术等。

3. 指运用语言、动作、表情、线条、色彩、音响等形象化的手段来表达人的思想感情。

艺术的对象是人或者是以人为中心的社会生活。艺术既反映客观世界也反映人的主观世界。但无论它反映主客观世界的哪一方面、哪个部分，都必然以人为中心，间接或直接地、曲折地表现人的命运、情感、内心世界和人与人之间的关系。艺术的最高目的是为了使人的知识、能力、情感和意志和谐地发展，使人们的感觉和情感成为合乎理性的，使理性的、道德的认识成为体现在感觉和情感中的东西[①]。

（二）什么是教学艺术

教学艺术是指教师娴熟地运用综合的教学技能技巧，按照美的规律而进行的独创性的教学实践活动[②]。

具体而言，教学作为艺术有以下三层含义：

1. 指在教学过程中综合运用教学方法体系的技能技巧。

2. 指老师遵循美的规律，贯彻美的原则而进行的创造性的教学。

3. 指在教学过程中体现教师个性而独具特色的艺术创造活动。

从教学艺术的含义中我们可以领悟到：

首先,教学艺术是培养人的艺术,其教育性非常鲜明突出,意在取得促进学生全面发展的最佳效能而做出的自觉追求和不懈努力;

其次,教学艺术是形神兼备的艺术,其形是教学的技能技巧,而神则是内在的先进教学思想和教育理念;

第三,创造性是教学艺术的灵魂,教师在教学过程中表现出教学艺术的创造性、审美性等重要特征,并以整合的方式发挥其陶冶、转化、谐悦等教育功能;

第四,教学艺术是一门综合性很强的艺术。教师必须具备广博的知识,尤其是教育学、心理学的知识,具备较为丰富的教育教学经验,才能使自己的教学艺术臻于娴熟。

二、教学艺术的基本特征

(一) 实践性特征

精湛的教学艺术是在教学实践中铸就的,它与教学实践紧密联系不可分割。正如苏霍姆林斯基所指出的那样:"实践教育学就是已经达到的熟练水平,并且提高到艺术高度的知识的能力。"教师只有取得了丰富的教学实践经验,才能使自己的教学艺术既符合教学规律,又符合师生的个性特长和心理特点。教师管理课堂与组织教学、语言与板书、讨论与启发、提问与诱导、多种教学资源的运用等等,都是教学实践的组成部分。因此,教学艺术是实践性非常强、非常鲜明的艺术。

只有那些在实践中不断探索而取得的成果,又经过实践检验有实际效能的,才可以被称之为高超精湛的教学艺术。这种高超精湛的教学艺术所彰显的是教师先进的、与时俱进的教育理念和内在素养。例如,同样是渗透人文精神的教学,有的教师可能只满足于自己的表达欲,一吐为快,却很难真正激起学生的共鸣,听到学生真实的声音。而有的教师却能从学生的生活实际出发,让学生通过阅读文本、讨论交流、实说感想等等,将人文精神从细微之处渗透到学生的心田之中。那种一味地通过夯时间、多补课、题海战术,占用学生课外活动时间的做法，那些只在形式上哗众取宠而没有实践效果的"花架子""花拳绣腿"，都不是真正的教学艺术。

教师的教学艺术水平，需要在教学实践中不断摸索、借鉴、交流、总结、反思和提炼的基础之上去提高。离开了真实的、长期的教学实践，离开了不断成长的一届又一届充满活力与朝气的学生，教学艺术就成了无源之水、无本之木。所以每位老师都应注意在教学实践中，在与学生的交流中追求教学艺术的新境界。

（二）创造性特征

教育的艺术是我们这个星球上永远年轻的一门艺术，因为教育所要面对的是永远年轻着的生命个体，而这些生命个体是充满智慧与灵性的，是特质各异的。所以，教学的艺术也就始终处于一种创造的状态之中，"教师必须有独创性"（第斯多惠语）。实践证明，创造性是教学艺术的一大显著特征。

艺术的生命在于创造。只有不肯一味地重复别人与自己教学经验的教师，其艺术生命力才会始终旺盛而常新。"蹱常途，守陈规"，照搬别人的经验，教条式地模仿，无疑会成为教学艺术的末路。而且，教学工作具有高度的复杂性，教师只有进行富于创造性的劳动，才能常具艺术的魅力。苏霍姆林斯基这样说过："我熟悉几十种专业的工作人员，但是没有——我对此深信无疑——比教师更富有求知精神，不满足现状，更充满创造思想的人。"他还说："教师的创造性的最重要特征之一是他工作的对象——儿童——经常在变化，永远是新的，今天同昨天就不一样。"在教学实践中，教师面对着随时变化、千差万别的教学对象，是不能用刻板如一的现成模式去解决出现的所有问题的，不能"以不变应万变"。同时，教师既不能照搬别人的经验，也不能把自己的经验年复一年地照样使用，只有因人、因事、因时、因地制宜地去创造、去革新。这样，老师才能使自己的工作有生气、有活力，常教常新，体验到教学工作的乐趣。例如，教学过程中经常会遇到各种意想不到的偶发事件，要求教师对此进行细微的观察，冷静的思考，并及时反馈调节处理，没有创造性的教学机智，艺术能力是难以想像的。

其实，最根本的还在于：创新是一个民族发展的不竭动力。要培养具有创新精神与创新能力的，可持续发展的一代新人，老师的创新精神与创新能力是前提。创造型人才也必须依靠教师创造性的教学艺术来培养，只有创造性的教学才能完成现代教学所负有的培养创造型人才这一重大的历史使命。世界著名植物学家季米良捷夫说过：老师不是传声筒，把书本的东西由口头传达出来，也不是照相机，把现实复呈出来。教师是艺术家、创造者。所以，教师要善于在教学实践中磨砺创造性这把利剑。

（三） 审美性特征

教学艺术以其激情夺魄的魅力给人以美感，带给人审美享受。它是教师有意识地按照美的规律和原则进行教学的结果，它使教师的课堂教学艺术本身也成为了审美的对象。正如有人所说，听特级教师于漪的文学课，知识会像涓涓的流水，伴随着美妙的音律，流进你的心田，潜入你的记性。她的学生也说，听于老师的文学课是一种美的享受，一堂课往往几年、十几年都不会忘记，它不仅影响着自己的审美观念的形成，而且对自己品德的培养，未来工作的选择，都产生积极的作用。③这一事例说明，教学艺术是追求美、创造美的，审美性特征是教学艺术的一个重要特征。

教学艺术的美是内在美与外在美的和谐统一。教学艺术的内在美主要有两个方面：其一是教师个人的思想修养与文化涵养，以及这些修养与涵养所外显出来的气质和行为表现，诸如举手投足间表现出的文明习惯、儒雅风度，教学时眼神中所传递的慈祥与人文关怀，这是一种精神之美；其二是指教师所讲授的教学内容富有科学之美。诸如理科教学中的公式、定理，典型习题等，文科中的范文、诗歌、典故等等。教学艺术的外在美主要是指教学表达的形式美。诸如字字珠玑、抑扬顿挫的教学语言美；层次清晰、简洁明快的板书板图美；水到渠成、天衣无缝的衔接自然之美；张弛有度、劳逸结合的教学节奏美；起伏有致、疏密相间的课堂结构美；启发诱导、虚实相生的教学方法美;突破时空、回味无穷的教学意境美;民主平等、师生交流互动的课堂情境美等等。教学艺术的审美性特征在课堂上的充分展现,使听课者如沐春雨。

教学艺术对美的追求不应流于形式,只有以内在精神美为根本追求,将内在美与外在美有机和谐地统一起来,才能焕发出整体美的风采。

同时,教学艺术的审美性与教育性是紧密结合在一起的,离开教学艺术的教育性,其审美性就没有生命力了。教学艺术的审美性是充分发挥其教育性本质的有效手段。审美性是教学艺术存在的必要条件(而非充要条件),没有它,老师的教学就难以称之为教学艺术,而有了它,也未必就是教学艺术。所以,只有当教学既有审美性且又能发挥出更大的教育性,才能称得上是真正的教学艺术。

教学艺术的审美性特征,要求教师必须具备相当深厚的审美修养,既有感知美、发现美的能力,又有丰富的审美情感和审美判断力,更要有效地在教学实践中遵循美的规律创造性地进行教学,并有意识地培养学生的审美能力。

(四)表演性特征

我们倡导课堂教学中进行真实的师生对话,反对将课堂变成教师完成"教案剧"的表演舞台,但并不反对、不否认教学艺术本身具有的表演性特征,只是这一特征所表现出来的不是教师个人的"独角戏",而是师生的共同有效的参与,师生都是"演员"。不是为表演而表演的形式主义的、让人别扭的、不自然的东西,而是能打动他人,震撼学生心灵的艺术表现。表演的真正目的在于使教学的目标能够更好地达成。

首先,教学表演要协调一致,富有实效。教师在课堂教学中的行为,如同演员在舞台上的表演,是一切外观行为的综合表演,包括教师的衣着打扮、表情态度、身姿动作、实验操作、语言板书等。教师讲台形象自我塑造得如何,直接影响到课堂教学艺术的效果。例如,在语言表达方面教师除了要关注语言的准确、流畅、规范、富有启发性之外,还应特别关注声调的特殊作用。教学中,老师应注意以适当的板书、身姿、实验等来配合自己的语言表演,如果老师在讲课时,顾上说顾不上写,或顾上写又顾不上说,就会给人以时断时续之感,也会占去大量宝贵时间,影响教学的效果。

其次,教师的表演要以情感人。这就要求教师对教学内容有深刻的情感体验,对学生有深厚的热爱之情,这样才能使自己在教学表演中进入角色,产生"移情"效果。同时,要注意表演的自然与适度,做到质朴自然,毫不矫揉造作,恰到好处。正所谓"增一分太长,减一分则太短"。此外,教学艺术的表演性服务于教学目的,所以教师在教学时要注意有效地支配情感,而不是受情感所支配,尤其不能受不良的、消极的情感所支配,并使之传染给学生。

第三,教师的教学艺术表演与学生的学习活动相结合,产生"合唱"效果。教师要采取适合学生的、为学生所接受的方式进行教学艺术表演,尤其要顾及不同年龄学生的特征。教师要始终抓住学生的注意力,首先自己应该精神饱满,注意力集中。同时,教师还要注意与学生之间的信息、情感等方面的直接交流,并获得反馈,以便及时调控。在课堂上,学生也是教学艺术活动的参与者,教师要从"导"的角度,给学生的才华以较多的展示机会,让学生参与到教学艺术的创造活动中来,师生双方在教室这个舞台上共同演出精彩的节目。

三、教学艺术的主要功能

(一)陶冶功能

教学艺术是一种情理交融的艺术,有着很强的艺术感染力,其鲜明的情境性和非理性因素,具有不可忽视的全方位的潜在教育功能。例如,和谐融洽的师生关系、平等民主的教学作风、生动活跃的教学氛围、频繁多向的人际交往、教师出色的课堂表演等,都在潜移默化地向学生渗透着理性的教育,给他们留下持久的、深刻的印象。

第八章　上课：让教学彰显艺术的魅力

有人说，成功的教育是学生没有感到受教育，却受到了终身难忘、受益一生的教育。教学艺术的陶冶功能，就在于有效地淡化着教育的痕迹。高超精湛的教学艺术，就在于看似无为之中的有为，是不露任何刀砍斧凿痕迹的自然流淌着的艺术，它让学生在不知不觉中受到深刻的教育。一次，全国著名语文特级教师钱梦龙老师到福建省福鼎市上了一堂初二年级叫《雁》的课文的研讨课，给听课者留下了深刻的印象。④上课一开始，钱老师就问学生见过大雁没有，并让见过大雁的同学说一下对大雁的了解，然后用多媒体展示了大雁的图片，并简单介绍了"雁"的习性，特别强调雁是"候鸟"、"情鸟"的特点，激发起学生对雁，对课文的浓厚兴趣。接下来，钱老师请了几位同学朗读课文，请同学们边听边思考、感悟，并让学生谈谈读这篇文章的整体感受，有几个同学说，雁的确是名副其实的"情鸟"，而小说中的"人"却那么贪婪、残忍和无情。之后，钱老师让学生在课文里找出描写"雁"的句子和描写人的句子，看看给自己留下了什么印象。学生的回答受到老师的夸赞。在此基础上，钱老师提到了史怀哲的"敬畏生命"理念；还提到了弘一法师涅槃前的交代："我火化的时候，火化台四周放点水，不要让蚂蚁爬进去无辜送死。"钱老师没有说教式的讲解，但却震撼了学生的心灵，当他请同学们谈谈自己有没有虐待过生灵时，有学生讲，小时候把蚂蚁丢到水里看它们被淹死，现在想想自己太残忍，很后悔。这节课如行云流水，自然、清新，"即使是许许多多看似不经意的安排，给人的感觉都是那么妥帖、舒服，执教者、学生、听课教师都陶醉在课堂教学艺术的美好氛围中"。这里，钱梦龙老师淡化教育的痕迹，但陶冶学生的情操，使学生懂得尊爱、珍惜生命的意义的教育功能却如丝丝细雨，滋润了学生的心田。真可谓"随风潜入夜，润物细无声"。

教学艺术的陶冶功能，是一种自然的、生动的、生活化的、目标明确的教育功能。教学艺术高效的陶冶作用，都是教师有意识而又不动声色地施加定向教育影响的结果，它根本不同于没有导向的、盲目而自发的、干瘪枯燥的说教或某种外在的教学环境对学生的潜在影响。

（二）转化功能

教学艺术的转化功能包括老师引导学生把人类已知的科学真理转化为学生自己掌握的真知，把学到的知识转化为自己的能力。教学艺术高效率的转化功能，标志着教师本质力量的对象化。因为精湛的教学艺术，可以迅速高效地完成知识的传授、技能的培养、智力的开发、情感的生成和品德的形成等教学任务，它以适应学生身心发展的特点为前提，引领学生把人类已知的科学真理转化为学生的真知，把知识转化为能力，把信念、理想、价值观转化为学生的行动，成为促进学生全面发展的因素。

教学艺术的转化功能在实施过程中，具备了其他艺术创造过程所不可比拟的重大作用。在转化过程中，教师渊博的知识、高尚的师德、宽阔的胸怀、鲜明而卓越的个性，就像钢琴家弹奏出的激越乐章，强烈地震颤着、激动着学生的心灵，牵引着学生向着圣洁与崇高的知识与道德的殿堂前行；教师高超精湛的教学艺术，将璞琢成玉，将铁炼成钢，引领着学生从稚嫩走向成熟，从无知走向博学，从浅薄走向深刻，最后成为对社会有所贡献的各种各样的有用之才。教学艺术、乃至整个教育艺术的伟力就在于：它创造着社会最宝贵的财富——有知识、有道德、有理想、有纪律、有创新能力的发展着的人。这是任何其他行业、其他的事业所难以企及的，这就是教育！这就是教学的本质！

教学艺术的转化功能受主客观条件的制约，有其内在的规律性可以依循。教师应当做一个自觉的研究者、探寻者，对影响教学转化的主客观条件和内部机制、规律等，有比较深入的了解和掌握，这样才能及时地感知并准确把握转化的最佳契机，使教学艺术的转化功能释放出最大的能量，取得最好的效果。

（三）谐悦功能

顾名思义，和谐的教学氛围，愉悦的课堂情境，乃是教学艺术

第八章 上课：让教学彰显艺术的魅力

的又一重要功能。一个优秀的教师懂得，师生交流互动的、轻松愉悦而又不失适度紧张的、平等民主的课堂；老师用自己的言行启发和激励学生，让学生满载丰收与成功喜悦的课堂；学生用他们刻苦的学习精神，孜孜以求的神情，他们的聪明、主动、富有个性化的创新的学习表现而让老师感动和满足的课堂，必定是一个让人"如坐春风"的春意盎然的生态型课堂。这样的课堂，教学艺术的谐悦功能发挥得很突出，教学效益也必定会很高。因为，教学艺术的谐悦功能，直接地促进着学生的学习。教学虽是严肃的事业，教学工作虽是严谨的工作，但是老师却可以尽可能地温和一点、轻松一点、诙谐幽默一点，甚至有时随意一点、休闲一点，对学生亲切一点。那样更有利于学生，有利于教学的顺利进行。

教学的趣味性是构成教学艺术的谐悦功能的重要因子。例如，教学中的例题巧解、妙语连珠、体态情趣、幽默插曲、模态拟声、故错解颐、巧设玄机等等，均是有效地解除师生疲劳，促使学生乐于学习的"兴奋剂"。有的老师为了让学生记住一些知识，常用形象化的语言，如编顺口溜，谐音记忆等方式激发学生的学习欲望。例如，同学们对欧亚两洲的分界线老是容易记混，一次课堂上，地理老师就让大家翻开地图由北往南寻找乌拉尔山——乌拉尔河——高加索地区。这时，老师点拨到："大家看，高加索的东西两边分别有什么海？"同学们回答："有里海、黑海。"老师神秘地一笑，说"那好，就请同学们用自己最容易记住的方式去记忆吧。"这时，已经有同学高声地朗诵起来："乌拉尔山——乌拉尔河——里海——黑海——高加索。"经他这么一说，大家对欧亚两洲的分界线有了深刻的印象。

教学艺术的谐悦功能与教学的趣味性紧密相连，但教学过程中所追求的趣味应当是高尚而高雅的情趣，是"闲语不闲，寓理于中，妙趣横生，笑藏深意"。使学生在笑过之后，兴奋之后能收到深刻的教育效益。

教学艺术的谐悦功能，从多方面影响着学生的学习。它可以消除由紧张的思维运动带来的心理疲劳，调节由单调重复的学习活动带来的生理疲劳，淡化情绪生活中的焦虑，恢复业已倾斜的心理平衡等。同时，它还使教学在一张一弛、劳逸结合中获得寓教于乐的功效。

（四）整体功能

亚里士多德说过：整体大于各个孤立部分之和。教学艺术是一门非常综合的艺术，它融合了各种艺术表现手段（如色彩、语言、线条、音响、节奏、造型、动作等均为教学所用），以大量的信息全方位地诉诸学生的视觉、听觉、触觉等多种感官，直接影响到学生的品德、知识、技能、智力、心理、个性和审美倾向等诸方面的发展。可以说，教学艺术的整体功能是不可割裂开去的有机整合。

教学艺术整体功能的发挥依靠内部结构的最优化组合。因为只有整体内部各部分在建立相互联系中呈最佳结构状态时，才能发挥出大于各孤立部分总和的整体功能。例如，师生之间的知识互补，师生关系融洽，教学内容与教学方法相对应，知识训练序列与学生思维认识能力一致，备课、讲课、评改、辅导等各个环节密切配合，构成教学艺术内容结构的最优组合，必能促使教学艺术发挥出巨大的整体功能。反之，如果教学系统内部各部分只是孤立地静止地存在着，或者组成了一个彼此冲突的结构，那就只能使其整体功能大量内耗，而不能取得预期效果。

教学艺术的整体功能的全部发挥，构成教学艺术神奇的综合魅力，给学生以强烈的心灵震撼，在学生的心灵深处产生强烈的审美效应、道德内化效应。课堂上，教师自己对文本的深刻理解，对学生的深切热爱，通过运用多种教学手段，通过饱含深情的艺术性的讲解（如激情澎湃般、抑扬顿挫、起伏跌宕的演讲与描述），通过组织学生活动，激活学生的思维……都能够使教学艺术的整体功能得到发挥。例如，一位小学语文教师在教学《赠汪伦》一诗时，配上音乐轻声朗诵，再让学生分小组和个人朗诵。之后，老师抓住古诗词中的"诗中有画，画中有诗，诗情画意"的艺术特点，要求学生据诗想像，即兴作画，画解诗意，把汪伦与李白依依不舍的送别情景再现出来。这样，把让学生背诵古诗的过程变成了绘画和学生互评、老师点评的过程。促使学生动脑动手，主动参与，学生兴趣盎然。从教学艺术的整体功能角度来看，在用绘画语言来表达文学语言之美的同时，学生既领会了诗情画意，发展了形象思维，又增强了记忆力，培养了创新意识和审美情趣。教学艺术的整体功能得到了较好的发挥。

第二节　教学情境的创设艺术

组织教学是课堂教学艺术的重要组成部分。在组织教学时，怎样创设优良的课堂教学情境，使学生能在这一情境中主动地、愉快地、合作地、高效能地学习，同样是广大教师潜心钻研的一个重要的教学艺术。赞科夫说："不管你花费多少力气给学生解释掌握知识的意义，如果教学工作安排得不能激起学生对知识的渴求，那么这些解释仍将落空。"⑤创设优良的教学情境，就是形成学生渴求知识、锻炼能力、陶冶高尚道德情操的"学习场"，造成学生积极愉悦的学习氛围，进而达到教师所预设的教学目标，达到促进学生在课堂上和谐、健康、全面发展的目的。

一、形式多样的教学引入艺术

教学引入艺术，又称"导课艺术"，是创设优良教学情境的一个不可忽视的重要方面。它与课堂中教师的提问艺术、语言表达艺术、教学高潮的创设艺术一起，构成了教学情境的创设艺术，是其有机的、不可分割的组成部分。

课堂教学要体现"引人入胜"的艺术魅力，首先必须从引入教学开始，著名特级教师于漪说："在课堂教学中要培养、激发学生的兴趣，首先应抓住导入新课的环节，一开始就把学生牢牢地吸引住。"⑥高超的教学引入艺术，是经过教师精心设计的通向优良教学情境的开门钥匙,它可以起到先声夺人、引人入胜的效果,为整堂课的进行做好铺垫。

引入教学的艺术形式和方法多种多样,关键在于教师的灵活运用、精心设计。其基本的形式主要有:

(一)故事引入,激发学生兴趣

一个好的故事的基本要求是有事、有趣、寓理。正因为故事融事、趣、理为一体,具有艺术的感染力,所以往往为学生所喜爱,如果运用得当,就能很好地为引入教学课题服务。例如一位政治课教师在教学"具体问题具体分析"时,给学生讲了"油和皇历"的故事:过去有户卖油的,妻子勤俭持家。丈夫每次外出卖油之前,妻子都悄悄地从油桶里舀出一勺,贮存起来。到过年时,眼看别人杀猪宰羊,丈夫却愁没钱办年货。于是,妻子从地窖中端出一坛子油来,丈夫大喜。邻居有个卖皇历的,他的妻子也仿效这样,每天在丈夫外出卖皇历之前,也悄悄地留下一些来。到了年关,她就把积藏的皇历拿了出来,她丈夫看了直摇头叹气。故事一讲完,老师马上问学生:以上两个女人的做法说明了什么道理?学生在笑过之后马上思考老师的提问,从感性到理性,迅速进入教学主题,起到了激发学生学习兴趣的作用。

课堂上讲故事,其目的在于引入教学,为教学目标的达成服务,而不是为讲故事而讲故事。故事引入宜短忌长,故事本身要能说明问题,教师有时还需要启发引导,才不会使学生的注意局限于故事本身。同时,故事的选取一要注意生动、幽默、有趣;二要注意寓意深刻,有教育意义;三要提倡格调高雅,防止粗俗低下;四要体现时代气息(如讲现实中的故事,学生身边的故事);五要与学生的认知水平、审美能力相适应。只有这样,用故事引入教学才能真正引发学生的兴趣,达到引入的目的。

(二)创境引入,激发学生情趣

所谓"创境引入",是指教师(或师生共同)利用广告、音乐、图画、诗歌等艺术表现形式,通过声光、线条、色彩等审美客体的展现,从一开始就吸引学生的注意力,激发起学生对课堂学习的积极情感与乐趣。例如,一位高中教师在教学"事物是普遍联系的"这一哲学课题时,引入了一则电视广告:"嘿!牙好,胃口就好,吃饭倍儿香,身体倍儿棒。"学生一听,笑了,跟着老师一起说:"嘿!瞧准了,蓝天六必治!"学生的情绪在说广告词的过程中被带动起来,话音刚落,又听老师边板书边说:"我们暂且不去追问这牙膏是否有如此神奇的功效,但牙好——胃口好——吃饭香——身体棒,这几者之间有一种什么样的关系?"学生们的情趣再次被老师的提问所激发,在积极的思考、议论中进入了对课题内容的学习。又如一位语文老师在教学朱自清的散文《荷塘月色》时,在讲台上方挂出了一幅荷花图,并配以音乐,从一开始就把学生"拉入"了作者所创设的情境之中,激发起学生学习这篇散文的高昂热情。一位政治教师在教学"物质是运动变化的"课题时,引用唐诗《早发白帝城》作为教学的引入,当师生一齐朗诵"朝辞白帝彩云间,千里江陵一日还。两岸猿声啼不住,轻舟已过万重山"时,学生在诗的意境和美的陶冶中进入教学主题,激发起强烈的学习情趣。

激发学生学习情趣的创境引入艺术,让学生"未入其文,先动其情",能够达到"示之以形的形象性和动之以情的情感性"的交融统一,往往能产生师生之间、生生之间强烈的情感共鸣和一定的理性思考,学生在引入教学中积蓄的情感,也会转化为他们探求知识的强大动力。但是,教师在创境引入时必须清醒:无论广告、诗歌、音乐还是绘画作品,将其利用是为实现教学目标服务的。所以运用它们是为了"创境",时间安排要简短,不要忘了教学主题而把课上成了"作品赏析课"。引入时的情境创设要巧妙精当,真切感人,能够触及学生的内心深处,启发他们的情绪想像。

(三)问题引入,激发学生思趣

思趣又称思维兴趣,它不同于吸引人感官的外在表象的兴趣层次,也高于生动形象的情感兴趣(情趣)。它是外部事物作用于人的感官,在人产生对物的情感基础之上所引发的思维能动;它虽然与情感密切相连，但却更具有理性的特征（逻辑的或非逻辑的）。一个好的问题引入具有艺术性、趣味性和启发性，能激发起学生的思趣，创设出良好的入课情境，使学生积极地投入到学习中去。实践反复证明：疑问、矛盾（认知矛盾）和问题是思维的启动机，它可以让学生的求知欲望从潜伏状态转入活跃状态，有力地调动学生思维兴趣，是开启学生思维器官的钥匙。教学经验丰富的教师一般都很注意设疑，引入教学的启发思维功能，在教学引入时精心设问。如有位教师在教学《向生命挑战》这一课题时，上课一开始就用投影向学生展示了一幅一个人正在工作的图片，并向学生提问："同学们，你们知道他是谁吗？"学生一听这个问题，便纷纷议论开了。紧接着，老师又问："大家看了图片，又看了黑板上写的'向生命挑战'，脑海里有什么问题没有？"学生们一听老师的提问，便争先恐后地举手问道："谁向命运挑战？""图片上的人到底是谁，他是怎样向生命挑战的呢？"当有同学答出图片上的人是斯蒂芬·霍金的时候，老师马上给予肯定和赞扬，并顺势将教学引入主题。这里，老师是通过一幅图片和两个简单的提问将教学引入到主题上去，创设了一种问题的情境，它生动形象直观，能吸引学生注意力，从而引发学生思考。

问题引入一定要注意从学生的生活实际、年龄实际和认知实际出发，所提问题要有梯度、有层次，问题有思考的价值并能激发学生思考的欲望。既不可浅到学生不需多思就可随口而答的程度，也不可深奥到学生思索了许久都答不上来而导致"冷场"或老师自问自答的程度；同时，将提问放在一定的情景之中，如故事讲完后，广告、诗歌、音乐、绘画作品展示之后马上提问，效果最好。一位物理教师在讲"牛顿第三定律"时，在创设情境中提问："同学们，咱们班最近参加了拔河比赛，你说，两队拔河，从拉绳来看，赢方一端的拉力大，还是输方一端的拉力大？"这一问题马上就调动起学生的思趣，纷纷说："赢方一端的拉力大！"但老师马上肯定地说："不对！拉绳上两端的拉力一样大！""什么？一样大！为什么？""不对哦！"同学们睁大了眼睛，愣住的、疑惑的、反思的、议论的都有。"这是作用和反作用，牛顿第三定律所要说的问题，我们今天就学习这个问题。"此时，老师的讲话就像磁铁一样牢牢地吸引住了学生的注意力，学生的思维活动和情绪也与老师的讲课交融在一起，使所学内容溶解于学生思维的潮水之中了。由问题引入而导致的学生之间、师生之间的认知冲突和思维共振现象，创设出了一种积极的课堂教学情境，这是课堂教学艺术取得成功的重要标志。

以上讲了三种引入教学的艺术形式，除此之外，复习旧知引入新知的"温故导课"，理科教学中常用的"实验引入""练习引入"，文科教学中的师生表演导课，以及随机引入（课前发生的突然性的事件或情境，教师信手拈来，灵活运用）等等，只要运用适当、巧妙，都不失为好的或比较好的艺术形式。但无论哪种具体的导课艺术，运用中最关键的还在"激情"二字，以教师的激情去引发学生的激情，进而创设起优良的教学情境。

教学引入时需要注意防止和克服以下三种现象：

第一种：就知识引入知识，引入方式机械、呆板，难以吸引学生。

这种引入往往是花一定的时间，用提问学生的方式进行旧知识的回顾、小结，然后再带入新知识的学习。然而，由于学生刚从下课后的兴奋或休息中回到课堂，注意力尚未集中起来，课堂的学习氛围也尚未形成，此时面对老师的提问或讲解，许多学生都不会有上佳的思维状态，再加上教师纯知识的小结式讲解，难以吸引学生的关注，激发学生的思趣。即使是温故式引入教学，同样可以采用故事、案例、问题等多种具体方式，但目的在于导入新内容的学习。而且，无论哪种具体方式，教师的语言和动作都应生动、形象，能从一开始就像磁铁一样地吸引住学生。

第二种：不从学生实际出发，缺乏师生互动，难以调动学生。

这种引入方式多样，但教师往往想当然地以为学生会感兴趣，会积极参与思维，结果却事与愿违，导致引入教学时出现"冷场"

现象。一位数学教师在一次数学公开课上曾出现过这样的尴尬场面：上课一开始，他就问道："同学们，你们喜欢做体操吗？"学生们刚才课间操时顶着烈日做了广播体操，于是异口同声地回答："不喜欢。"老师一愣，马上补充说："我说的是数学的思维体操，你们喜欢吗？"这下学生就七嘴八舌地说开了，有说喜欢的，有说不喜欢的，弄得老师不知如何应对。所以出现这种尴尬场面，原因在于教师一是不了解学生的心理需求，二是提问从一开始就没有具体的指向性，导致学生与老师"唱反调"。同时，数学本身就被称之为"思维体操"，此时提此问题，纯属多余。教师的提问应与该堂课的教学内容有直接或间接的内在联系，才能引发学生思考，调动起学生参与学习的热情，营造起良好的课堂教学情境。

第三种：引入内容与教学内容无关，学生不知教师所云。

有的教师平时上课不注意通过引入的生动性、趣味性去吸引学生，创设优良的教学情境，导致课堂教学的"少、慢、差、废"。只是到了要上公开课、研究课或有领导同志去听课了，才"临时抱佛脚"，做做样子给听课教师、领导看。但这样的临时准备，由于缺乏缜密的思考和筛选，所举事例、所提问题、所展示的物件等又总是与该堂课所要学习的内容无关，导致学生不知教师所云，答非所问，甚至闹出笑话。有一位初中语文教师，平时的教学方法陈旧，不受学生喜欢。一次，校长说要去听他一堂课，这可急坏了他。刚好，那天他要教学的是都德的《最后一课》，于是他想：我怎样导入教学才能既吸引学生，也让校长高兴呢？一边想着他的眼光也一边扫视着办公桌上的物品，终于，他看到了地理老师桌上摆着的地球仪（他也许想到了法兰西）。上课了，校长坐在教室后面，学生坐下之后，这位教师神秘地一笑，问道："同学们，你们发现没有，今天我们教室里多了一个什么东西？"学生们刚才看到校长进了教室，这时正想着要认真，要守纪律，突然被老师这么一问，于是齐声答："校长。"老师感觉不对，一慌神又启发道："校长在后面听课，但校长他是东西吗？"一边说一边用手指着地球仪。于是学生马上答到：

"校长不是东西,是地球仪。"后面的情形可想而知。

因此,教学引入艺术要与教学内容紧密结合,引入的目的是为了实现教学资源、教学情境、教学效果的优化,是为了教学目标的最终达成。不能就引入而引入,没有指向性;不能不顾学生实际,让学生摸不着边际;不能机械呆板,让学生没有兴趣。正如苏霍姆林斯基所说:"如果教师不想办法使学生产生情绪高昂和智力振奋的内心状态,就急于传授知识,那么这种知识只能使人产生冷漠的态度,而使不动感情的脑力劳动带来疲劳。"⑦

二、教学高潮的创设艺术

所谓教学艺术高潮,是指教师的教学给学生留下最深刻鲜明的印象并得到学生最富于感情反应的时刻⑧,这时师生双方积极性达到最佳互动状态。凡有经验的教师开展教学活动,在成功地引入教学后,总是牢牢抓住学生的思趣与注意力,适时地精心制造教学小高潮,并全力推向大高潮,以使学生达到情绪高涨、智力振奋的积极状态。一般而言,处于教学艺术的高潮之中,学生对教学的反应是敏感而强烈的,或是充满激情地参与其中(如朗诵、抢答问题、热烈讨论、留恋于实验观察之中),或是因急于想知道结果而凝神思虑,或是因解决了某一关键性问题、某一难题而释然愉悦,或是为了有新发现而惊奇、欣喜,或是为领悟到知识内蕴的情理而激动自豪……这时,学生的整个思维与情感处于异常"开阔"和高度兴奋状态,富于创造的激情和成功的体验,于是,教学艺术在学生"体验到自己在追求真理,进行脑力活动的自豪感"⑨中进入到了审美的境界。

那么,怎样在课堂教学中创设教学的艺术高潮呢?

(一)设置悬念,以疑激趣

悬念在心理学上是指人们急切期待的心理状态。或者说指兴趣不断地向前延伸和急于知晓下文的迫切心理。悬念可以使学生集中注意力,唤起学生兴趣,激发学生探究的欲望,产生"逼人期待"

的教学魅力。有经验的教师善于设置悬念，启发学生想像。如小学一年级《品德与生活》（北师大教材）有一课题叫做《春天来了》，一位教师为了让孩子们真正感受到春天的气息，就把课堂放在了学校的小花园里去上，要孩子们自己去观察春天里植物的变化。她把学生分成若干个小组，并提出了具体的学习要求，学生们高兴地奔向花坛、树林、草坪之中去细心观察，之后再集中起来谈自己的发现。在热烈的发言中，一位女生说道："老师，我发现樱花开了，但有一些又掉下来了，不是一瓣一瓣地掉，而是一朵一朵地掉下来的。"一位男生马上抢着说："老师，我知道樱花为什么会一朵一朵地掉下来，昨天下午放学后，我看见高年级有几个大哥哥大姐姐在樱花树下摘花，然后又丢了一些在地上。"学生的发言激起了其他孩子思维与情感的涟漪，老师抓住机会有意识地提问："那么我们该怎么办呢？假如我们就是那一朵朵美丽的樱花，我们有什么感受？又该给摘花的大哥哥大姐姐们说些什么呢？"这一连串问题的提出，更荡起学生想像的浪花。顷刻间，学生争相举手，纷陈己见。有的说："我们向全校发出爱护花草，保护美丽校园的倡议。"有的说："我们在樱花树旁插上'摘花可耻，罚款拾元'的牌子。"有的说："这样不好，不如开展一次全校性的'迎接春天，爱护环境'的建议征集活动。"更有许多的学生展开想像的翅膀，以樱花的角色扮演，形象生动地表达了爱护环境，珍惜春天的思想情感。孩子们稚嫩的语言，有趣的肢体动作与表情，一阵阵热烈的掌声，一张张因激动而显得红彤彤的小脸，印证着课堂教学高潮的到来。

设置疑问是调动学生学习兴趣，将教学引入高潮的重要手段。"学源于思，思源于疑"，有疑才能激发学生认知上的冲突，造成强烈的求知欲望，点燃思维的火花。宋代教育家朱熹说"读书无疑须教有疑，有疑者，却要无疑，到此方是进矣。"又说："学贵有疑，小疑则小进，大疑则大进。疑者，觉悟之机也。一番觉悟，一番长进。"要创设教学高潮，教师应尽可能地帮助学生质疑。如在教学鲁迅的《呐喊自序》时，针对课文中写鲁迅在他年轻时做的"许多梦"

破灭后感到的"无聊"、"寂寞"、"悲哀",一位教师是这样设问的:鲁迅是一位坚强不屈的革命战士,怎么会有无聊、寂寞和悲哀的感觉呢?这一问,马上激起学生的疑惑,不少学生点头表示"英雄所见"。此时,老师没作解释也没让学生回答,而是引导他们回忆前面学过的课文《故乡》中农民的悲惨遭遇,知识分子与劳动人民之间的隔膜,是鲁迅先生亲身经历的事。回忆《药》一文中,革命者夏瑜牺牲后不被群众理解的事实是鲁迅"旁观过的事"。据此,老师故意提出一个错误论断:鲁迅生活在旧民主主义革命时期,如置身于"毫无边际的荒原",特别是辛亥革命后,他感到失望、无聊,甚至寂寞悲哀,因此他消沉下去了。老师的结论一下,学生们纷纷议论开了:鲁迅的寂寞和悲哀是不是革命意志的消沉?疑问激起了他们探求真理的兴趣。同学们经过激烈的争论,达成共识,鲁迅是因为一时找不到新战友和战斗武器而感到寂寞和悲哀,而"无聊"则是鲁迅一时找不到革命出路时焦虑心情的写照,决不是革命意志消沉下去了。"有什么根据证明鲁迅先生不是真正的消沉下去了呢?"老师再次激疑。学生回到文本中去,认真阅读后展开讨论,他们找到了课文中所用的"居然"、"暗暗"、"消去"等词语能够证明鲁迅当时的心情虽然寂寞但却不甘寂寞,由此说明鲁迅先生并没有消沉下去[⑪]。老师的精心设疑,把学生带入了一个思维运动和理性思考的境界,问题一个接一个,步步深入,触发起学生思维的火花一个高过一个,从而把学生思维和热烈讨论、争相回答发表各自见解的课堂情境推向高潮,取得了良好的教学效果。

(二)思想交流,情动心弦

一位作家曾经说道:"感人的歌声留给人的记忆是长远的。"同样,教学中教师感人的语言描述、感人的动作表情、感人的神态气质,留给学生的记忆也是长久的,甚至是终身难忘的。重要的还在于,教师在教学过程中,设法使学生入情以获得强烈的情感体验。尽管使学生入情的方式方法因人、因课而异,因内容的不同而有所不同,但最根本的一条就是教师要动情,要以情感拨动学生的心弦,使学生在受到教师情感感染的时候，开启自己思想与感情的门扉，与老师和其他同学产生共鸣，形成课堂教学的高潮情境。这里，教师的感情必定是真挚的，只有真挚的感情才是感人的、能引起思想撞击和情感共鸣的。例如，一位年轻女教师在教学《为人民服务》时，课前先让学生去收集周恩来、邓小平、孔繁森等先进人物的资料，上课过程中，让学生介绍他们心目中的这三位人物的故事，其间，老师深情地回忆周总理为人民鞠躬尽瘁的一生，并适时播放录像《十里长街送总理》和《周总理，您在哪里?》这首诗，当老师深情并茂地讲解时，当学生们和着音乐朗诵诗歌时，师生眼中晶莹的泪光迎来了这堂课的教学高潮；当多媒体画面上出现那句著名的话："我是中国人民的儿子，我深情地热爱着我的祖国和人民"时，学生们情不自禁地鼓起了掌。结课时，课堂再一次掀起了教学的高潮：师生们一起朗诵臧克家的诗《有的人》，使这节课达到了思想教育与情感教育、审美教育的和谐统一。

庄子说："不精不诚，不能动人，故强哭者虽悲不哀，强怒者虽严不威。"虚假的感情矫揉造作，故作姿态，只会引起学生反感，教师应远离之。而优秀的教师们则总是在教学过程中凝注深情，倾心投入，动人心弦，奏出课堂教学的最强音。

(三) 激励参与，启导有方

德国著名教育家第斯多惠说："我们认为教学的艺术不在于传授的本领，而在于激励、唤醒、鼓舞。"教学是教与学相互作用的双边活动，是师生双向反馈的过程。教师在教学过程中的主导作用，只有在学生主动学习的过程中才能落实和体现；学生学习水平的提高，取决于学生能动作用的发挥。因此，课堂上教师激励学生参与，是创设教学高潮的重要手段。例如，数学课讲到"等比级数求和"的问题时，一位老师是这样激励学生参与的：老师在黑板上写下了"锡拉"和"锡塔"两个人的名字。问：有谁知道锡拉和锡塔的故事吗？同学们相互对望着，一片茫然。老师笑着说：锡拉是古代印度的皇帝，锡塔是传说中六十四格国际象棋的发明者。皇帝要奖励锡塔的发明,让他任意选择奖品。锡塔说:"要些麦子吧。""要多少呢?"皇帝问。锡塔说:"棋盘六十四格,第一格要一粒,第二格要二粒,第三格要四粒,第四格要八粒,以下每格要的粒数均为前一格所给粒数的二倍,依次增加下去,给到六十四格里应有的麦子就行了。"皇帝听完哈哈大笑说:"这个要求太低了。"可等到计算完毕,皇帝却大吃一惊。原来,全印度所有仓库的存米都拿出来也不够锡塔所要的麦子数量。锡塔所要的麦子数量究竟有多少呢?计算的结果是,需用高5米,宽8米,长则相当于地球到太阳距离的2倍的大仓库来装。故事讲完了,老师马上问学生:大家想不想知道这个巨大的数字是怎样算出来的呢?每位同学都可以单独思考或与同学讨论,看看锡塔是如何计算的。

一个古老的数学故事,激发了学生极大的兴趣和参与热情,牵动着学生的思维紧张地运转,老师提出的问题又恰到好处地及时地将学生们的兴趣转移到了学习"等比级数求和"的公式上来。学生的积极思考、讨论、争辩、发言形成了良好的课堂教学情境,创设出教学的小高潮。

教学高潮的"胜"境,与主导者教师的激励、点拨、启导是分不开的,一位启导有方,善于激活学生思维的教师,总是能够抓住时机,创设出教学高潮的。这些教师的教学艺术共性在于,首先,他们对课题(内容)参与教学的实施方案(计划)进行精心设计,反复推敲,切实形成能反映本课题(内容)教学特点的学生参与特色,为实现学生的有效参与搭好基本框架。其次,在引导学生参与教学活动的过程中,他们能瞄准学生情感起伏的"兴奋点",抓住契机,以精辟简明的论述传递知识与方法,启迪学生的思维与思想态度。其三,他们能够针对教学内容特点,有针对性地引导学生参与教学,树立学生队伍中的参与活动积极分子,让他们在同学中发挥带头作用、示范作用、启迪作用,以带动其他学生的积极参与,共创优良的教学情境,掀起课堂学习的一个又一个高潮。

（四）师生互动，共掀高潮

层次多样的提问和案例分析，以情动人的语言神态，循循善诱的激励启导，固然可以激发学生的思趣，引起认知冲突，调动参与，培养起学生一定的思维能力，创设出优良的、高潮迭起的教学情境。但这样的情境是靠教师单方面设计的，更多的是教师的设想、愿望和表演。这样的教学情境，学生没有真正摆脱被教师"牵着鼻子走"的被动状态，即使参与其中，其主体地位也没有很好地体现出来。因此，要在课堂中掀起一个个教学小高潮，创设出自然的、"生态型"的优良教学情境，教师还必须站在学生的角度，下真工夫设计学生的学，在课堂上建立师生之间、学生之间交流互动的、民主和谐的关系。要将教师的问题意识转化为学生的问题意识，让学生在一定的角色体验中去牢固地把握知识，形成自立自主的学习情境。例如，一位政治课教师在高一年级教学"树立正确的消费观"时，为了让学生实际地认识和赞同教材所讲的消费的"三个适应"（个人消费与国情、社情、家庭收入情况相适应），在课堂上提出让学生去设计教学活动，让学生代表（课代表）主持课堂学习活动。老师的提议得到全班学生积极响应，学生们在主持人的指挥下，按照家庭收入的差异情况，分成了六个小组，每个小组、每位学生根据家庭收入情况，制定各自家庭每月的开支计划，并与同桌或小组内同学自由交流，然后派代表上讲台谈各小组所订计划内容及理由。学生们的计划安排和小组交流，紧紧围绕文本知识而进行。各小组代表发言后，再由师生共同点评，选出"最佳家庭开支计划"等，达到"明理"的学习目的。由于是让学生设计教学，激发起学生极大的"创作"热情，他们的全身心投入，他们的交流、争论、发言，把学习活动不断推向新的高潮，创设出了和谐优良的课堂教学情境。

三、别出心裁的结课艺术

写文章的人强调行文设计的"虎头"、"猪肚"、"豹尾"，即文章应有动人心魄的、引人入胜的开头，点明主题，观点鲜明，令人深思；文中叙述要逻辑严密，或旁征博引，或辩证分析，其论据充分，有说服力，其论点的展开，分析透彻、精辟；文章的结尾坚强有力，耐人寻味，感人至深。教师在教学设计中也应注意课堂教学结尾的设计，做到首尾照应，善始善终，而不可"其兴也勃，其收也羸"，虎头蛇尾，草草收场。结尾的好坏，往往也是衡量教师教学艺术水平高低的重要标志。恰到好处的结课，或归纳总结，强调重点；或提出新问题，引发新趣；或留下悬念，让人遐思；或念蓄深远，回味无穷；或新旧联系，铺路搭桥；或音乐诗歌，再掀主题……展示出教师高超精湛，挥洒自如的教学艺术与风格。

结课的形式与方法很多，如"瓜熟蒂落、水到渠成"的自然式结课；准确简练、提纲挈领的总结概括式结课，以及巩固练习、布置趣味作业等，都是常见的教学结课形式。教师可以根据教学内容、学生情况或课堂临时出现的情况灵活运用，机变创新，而不可拘泥于形式，单调死板。

(一) 巧设悬念，再激思趣

教学引入过程中，教师创设问题情境以激发学生的思趣。同样，教学结课时，教师巧妙地设置悬念，让学生产生一种迫切想知道，急于探寻的心理，也是教师教学艺术高超的一种表现。

叶圣陶说："结尾是文章完了的地方，但结尾最忌的却是真正完了。"[①]所以，有经验的教师在教学结课时常常使用设置悬念的方法，使学生在"欲知后事如何"时却戛然而止，从而给学生留下待探索的未知数，激起学生学习新知识的强烈欲望，使"且听下回分解"成为学生们的学习期待。一般而言，如果上下两节课的内容和形式均是有密切联系的，用悬念结课较好。如有位教师讲完等差数列后，下节课要讲等比数列，于是就在结课时提出：数列20，10，5，2.5，1.25……的第十项是多少？这一问激发起学生浓郁的思趣，纷纷动起来，有的一项一项地算下去，有的试图寻找带有规律性的东西，这位老师抓住此时学生的心理说：其实第十项是很容易找的。等下一节课你们就知道了。这时，学生很想知道这其中的奥秘，急切地等待着下一节课,并不断地想:怎样才是"很容易找的"呢,这就为上好下一节课做了好铺垫⑫。

(二)妙置情境,引领遐思

结课时教师出其不意地用诗歌、音乐、美术作品或小故事创设出学生参与和想像思维的情境,让学生在这一情境中如咀嚼干果,品尝香茗,令人回味再三,遐思畅想。这种结课,要求教师注意增添浓郁的色彩、艺术的含蓄与张力,使学生感受到"言已尽而意无穷",课后引起咀嚼回味,反复推敲,并展开丰富的想像。例如:小学二年级语文讲《所见》一课,结课时老师再次打开录音机,请孩子们闭上眼睛听音乐,要入境,尽情地陶醉自己,展开丰富的想像。不一会儿,悠扬的牧笛声、小河流水声、小鸟的欢叫声,还有一阵阵的蝉鸣……在教室里回荡起来。孩子们静静地倾听、遐想,仿佛置身其中。"牧童骑黄牛,歌声震林樾。意欲捕鸣蝉,忽然闭口立。"诗的美丽意境深深地刻在孩子们的记忆中。而牧童"意欲捕鸣蝉"为什么"忽然闭口立"了呢?通过展开想像,虚拟场景的表演,孩子们说出了十几种答案,在回味与争论中迎来了下课的铃声⑬。这种情境式结课以回味的方式,让学生遐思异想的方式体现出含蓄隽永、耐人寻味的特点,一般都受到热爱思考的学生欢迎。它能有效地增强学生的学习兴趣,培养并提高其鉴赏能力和思维能力。

(三)以情激情,打动心扉

马卡连柯曾经说过:"做教师的决不能没有表情,不善于表情的人就不能做教师。"表情是一个人真实情感的流露,它不是虚假的、装模作样的,它是一种发自内心的激情。教师的结课充满激情,并且以意味深长的话语寄厚望于学生,往往很能打动学生的心扉,留下难忘的印象。例如,一位初中教师在结束"世界的三大宗教"专题课时,满怀激情地对学生说:基督教中有个耶稣,被钉在十字架上,以他的所谓碧血来拯救人类。而我们党的早期革命活动家蔡和森同志,由于叛徒出卖,被捕入狱。残暴的敌人使出灭绝人性的手段,把蔡和森同志的四肢摊开,用钉子钉在监狱的墙壁上,然后拿刺刀捅他的胸膛，最后刺中了他的心脏……随着讲述，教师的情感深深地感染了学生。这时，老师突然停顿下来，教室里一片寂静。"此时无声胜有声"，犹如白居易笔下的琵琶声停，"东船西舫悄无言，唯见江心秋月白"的情境。接着，老师慷慨激昂地继续讲："正是千万个蔡和森烈士的鲜血，才换来了我们今天的幸福与安宁。可见，蔡和森英勇牺牲的壮举，远远超过了耶稣基督拯救人世的精神。蔡和森烈士是多么伟大、多么崇高啊！今天，同学们身处和平年代，国家的富强、人民的富裕、民族的振兴，正需要我们这些风华正茂的年青一代。难道我们不应该加倍努力，以图他日能更好地报效祖国吗？"老师充满激情与期待的演讲式结课，开启了学生情感的心门，让学生热血沸腾，在动容中达到了精神的崇高境界。

（四）拓展延伸，启发思维

有些课学习过后，教师把课尾作为联系课内课外的纽带，引领学生将课内所学向课外延伸、扩展，开辟思维的"第二课堂"。例如，一位教师在教学《蝙蝠和雷达》这课的结束阶段时，设计了这样一个练习："人们从蝙蝠身上得到启示，发明了雷达。你还知道人们从什么地方得到了启示，发明了什么？"孩子们争着回答："人们从荷叶得到启示，发明了伞。""人们从火药得到启示，发明了火箭。""人们从大脑得到启示，发明了电脑。"一下子就举出了10多个例子。尽管有的讲得不十分准确，但说明学生对这样的问题非常感兴趣。教师便趁着学生兴趣正浓时，又提出一个问题："你从什么得到启示，觉得可以发明什么？"要求学生积极开展科技小发明，小创作活动[13]。这样就把学生从课堂上激起的学习兴趣延续到了课外，鼓励学生探索生活中的奥妙。

（五）游戏激趣，加深理解

小学课堂教学、中学的英语、语文、历史等学科课堂教学中常有一些课本剧、小话剧、历史人物扮演等，无论引入教学、创设高潮，还是结课等都可以采用。有时学生上完一节课，身心已很疲劳，用提问、复述等单调的方式巩固复习所学知识，效果往往较差。因此结课时应尽量生动活泼一些，尤其是低年级有时可运用游戏娱乐的形式，这样可以加强学生对课堂所学内容的理解。如一位教师在教完谜语诗《画》之后，问孩子们都愿意回家背诵给家人听吗？在得到齐声响亮的回答之后，老师提议先在课堂演习一下，并自己扮演年老重听的老奶奶。老师的提议迎来了热烈的欢呼声。这一结课是这样的：生：奶奶，我们今天学了一个谜语，您能猜猜吗？师：好，我很喜欢猜谜语呢。你说说看。生：远看山有色……师：什么？远远地就能看见山上有蛇？这蛇一定是蟒蛇吧？生：不是蛇 shé，是色 sè。师：好好，奶奶耳朵不太好，"色"是什么意思？生：色是颜色的色。就是远远看去山上有一片青翠的颜色[15]。这里我们看到，该教师很善于"寓教于乐"，而又"乐而不嬉"，在教学游戏中，巧妙地运用相声、小品中常用的"打岔"技艺，既检验了、巩固了知识，又极富情趣。

结课的艺术形式是丰富多彩的。好的结课，能给人以美感和艺术上的享受，能让学生回味无穷，开启智慧之门，陶冶高尚情操。但好的结课并非教师只凭灵机一动就能达到的效果，而是长期经验积累，向他人学习，课前精心设计后的课堂自然表现。一般而言，教学结课应注意坚持以下三点：

首先，结课应首尾呼应、相对完整。课的结束应当紧扣教学内容，使其成为整个课堂教学艺术的有机组成部分，成为优良教学情境的有机组成部分。要做到与引入教学、创设教学高潮情境的相互呼应与关照，不要游离于主题。特别是有些课的结尾实际上就是对引入教学时设疑内容的总结性回答，或是引入教学中思想内容的进一步延续和升华。只有首尾呼应，才不会导致学生思路紊乱，无从获益。同时，教师的结课还应注意结在横断面上，即讲授内容告一段落，或讲完了一个问题时，使教学内容系统连贯，相对完整，而不要结束在一个问题还没讲完的半空之中。否则，势必导致教学内容与结构显得支离破碎，效果不佳。

其次，结课要画龙点睛，突破时空。结课往往是一堂课的"点睛之笔",非常重要。正像演戏很讲究演透而不演绝,只有演透,思想内容才能发挥得淋漓尽致,人物的性格、情感才能刻画得尽其精妙,但若一演绝,就断送了艺术。课堂教学艺术也是如此,注意以浓郁的色彩、艺术的含蓄,使学生能够咀嚼回味,展开想像的翅膀。唯其如此,教学才能收到画龙点睛、突破时空的艺术效果。

再次,结课要干净利落,适可而止。结课时,教师不要在内容上画蛇添足,在时间上"拖堂"打"疲劳战",应养成准时上课和准时下课的习惯。"拖堂"、导致课迟迟难结,必然降低教学效果。同时,"拖堂""拖泥带水""啰唆式"的结课还容易造成学生生理上的不适(如憋尿)和心理疲劳,思维惰性增强等不良后果。所以,教师结课时应干净利落,恰到好处,适可而止。

第三节 教学环境中的应变艺术

教学活动过程是在教师有目的、有计划的指导下展开的,但这个过程又与外部环境保持着多侧面、多层次的信息交流。作为学习的主体,学生的情感、态度、价值观以及他们的知识、信息量都存在着差异。在课堂教学这一多向量信息传递动态系统的运行中,学生的认知水平、道德情感各不相同,所以教学过程中某些意外事件的发生是难免的。如何处理课堂意外事件,把学生的注意力引导到教学的艺术构思中去,这就要求教师必须有冷静理智的自制力和灵活机制的应变力。

课堂教学中的应变艺术与其他教学艺术不同,它不是可以在课前做好具体准备后再投放到(应用到)课堂之中的。一节课用哪些,不用哪些,如何用,其方法、步骤不可能事先都设计好。但是,教学应变艺术仍与诸多的教学艺术方法,如教学语言艺术、情境创设艺术、幽默艺术、教学的人际交往艺术等等密切相关,这些艺术的基础也都是应变艺术的基础。只要在此基础上,掌握意外的、偶发的事件发生的规律,掌握应变艺术的原则和方法,并在教学实践中,不断磨炼自己，达到处变不惊、信手拈来、随机自如的程度。这时，教师就进入了一个很高的教学艺术境界，教学之于这样的教师，就是一件非常快乐的事。

一、把握课堂机遇的艺术

（一）课堂机遇的种类及把握的原则

课堂机遇很多，但往往稍纵即逝，要抓住机遇，就要讲求艺术，要分清不同情况，归类把握。

1. 课堂机遇的种类

教学过程中，教和学的方方面面都可以为我们带来课堂机遇。从其来源看，一般可以分为以下三种：

（1）教学外在环境机遇

这是指来自于突发性的教学外部环境变化给课堂教学带来的机遇。如天气的突然变化，教室外各种声音、色彩、光线、气味等等物质变化所引起的教学条件的突然改变，由此引发的课堂机遇。这种机遇随时都可能出现，难以预见，是典型的课堂机遇。

（2）教学行为机遇

这是指来源于教学主客体及其参与者（如听课的领导、专家、教师等）的行为表现，它不是由教学内容本身所引发的课堂机遇，而是由师生等非自觉的行为表现引起，带有偶然性和突发性特征。

（3）教学内容机遇

这是指来源于教学主客体及其参与者的、由该节课教学内容所引发出来的机遇。与教学行为机遇相对，它主要指师生关于该堂课学习内容的言行表现。这种机遇具有普遍性，是较低层次的课堂机遇，把握得当，可以加深师生对教学内容的认识。

2. 把握课堂机遇的原则

（1）自然及时

把握机遇是指教师把当时突然发生或正在进行的事件融入课堂教学之中，而不是举例说明。往往是，机遇来得快，去得也快，关键在于教师的机智；机遇是自然到来的，教师抓住它并融入课堂教学也应是自然的，是"顺手牵羊"式的。对于教学内容机遇，教师也应该及时自然地给学生以点拨。譬如从一个学生回答问题所暴露出来的思维错误，既是个别的，也可能带有普遍性，教师即可以此为典型，采用让学生矫正或提出反问、递进式提问等方式，帮助学生解决这一带有普遍性的思维问题。课堂中，抓住这样的机遇，及时发现问题并解决之，可以大大提高教学效率。

（2）贴切恰当

任何牵强附会的"机遇"融入，对课堂教学都是毫无效益的，甚至可能导致学生注意力的分散和无效迁移，影响教学目标的达成。例如，一位教师在教学过程中，窗外天空突然阴云密布，空气中充满了潮湿，显得闷热。有的学生心神不定地看着窗外，老师马上朗诵了几句电影中的台词："天空出现了乌云，好像大地在燃烧。""暴风雨就要来了。"并告诉学生这是南斯拉夫电影《瓦尔特保卫萨拉热窝》中的一段对话。老师这么一说，激起了许多男生的兴趣，纷纷要求老师讲电影故事，结果导致教学混乱。

（3）目的明确

并非所有的事件和机遇都需要融入课堂。把机遇融入课堂要有明确的目的，有可溶性。这种可溶性是指能产生化解矛盾、提高兴趣、加强理解、强化效果的作用。机遇融入课堂，是为教学服务的，可溶性与针对性是一致的。例如，教师正在讲述"生态环境的保护"时，教室里突然飞进来一只小鸟，学生们肯定会有不同的反应。此时教师就应抓住"小鸟飞进教室"这一机遇，让学生谈谈如何对待小鸟以及其他的动物。在教师的引导和学生的讨论之下，教育的功能、教学的目标就自然地体现和达成了。

（4）轻松快乐

捕捉课堂机遇需要教师的机智，也需要教师的开朗乐观的性格，只有这样，将机遇融入课堂才会显现出轻松愉快、幽默风趣的情境。例如，一位农村中学化学教师，在教学"氨的性质与用途"这一课题时，突然从窗外的田野中飘来一股刺鼻的气味，学生们不由自主地捏住鼻子，原来窗外的农民正在给庄稼施氨肥。她突然说："快闻，快闻，这就是氨的气味，城里的孩子哪有这福气！"大家笑了起来，在轻松愉快的氛围中掌握了氨的易挥发性及其气味。教师对这一课堂机遇的准确、及时、恰到好处的把握，不仅消除了"刺鼻气味"对教学的干扰，而且还弥补了学校没有"化学药剂"的缺憾，使学生在轻松愉快的气氛中掌握了氨的性质和用途。

（5）精粹适当

虽然把握教学环境、行为机遇，将其融入课堂有一定的好处，但频繁使用可能冲淡教学主题，导致学生注意力分散，影响教学效果。所以，应慎用这两种课堂机遇。而对教学内容机遇来讲，教师不能仅仅满足于解答学生某一个具体问题，而应该抓住学生提问的自身价值及其中含有的更深内容或更新的角度，引导学生进一步探讨，使他们的认识达到一个更高的境界。

（二）把握课堂机遇的要领与方法

把握课堂机遇的操作要领是：

及时判明课堂机遇；

面对机遇态度从容；

迅捷将其融入课堂。

把握课堂机遇的方法很多，教师在教学过程中应视不同情况采取相应的方法。

1. 伺机而动，投情入境

这种方法多用于因天气环境变化而带来的课堂机遇，即将教学内容及时巧妙地与当时的环境氛围相融合，形成情景交融之势。一位语文教师在教学高尔基的《海燕》一课时，窗外天气突变，狂风大作，电闪雷鸣，学生们纷纷望着窗外。课是不能再按部就班地进行下去了。该老师临机一动，突然大声说："快看，暴风雨，暴风雨就要来了！"说完便转身望着窗外，高声朗诵着课文。同学们在这种配"乐"朗读的情境中，体会到作者内心的苦闷、高尚的思想感情以及对革命即将到来的向往心境⑯。这种对环境氛围的及时把握，精妙绝伦，巧夺天工。

2. 抓住契机，巧妙施教

这种方法多用于把握教学行为机遇。师生在课堂上的有些意外行为看起来仿佛滑稽可笑，极不协调，但教师如果把握得好，就可以变被动为主动，化腐朽为神奇。一位物理教师上公开课，讲的内容是摩擦力，不知是地滑还是物理老师太紧张，他在讲台上走动着讲课，突然脚下一滑，"哧"的一声差点滑到。还没等学生笑出声来，他就放下粉笔问道："刚才这一现象说明我脚下的摩擦力是大是小？""怎样才能不滑倒？"接着他又讲了汽车在什么条件下打滑以及如何防止打滑的道理。他敏捷的反应，不仅化解了难堪局面，而且更生动地讲清了知识，收到了良好的教学效果。

3. 随机引导，深化认识

课堂上，学生时常会提出一些让教师意想不到的并被认为是稀奇古怪的问题，有经验的教师一般都能抓住这些有利时机及时给以引导、启发。这样，既可培养学生自身提出问题和解决问题的能力，锻炼学生的思维，又可深化学生对所学内容的认识。著名特级教师钱梦龙先生在讲授《变色龙》时，一位学生突然发问："变色龙是蜥蜴的一种，作者为什么不对它进行说明，而要写人呢？"

师：它是一种爬行动物。我们上海人叫它四脚蛇。它的皮肤会随环境的变化而变化，形成保护色，文章用这个题目的意义是……

生：蜥蜴通过保护色掩盖自己，保护自己，与文中的警官相符。

师：文中的警官是如何"变"的呢？

生：通过态度的变化来表现。

师：变色龙是恐龙吗？为什么用这样的小动物？

生：它不是恐龙。作者用它来说明警官是一个小人物。

师：对，警察是一个小人物，他迎合大人物，不是主子，而是奴才。为了巴结、奉承将军，经常改变态度，迎合将军。所以题目有两层含义：一是说警官不断改变自己的态度、语言；一是说警官是小人物，是奴才。

这里，教师对学生的问题不急于回答，而是引导学生先认清变色龙即蜥蜴本身有什么特点，抓住富于"变"这一特点后，再联系作品中的警官，自然而然使学生抓住二者的相似点，进而认识人物的性格。但老师并不满足于此，又进一步发问，就使学生理解了人物的特殊地位，全面而深刻地把握了人物性格，加深了对文章主旨的理解。

二、处理课堂失误的艺术

古人云：人无完人，孰能无过。教师在教学过程中的失误与过错也是难以避免的。虽然经过课前深思熟虑的准备，但课堂教学过程中变化的因素有很多。教师既要参照教学设计开展教学活动，又要随时注意学生的反应，随时调整原来的设计与计划，以保证教学的顺利进行和教学任务的圆满完成。这就不可避免地会出现一些意想不到的差错与失误。如说错话、写错板书、提错问题、拿错教具、电器设备操作失误等等。发生诸如此类的课堂失误后，教师的心理状态如何，机智怎样，往往可以从其行为表现中看出他们的教学经验与教学艺术的成熟与高超与否。

（一）课堂失误的表现及处理的原则

1. 课堂失误的表现

课堂失误有许多具体的表现，就一节课而言，教学内容、教学方法、教学手段，都可能因为教师的一时疏忽而造成差错。

（1）语言失误

教学语言是教学信息（内容）的主要载体，没有教师的教学语言，就没有课堂教学。教师在课堂上的语言传递情况，验证着教师的语言修养水平。教师语言的标准、规范、亲切、自然，可以保证教学活动的顺利开展，提高课堂教学质量。反之，教师的语言表达不准确、不规范、不清晰，口头禅太多，说话太啰唆，则会影响课堂教学的顺利进行，引起学生反感、嘲笑和倦怠，降低课堂学习的质量。所以，苏霍姆林斯基说："教师的语言修养在极大程度上，决定着学生在课堂上的脑力劳动的效果。"[17]要上好一堂课，教师必须锤炼自己的语言，提高教学语言的艺术修养。

然而，即使是最优秀的教师，在课堂教学中也难免出现语言失误。例如，语音错误、语意失当、言不达意等等。之所以出现语言失误，原因是多方面的，单就口语而言，既有语言、用词、语法的问题，又有表达、听辨、回答的问题；既有讲述性口语，又有解说性口语，还有议（论）辩性口语。一堂课教学语言会涉及许多方面，教师稍一疏忽就有可能发生口语上的失误。

（2）板书失误

课堂教学中，教师的板书失误是经常出现的，如写错词句、写漏字、板书出现病句等等，甚至黑板上出现的符号、图形等都可能因紧张、疏忽而弄错。就内容而言，有课题或标题写错、写漏的失误，也有具体内容错写、漏写的现象。

（3）操作失误

这里专指教师在演示实验、教具使用、电教设备运用中出现的失误。教师的这些操作所涉及的对象一般而言对学生最具吸引力，而这些操作行为又是完成教学所必须的。所以，教师对这些对象的操作正确与否将直接影响着教学信息的准确传达和学生对教学信息的正确掌握。操作失误主要表现为在实验演示、教具使用、电教设备操作中的程序性与方法性失误。

（4）行为失误

行为失误是指除语言、板书操作之外的课堂教学中的一切来自教师的其他失误，如评价不当（不当的表扬或批评）、教态不当（如各种不良习惯在教学过程中表现出来）。教师的评价不当会引起学生消极学习情绪的滋生；教师不良的仪态、动作更会引起学生的反感。严重的甚至导致学生对所学知识的不接受、不喜欢，导致该学科教学质量低下。

2. 处理课堂失误的原则

(1) 沉着冷静

发现自己失误，应保持镇静，提醒自己不要慌乱。既不可急于笨拙地改正错误，也不能感情用事，埋怨自己，更不能乱找客观原因，给自己"下台阶"。要在克制急躁情绪的前提下积极思考改正失误的有效方法。

(2) 及时巧妙

要善于发现自己的失误，并开动脑筋，针对具体情况，巧施妙策，力争以最短的时间，迅速而又准确地改正错误，消除后患。并借矫正之机，澄清认识，预防再犯。

(3) 自然得体

矫正失误，态度要自然从容。既不遮掩，否认错误，也不草率告之，以"坦诚"自诩。要灵活针对失误的情况，具体而恰当地处理。

(4) 严肃诚恳

发现自己的失误，不能抱"无所谓"的态度，而要严肃对待。要以真诚的态度，勇敢地承认自己的"粗心"与不足，而不要认为自己承认错误，作自我批评有失教师"尊严"，在学生面前丢了面子，要通过真诚的承认失误，告诉学生谁也不是完人，都有不足，暗示学生要防止粗心大意，学会细心做事。

(二) 处理课堂失误的艺术

处理课堂失误，应该根据具体情况，根据不同的情形采取灵活机智的，能为学生接受的措施和方法。

1. 反误为机，幽默纠错

课堂上，教师漏写了板书，写错了字，或说漏了话，可以不动声色，可以幽默化解尴尬并借错施教，强化认识。例如，一位高中政治教师在教学"纸币与通货膨胀"时，将板书中的"膨胀"二字的左边都加了"三点水"。有学生发现了，在下边小声议论。这位老师从学生的神态中感觉到是自己的板书出了问题，于是他回头一看黑板，问大家："我的板书有什么错吗？"许多学生回答："'膨胀'

写错了,'膨胀'不该注水。"老师装出似有所悟的样子说:"哦,对了,'膨胀'两字的偏旁部首是'月',古汉语也可读'肉',如果在肉里注水,那不就成了给猪肉、牛肉注水,坑害消费者的不法商贩了吗?我可不能变成不法商贩!"老师的幽默纠错迎来了学生们的笑声。笑声中老师用黑板刷擦去了多写的那两个"三点水",接着说:"同学们想一想,通货膨胀既然是指'纸币的发行量超过了流通中所需数量,导致纸币贬值','物价上涨',就像老百姓所说的'钱不值钱了',出现了虚假的泡沫,不也有点像'注水猪肉'一样,货不真、价不实吗?所以,经济运行中国家要像防止'注水猪肉'流入市场那样,去防止恶性通货膨胀的出现,保证国家宏观经济健康、稳定地向前发展。"老师及时、从容、机智、幽默地利用学生的发现纠正了自己的错误,同时又强化了学生对概念的理解,增强了学生们的记忆。

2. 以诚改错,巧用资源

教师在课堂上出现失误,被学生发现是件好事,要敢于认错,并感谢纠错的学生,而不要觉得"没面子",甚至训斥学生(或讥讽)。面对失误,教师要实事求是,心胸坦诚。或从错误中引出教训,使自己和学生都加深认识;或设法巧妙改正(如请学生上讲台纠正教师写错、漏的字等等),运用好学生这一教学资源。

一位教师在公开课教学中运用多媒体课件,操作时可能太过紧张,图像总是传送不出去,急得不知所措,在耽搁了很长一段时间后,终于在一位学生的帮助下解决了这一难道。课后评议时,这位老师深有感触地说:"如果从一开始我就请学生来帮助我,而不是'死要面子活受罪',我也就不会那样焦急,那样尴尬和手忙脚乱的了。从今天这节课中,我认识到,要有勇气在学生面前承认自己的不足,并虚心向学生学习。学生既是学习的主体,也是学习的资源,今后我要更主动地运用好学生这一课堂资源。"这位教师坦诚的发言,引起了许多参加课后评议活动教师的共鸣。

3. 转换话题,巧妙回答

有时教师提问失当或叙述错误，可以借机转换话题，巧妙自答，或反问学生：刚才老师的叙述是否有错？错在何处？如何纠正？这样做，一可以化解因教师失误而出现的尴尬局面，二可以激发学生学习思考的兴趣，集中学生的注意力，甚至创设出良好的课堂学习情境。一位语文教师在某校上《小珊迪》公开课，一名学生起来朗读课文很生动感人。读完后，老师问："你为什么能读得这样好？"问得这位学生不知所措，难以回答。老师微笑着说："同学们，他读得好，是因为他是用心去读的，他动了真情，现在他还沉浸在课文里，很激动，说不出话，让我们以热烈的掌声感谢他并请他坐下，好吗？"在同学们的鼓掌声中，这位同学走出了被老师提问所设置的窘迫困境，高兴地坐了下来。

其实，这堂课老师的提问很唐突，学生难以回答老师"为什么能读得这样好"的问题，于是他很窘迫，不知如何回答。老师也意识到这个问题提问失当，本来是想表扬学生朗读得好，结果反而使学生陷入尴尬境地。也正是因为这位老师的随机应变，巧妙自答，将学生回答不出提问的原因与他朗诵动了真情联系起来，既表扬了学生，使学生从窘境中解脱出来，也同时挽回了自己的不恰当提问带来的失误。

三、解决课堂意外的艺术

课堂意外，又称课堂上的偶发事件，它是特指在课堂教学过程中，来自环境和学生行为的，影响正常教学的事件和情况。如学生在课堂上的恶作剧，同学间由于各种因素而引发的突然间的矛盾、冲突，影响（干扰）正常教学的突发事件（如气候突变，教室外突然发生吸引学生注意力的事件等），学生课堂上的突发奇问等等，每位教师都或多或少地经历过。要处理好这些偶发事件，顺利开展课堂教学，提高课堂教学效率，就必须讲求解决课堂意外的艺术。

（一）课堂意外的种类及解决的原则

1. 课堂意外的种类

(1) 学生行为失当

学生行为失当是指在课堂教学中，学生有意无意地干扰课堂秩序，违反课堂纪律的现象。如互相吵闹、打架、摔文具等，其中学生的"恶作剧"是最常见的失当行为，如男生在女同学文具盒中放入苍蝇、虫子，在同学座位下放死老鼠，在同学起立时挪开凳子，往前座同学背上贴纸捉弄人等等。这些现象一般影响较大，往往导致教学在短时间内难以正常进行。

(2) 教学环境失常

教学环境失常是指在课堂教学中，教学的场景突然发生非常的变化，以致影响正常教学的现象。这种环境失常又分为教室内环境失常与教室外环境失常。教室内部的环境失常主要有：上课时学生突然发病或身体严重不适，电化教学时突然停电，化学、生物实验时突然停水，操作录音机、电脑时设备突然发生故障，导致教学条件改变，教学过程暂时中断；教室外环境失常主要有：正在上课之时，学校周边突然鞭炮齐鸣、锣鼓喧天、音乐高奏。老师正讲着课，几只小鸟（或蝴蝶、蜜蜂之类）突然飞进教室，绕梁不去……这些情况的发生，必然会分散或转移学生的注意力，干扰正常的教学秩序。

(3) 学生问答出乎意料

学生问答出乎意料是指在课堂教学中，学生没有按教师原来设计的思路回答问题，或是学生向老师提出了一些始料未及的问题，令老师难以应答的现象。这类现象与教学内容密切相关。学生出乎意料的问答有两种情况：其一是故意向老师发难，提问题"考"老师，以图出老师的"洋相"；另一种是一些学生确有疑难问题需要老师帮助解决，或自己有独到的见解和新颖的思路回答老师的提问。然而，无论哪种情况，如果处理不好，都可能影响到学生对教师教学的信任度、对学习的兴趣以及学习效果。

(4) 教师教育行为失当

教师教育行为失当是指在教学过程中，面对学生非学习行为

（如吃东西、睡觉、看课外书、做其他学科作业，传递纸条等）而采取的违背教育规律和教学原则的行为。教师的教育行为失当，可能会导致师生矛盾的产生，对立情绪的加重，甚至由于教师不冷静而产生的武断行为，还会激化矛盾，使教学秩序发生混乱，教学无法继续下去。

2. 解决课堂意外的原则

（1）及时、冷静

课堂意外一旦发生，教师就应马上作出反应，但切忌头脑发热，凭感情处事。要善于冷静处理，在心里默默地告诉自己：别着急、别动怒，总有解决的办法。并力争在最短的时间里消除或控制住意外事态的发生、发展。

（2）积极、主动

无论发生哪种课堂意外情况，教师都必须积极主动思考应对的办法，争取主动，变不利为有利，而不能消极对待，任其自然发展。要尽其所能将事态向着有利于课堂教学的方向发展，或者将其作为一种资源，为己所用。

（3）机智、灵活

面对课堂意外事件，要根据具体情况选取解决的方式方法，做到随机应变、灵活处置。这其中，教师面临突发事变时所拥有的机智非常重要。一切拘泥于某种固定的方式、方法，生搬硬套地应付各种意外事变的做法都是低效的、无效的，甚至是事与愿违的。

（4）真诚、自然

解决课堂上出现的意外情况，尤其是学生行为失当中的"恶作剧"时，教师一定要以真诚的爱心去感化学生，真诚、自然地去肯定学生的长处和闪光点，从而使学生自觉地认识并改正自己的错误。切不可"即以其人之道，还治其人之身"，激化矛盾，造成难以调控的混乱的课堂教学局面。

（二）解决课堂意外的具体方法

1. 心胸开阔，幽默解围

课堂上爱出风头，喜欢搞恶作剧的学生从来都有。面对这样的学生、教师只要把他们看成是受教育的成长中的孩子，是鲜活的有情感与思想的、可塑性强的人，就会以诚相待，用善意去理解他们的失当行为，以妙语和出人意料的行为去化解自己的一时之气，去缓解课堂上出现的紧张气氛，解除令人难堪的局面。如解放前一位老教授叫姚明晖，他体弱清瘦，却总是穿着肥大的衣衫。入冬后，又头戴大风兜，远看只露一副眼镜，一个尖尖的鼻子，一撮翘翘的山羊胡子，样子很滑稽。一天去教室上课，不知谁在黑板上画了一只人面猫头鹰，而那人面却酷似这满腹经纶的教授。姚老先生定睛一细看，但毫无愠色，并拿出一支粉笔，一本正经地在漫画旁写道："此乃姚明晖教授之尊容也。"姚先生的从容调侃，引来了学生的哄堂大笑，那提心吊胆的漫画作者也从此对姚先生产生了一种"高山仰止"的尊敬，课堂也在姚先生的幽默之中进入了一种教学的"化境"[18]。还有一位历史教师，在讲到20世纪50年代中国发展工业时，广大农民为了国家建立起独立自主的工业体系而做出的奉献与牺牲。老师说："大家想像一下，当农村大娘将散发着母鸡体温的鸡蛋放入竹篓里，准备支援国家建设时，那是怎样的一种情怀啊！"说完，又幽默了一句："那可都是土鸡蛋哦。"学生都笑了。突然，一名学生"咯咯大、个个大"地学着母鸡叫了起来，其他学生都以为老师会严肃批评，教室里一时显得有些紧张。哪知这位老师马上笑着说："同学们听，刚才（母鸡）又生下了一个蛋。"教师的机智与幽默，化解了刚才突然紧张起来的课堂氛围，更创设了一种轻松自然的教学情境。

2. 视情而动，见机行事

对于教学环境失常一类的课堂意外，教师可以根据事件本身的性质、特点，及其与教学内容和学生的联系，有效地把握事态，巧妙地给学生以引导，以至妥善解决意外。有位政治教师曾讲过这样一件事：一次，在讲《事物发展的状态》时，我让一位男生举例说明"坚持适度原则的正确性"。该生回答完问题正欲坐下，不料摔倒了,立即引起了全班同学哄堂大笑。同学们边笑边把目光转向了老师,看我究竟怎样处置此事。当时,虽说我也注意到是同学之间不合时宜地开了个玩笑,但并未发火训人,反而神情自若、巧妙风趣地讲:"某某同学也许是因为刚才对老师的提问回答得很好而激动了吧,以至于失去了身体的稳定性。由此看来,'凡事都要注意掌握分寸,坚持适度的原则'非常正确!"同时,我把严肃的眼光投向开玩笑的同学,与他的目光进行了短暂的交流,传递了老师的情感与态度。

这位教师这样解决课堂意外,既不会打断正常的教学秩序,影响这节课的教学,也不会挫伤违纪学生的自尊心而造成师生情绪对立,而是结合教学内容,在看似不经意之中妥善解决了由学生恶作剧而引发的教学环境失常的意外事件,保持了轻松愉快的课堂情境,使教学得以顺利进行。

3. 把握时机,化害为利

课堂意外,有许多也是由外部环境失常引起的,如果教师把握得好,处理得巧妙,不仅可以消除不利影响,而且还可以起到调节课堂气氛的作用。例如,一位地理教师上课时,突然大风把悬挂在黑板上方的地图吹掉,而地图又恰好落在了老师头上,引起全班学生的大笑。这位老师不慌不忙,他重新挂好地图,接着轻轻转过身来,暂停片刻安定一下学生情绪之后突然问道:"刚才老师讲到什么地方了?"这一提问的时机恰到好处,立即引起了学生的追忆,他们自然地止住了笑声,注意转移到教学内容上来,学生的思维与教师同步了,教学活动也就能井然有序地进行下去了。[19]

第四节　课堂教学中的其他艺术

作为教师娴熟地运用教学技能技巧,遵循美的规律而进行的个性化的独创性的教学实践活动,教学艺术的具体种类还有很多,如教学中的语言艺术、提问的艺术、板书的艺术、教学启发艺术、教学布白艺术、教学幽默以及教学媒体的运用艺术等等。限于篇幅，本节只对教学中的语言艺术的运用、提问的设计艺术和教学中如何运用媒体等三种教学艺术进行简要叙述。

一、课堂教学中的语言艺术

教学语言是教师最重要的教学基本功，教书育人，确实要靠"嘴劲"。运用美的、富有艺术魅力的语言去完成"传道、授业、解惑"的任务，是离不开教学语言这个有力的"工具"的。教师的教学语言修养良好，就会使教学更生动、信息能更准确地传递到学生的脑海中，储存在他们的记忆里；教师运用准确的语言教学，可以帮助学生养成正确的用语习惯，使思维更严密、更有逻辑、也更具有灵动性；规范而优美的教学语言还可以化解教学中的许多矛盾，使学生与教学环境保持平衡，最大限度地调动学生学习的主动性，并在最大限度上给学生以美的熏陶。正如苏霍姆林斯基所说的那样："教师的语言——是一种什么也代替不了的影响学生心灵的工具。"[20]教师"高度的语言修养是合理利用教学时间的重要条件"，"在很大程度上决定着学生在课堂上的脑力劳动的效率"[21]。

（一）课堂教学中的几种语言艺术

课堂教学中，教师的语言大致有导语、提问语、阐释语、应变语和结束语等。教师必须根据各类用语的作用、特点，把握好运用的艺术。

1. 导语的艺术

导语，常常用于一节课的起始和一个问题的开头。它的基本任务是激发学生学习的欲望和兴趣，使学生对将要学习的内容产生好奇感，引导他们进入预定的教学轨道，揭示本节课的学习内容等。使用导语要巧设引人入胜的开头，防止千课一"招"，平淡无奇。导语有故事式、激情式（如演讲开头）、悬念式（在创设情境的故事中提出问题或留下悬念）、猜谜式，等等。

2. 提问语的艺术

在教学过程中，教师多采用发问形式开发学生的智力，唤起学生的思维活动。提问语是教学走向深入的阶梯，是触发学生思维火花的引信，是启发学生觉悟的契机。教师应该不断提高提问语的运用艺术。其基本要求是：

（1）问题清楚，目的明确。提问要使学生能听懂，知道该如何回答。不能设计一些不疑不问或与课题无关的莫名之问。要精心组织教学语言，准确把握问题的适用范围、深度与广度。

（2）讲究问的层次性。提问时，教师要有整体感、全局观，先问什么，最后问什么，都要有条有理地进行，而不出现混乱。提问一般是由浅入深、由表及里，层层递进，这样，学生也才可以顺着老师的引领作层层深入的回答。

（3）讲求问题的宽窄配合。既要有单一的提问，又要有多项的、有多个解答思路的提问，让不同的学生分层次思考和回答不同的问题，使他们处在和谐的信息交流之中。

（4）注重启发，引导思考。问题的提出，从内容到语气都应能够激发起学生的思维兴趣，不要简单发问。

3. 阐释语的艺术

阐释语是教师向学生传授知识和技能时进行叙述与解释的语言。它是使用频率最高，运用最广泛的教学语言。要将一个全新的知识和学生不明白的问题传授给学生，讲好阐释语非常重要。教师既要把概念原理等知识性的东西解释清楚。又要把怎样做的方法、要领传授好。所以，阐释语要规范、明了、准确、流畅、通俗、生动、富有趣味性和启发性，使学生不会产生厌倦和疲劳感，而是始终处于良好的精神状态之中，愉快地进行学习活动。

4. 应变语的艺术

应变能力是人的一种重要的能力，应变是教师教育机智的反映。它是根据学生接受能力灵活调整的语言。在课堂教学中，师生双方的活动处于错综复杂的状态，往往会出现一些意想不到的情况。这就要求教师敏锐地发现问题，适应千变万化的场景，灵活、及时地用应变语去驾驭课堂教学。应变语要求教师有敏捷的思路,善于顺着学生考虑问题的轨迹,找出症结所在。要尊重学生,因势利导,用画龙点睛的话语使学生幡然醒悟。

5. 结语的艺术

结语包括小结语和总结语。它可以是一堂课的,也可以是一个问题的结语。结语的作用在于让学生当堂消化、理解、巩固、强化新学的知识,并帮助他们理清思路,强化对所学知识的记忆。结语要求语言简洁、明了、清晰,起到提纲挈领的作用。教师要善于创设让学生感受深刻、回味久远的结语。要防止只作简单的重复,草草收场。结语常用的有总结式、评判式、歌谣式、诗词诵读式、布置任务(如作业)式等等。同时,结语不要停留在一般内容的泛泛归纳上,而应通过结语让学生运用已有的知识去想像,去丰富和补充,去引出新的知识和问题。

(二)课堂教学中语言艺术的运用

在课堂教学中,教师不仅要重视各类语言内容的艺术性,同时还要讲究语言表达技巧的艺术性。

1. 掌握发音技巧

在教学中,教师语言应力求标准、清脆、圆润、悦耳,吐字必须清楚、完整、准确,要提倡讲普通话,尽量不用或少用方言土语(音)。如果教师说话发音不准,咬字不清,囫囵吞枣,或偏用鼻音,或只用口腔,不仅声音听起来很乱,使人不舒服,影响语言内容的表达,而且这样长时间将气息压迫在喉咙上,久而久之会导致声带负担加重,咽喉处于疲劳状态,出现嗓音沙哑、嗓子疼痛的现象,影响教学效果。所以,教师必须掌握正确的发音技巧,根据语言学的发音原理,勤于锻炼,倍加注意。

首先,要学会正确的吸气,使用好发音的动力部分。即是说在讲课时应多吸一点气,吸得深一些,气息量多了,就可以避免因气息不足而加重声带的负担。

其次,要正确调动自己的"共鸣腔"——胸腔、口腔、鼻腔、咽腔和脑腔，形成一个音色优美的"组合音响"，不能偏于任何一个"音箱"，要让"五腔"都被调动起来，发挥其各自的功能，使之畅通，正如中医学所讲："通则不痛、痛则不通。""五腔"畅通，说话轻松；还可以防止咽喉形成水泡，防止咽道息肉的产生。

第三，要正确使用舌、齿、唇，有意识地放大它们的使用幅度，要坚持经常性地矫正自己发音方面的缺欠，以增强语言的表达效果。

2. 掌握语调技巧

语调是教师课堂教学中最常运用的语言行为。人说话时都会存在一定的语调。与一般语调相比，教学语言的语调有它的独特性：洪亮、自然、优美、适度。教学中教师应该掌握好语调的调节。

首先，语调要高低相间、强弱相伴、长短相随，要抑扬顿挫、错落有致。要根据教学语言内容适当变换语调类型。语调一般可归纳为：高亢、沉郁、短促、平缓四种类型。一节课单独采用哪种都不好。如果整节课教师自始至终用沉郁或平缓的语调，常会导致学生精神不振，感觉枯燥无味而昏昏欲睡；如果整堂课都用高亢或短促的语调，又会导致学生精神紧张，心情烦躁。所以，语调的运用要根据教学中的语言内容恰如其分、灵活地选用。

其次，语调应有"营养"，富有音韵感，使学生感觉亲切、柔和、有"磁性"，这样的语调能强化教学语言内容的吸引力。

3. 掌握节奏技巧

教学语言非常讲究节奏。许多年轻教师，特别是初上讲台的教师讲课时语速很快，导致学生思维长时间处于高度紧张状态，生怕听漏了教师所讲内容，久而久之产生听觉疲劳，使一些学生跟不上教学进度而逐渐失去学习的兴趣；另有少数教师、甚至教学生涯较长的教师，则由于种种原因，上课时讲话"慢条斯理"，缺乏节奏，让学生昏昏欲睡，难以集中心思学习。所以，节奏的急缓快慢直接影响着学生的思维活动，影响着该节课的教学效益，教师应当注意并把握好语言节奏的运用艺术。教学语言的节奏必须是以语言内容所表达的情感为基础的，离开了真情实感，离开了教学内容的具体场景，就不会有真正良好的语言节奏。在教学过程中，教师应根据教学的语言内容以及学生在学习中的情绪状态，机智灵活地调整自己的语言节奏，做到快慢得当、急缓适宜，既不可一口气说到底，滔滔不绝，不给学生以思维的时空；也不能慢吞吞，让人心急，令人生厌。

4. 掌握自控的技巧

教学语言的自控性是指教师在教学中善于控制自己的语言，能够自我意识到自己言语信息输出的情况，并及时准确地调控自己言语的速度、节奏和韵味等。教学语言失控，一般表现为语无伦次、词不达意、重复啰唆、杂乱冗繁等现象。还有的教师为表现自己的"博学多才"，常常借题发挥，"天马行空"，以致越扯越远，失去控制，既剥夺了学生的主体地位，使学生无法主动地参与到学习中去，又影响了教学目标的达成。

要防止以上情况的发生，就必须掌握教学语言的自控艺术，在新课程理念指导下开展教学。具体有以下几个方面：

首先，要认真备课，精心设计教学语言内容及表达技巧、方式。这样，教学时就能自我暗示，做到有备而讲，运用恰当。

其次，要认真设计学生的学习，让自己少讲、精讲，让学生多讲。要精心设计学生的讨论题目，设计学生自主、合作、探究学习的方式，发挥学生作为学习主体的作用。这样，既可以腾出时间和精力去引导学生学习，发现学生在学习中存在的问题，并帮助他们及时改正，又可以减少教师因"满堂灌"而带来的教学语言失控现象。

第三，课堂上时常提醒自己，特别是注意易于失控的环节。如心情好时的借题发挥，扯得太远，心情不好时的忽略主题，纠缠于某一环节；讲得顺心时的随意引申，讲得无味时的偷工减料。

第四，培养自我监听能力。对自己的教学语言应心中有数，要用耳朵去监听自己的语言输出情况，必要时可录音，课后去发现问题。这样，可及时调整，在新的教学中加以改正和补充。

二、课堂提问的设计艺术

教学提问艺术是指教师以提问为手段进行课堂教学的实践活动。教师教学提问艺术水平的高低,直接影响着课堂教学的效率,甚至影响着教学的质量。优秀教师总是勤于并善于在课堂教学中巧设疑问,层层递进,深浅适度,灵活多样的提问常常激发起学生的思维兴趣,使课堂上呈现出波澜起伏、生动活泼的场景。所以,提问是增进师生交流,集中学生注意力,促进学生思维,调动学生主动参与教学活动,评价教学效果以及推动学生实现预期目标的基本手段,是课堂教学艺术的重要组成部分。

(一)提问的有效性

在教学实践中,教师需要认真钻研提问的技巧,提高教学提问的艺术水平,以保证教学的质量和效果。

1. 高效提问的标准

(1)提问的准确性、适度性和层次性表现出教师对教材的深入研究与对学情的正确掌握。

(2)提问与全班大多数学生的智力和知识发展水平相适应,并关照了不同智力与知识水平学生的差异性需求。

(3)提问能在不同层次和不同的角度激发起学生学习与探究的欲望,能引发学生的思趣。

(4)提问能直接、迅速地引导学生进入问题的思维情境之中,并有助于实现教学过程中的各项具体目标,进而从整体上实现课堂教学的三维目标。

(5)提问富有启发性,既能使学生自省,又能引发学生思维的多样性(适度的发散)。

(6)提问用语精确,意思清楚,并且能"一石数鸟",一个问题的解决有助于多个问题的连环解决。

2. 低效、无效提问的表现

(1)提问目标指向不明确,要解决什么问题(是知识性的还是方法性的,是哪样的知识和方法)不清楚、不具体。

(2)提问很零碎,不系统。一堂课的提问带有随意性,靠"灵机一动"提出问题,而不是备课时设计好,提问零乱,缺乏环环相扣的逻辑系统,导致学生对所学内容的掌握也表现出零散和不系统。

(3)提问无视学生的年龄特征、个体差异和能力大小,导致浪费时间,学生失去信心与兴趣,效率低下。

(4)提问词不达意,让人莫名其妙,难以回答,或答非所问。

(5)提问后不给学生以思考、交流的余地,不"留白"(没有间隔和停顿)。

(6)提问时感情用事,不重师道。训斥学生,制造紧张空气,抑制其他学生思维,导致教学的生态环境恶化。

据有关资料显示,国内中小学一般教师平均每堂课的有效提问仅有56%,即是说,教学中仍有将近一半的提问是低效的甚至是无效的。所以,深入探究教学提问的艺术,提高教师教学提问的艺术修养,对于保证和提高中小学课堂教学质量,落实新课程所倡导的课堂教学理念,都具有极为重要的现实意义。

(二)课堂提问的设计

1. 依据教学需要,关要之处设问

教学需要是提问设计的客观依据。教学过程中需要设置问题,用提问引发学生思考,激起他们探究的兴趣。课堂提问虽非"满堂皆问",但也必不可少,且应精心设计以确保有质量,能实现预定的设问目标。课堂上,必须的提问主要在以下三处:

(1)理解教材的关键之处。是指那些对学生的思维有统领作用,"牵一发而动全身"的地方。例如高一年级《思想政治》第一课中的"劳动生产率"概念,就是具体地分为"个别劳动生产率"和"社会劳动生产率",只要弄清楚了二者与"商品价值量"的关系,那么对"社会必要劳动时间决定商品价值量"以及"劳动生产率—社会必要劳动时间—商品价值量"三者之间关系的理解也就清晰了。此处,一位教师的提问是:"商品的价值量是由社会必要劳动时间决定的,而社会必要劳动时间又是由什么决定的呢？是社会劳动生产率决定还是个别劳动生产率决定？为什么？""个别劳动生产率与商品的价值量有没有关系？为什么？"问题问到了点子上、关键处，引起学生思维的兴趣，他们运用刚学过的知识展开热烈讨论，进行逻辑分析，得出了"社会劳动生产率的提高，导致社会必要劳动时间缩短，使单位产品价值量减小"的结论，并分析出"个别商品生产者率先提高个别的劳动生产率，不会直接带来单位商品价值量的变化，但在同一时间里，他生产的产品数量增多，质量提高，按照社会必要劳动时间所决定的商品价值量出卖，他就赚钱。所以，在同一时间里，个别商品生产者的单位商品价值量不变，但商品数量增多，价值总量增大，而且，随着个别生产者之间的竞争，必然带来社会劳动生产率的提高，单位商品的价值量也会因此而降低（减少）"的道理，进而弄清楚了以上几个概念之间的关系。

（2）学生认知矛盾的焦点处。这是指学生在认知最感困惑的地方，往往这也是教材的重点或难点之处，在此处设疑提问，也容易引起学生的积极思维与兴趣。例如，一位物理教师在讲到把电流计改装为伏特计以测量电压时，向学生提出了两个问题：a. 如果把电流计并联在电路两端，用电流计测出的电压是不是原来电路两端的真正电压？b. 通过电流计的电流是不允许太大的，如果把它并联在电压较大的电路上，电流计本身会出现什么问题？从这两方面看，矛盾都集中在电流计的电阻太小这一点上，如何解决这个矛盾呢？两个问题的提出都是为了帮助学生解决认识上的难点。通过老师与学生的讨论、启发，学生很自然地得出应在电流计上串联一个阻值更大的电阻的结论。

（3）貌似无疑实则蕴疑之处。看似无疑是学生学习思维停留在浅表层面的反映，不是真的没有问题，而是学生没有发现深蕴其中的问题。教师在该处提问激疑，可以促使学生的思考更深入，更接近对问题本质的理解，有助于培养学生发现问题、解决问题的能力。例如，在高一政治课教学中，讲《按劳分配为主体，多种分配方式并存》时,在"既然是按劳分配,为何在不同的行业付出等量等质的劳动,其报酬却不尽相同,这是否违背了按劳分配原则"处设疑,引发学生思考。又如,一位语文教师在教《截肢和输血》一课时,看到学生在学习中提不出问题,就转身在黑板上写道:"课文中为什么不详写白求恩如何为伤员截肢?"学生因这个疑问得到启发,对课文中略写或略去的其他景物、人物、动作细节都提出了问题,形成教学高潮。

2. 组成简明合理的问题结构

首先,设置的问题要合理,即提问的内容在哪个范围内(称为"问域"),提问大而无当,或问域太狭,小而无当,都会影响到提问本身的实际意义与价值的大小。这就是说,提问必须有恰当的问域。同时,提问的预设(题设中的判断)必须明确,能给人以清晰、鲜明的认识。其次,教师所设计的问题结构不仅要合理,而且要简明,要有利于学生理解其意。教师提出的问题简明扼要,使学生听了之后,能够把问题记在头脑中,强化刺激,便于不断思考答案。如果一个问题冗长繁杂,听了后半句,忘了前半句,便很难把握问题的中心,使学生无从回答。而且,问题冗长,拖泥带水,也容易使学生在心理上感到厌烦和乏味,有时连听也不愿听,就更谈不上积极思考了。所以,问题的简明性和提问的有效性有着直接的不可分割的内在联系。

3. 设计恰当的问题难度与坡度

设计恰当的问题难度是指教师的提问应遵循一定的认知规律,从学生的认知能力、已有知识和经验的实际出发,针对不同的学生差异。问题既不可太浅显易答,无多少思考价值,也不可太深奥,脱离了学生的认知水平,艰涩难懂,或让人云里雾里,不知教师问的是什么。问题的设计要让学生通过思考、讨论交流后能够回答,即问题的设计应符合学生认知的"最近发展区",让学生"跳一跳能够摘到桃子",激发学生思考和回答的兴趣。设计恰当的问题坡度,一般是指在对一重点或难点知识的解决一突破时,提出的一组问题而言,这样的问题坡度一方面要照应知识本身,另一方面又要照应不同智力能力与知识水平的学生,多采用由表及里、由浅入深的层层递进,逐步搭阶造梯式提问方法。同时,在提问过程中向学生抛出恰当的信息资料,进行一定的思路引领,帮助学生"愤悱"是很有必要的。只有这样,学生才能够在教师的启发下通过自己的努力,做到拾级而上,步步升高,答疑解难,直至认知的最高处。

三、教学媒体的应用艺术

课堂教学中,恰当地选用教学媒体有利于更好地开展教学活动,形象、直观、生动地展现教学内容,对于教学目标的达成有很大的帮助。但是,教师有时候即使选择出了理想的教学媒体,也并不等于就会产生最佳的教学效果。为了获得最佳的教学效果,教师还必须注意教学媒体的应用操作问题。

(一)教学媒体的常见应用操作方法

1. 实物展示法

这是一种通过实物展示,使学生直接观察到实物的某些特征或实物之间的关系,从而举一反三,或者引入课题、或者形象说明道理,或者准确把握概念的方法。例如英语单词学习中的"看物说单词"与"看物说句子";语文教学"荷塘月色"时展示绘画或摄影作品;理科教学中的实验展示;哲学教学"矛盾"概念时以磁铁作教具,说明N极与S极的相反相存的对立统一关系……

2. 图示分析法

这是一种利用教学挂图、投影媒体的图形解析功能,对教学内容进行分析,引导学生积极思维,使其认识由形象直观生动的感性过渡到抽象间接理性的一种方法。这种方法的运用极为广泛,如栩栩如生的人物肖像画,描述事物相互关系或发展过程的示意图,风趣形象的幽默画,说明抽象原理、概念的图解,寓意深刻的宣传画,直观清晰的统计图等等,都可以运用于各学科教学。

3. 音像播放法

这是一种通过播放录音、录像，运用幻灯和计算机 CAI 课件等来传递教学信息，创设教学情境，渲染教学气氛，使学生充分感知，激情投入，展开类比、联想，并从中悟出基本道理的方法。如语文教学抒情散文、诗歌时的配乐朗读、配画面朗读；历史教学中的历史电影片断播放；英语教学中的听力训练、英语影视欣赏；生物、化学、物理教学中的科普知识影片、幻灯片以及计算机 CAI 课件动画演示等等。如果音画同步、动静结合演示，教学效果更为理想。另外，还可以在课堂练习和复习时，运用投影片展示各种习题，帮助学生检查学习效果，搜集反馈信息以调控教学过程。音像播放法，要求教师根据学科特定的教学目标和专门的课题，或剪辑制作专题教学片、专题音乐（歌曲），或进行多种教学媒体的优化组合，以达到最佳的视听效果，激发学生思维兴趣，从而提高课堂教学效率。

（二）教学媒体应用操作时应注意的问题

学科教学过程中，教学媒体的演示与运用一般要经历预先演示（操作）——心理准备——展示媒体——指导观察——提示要点——反馈调控等阶段。在这一程序运行过程中，教师应注意以下问题：

1. 全面规划，认真准备

教师对教学媒体的操作演示程序要统筹考虑，全面规划，合理安排，并进行细致的准备。对现成的物品或其他复制来的媒体材料，教师必须在上课前预演、预看、预先操作。对于那些内容复杂或运行时间过长等有碍学生学习的内容，要妥善处理。对使用的媒体设备要事先检查，同时要调整好设备位置，为教学安排好一定的使用环境。在展示媒体之前，还要求帮助学生做好心理准备，即演示之前向学生说明要观察什么，为什么要观察、怎样观察以及观察中应思考哪些问题等等，使学生处于迫切想观察的积极的心理状态。

2. 适时展示，恰到好处

教学媒体展示时机要建立在教学目标、教学内容和教学媒体三维立体关系的基础上，符合学生课堂学习的心理流向。教学媒体是受教学目标和教学内容制约、并为之服务的。由此出发，教学媒体的最佳作用点应该是：新课导入，激发动机；提供事实，形成表象；揭示规律，强化重点；创设情境，突破难点；提供示范，加强训练；总结归纳，升华认识。此处，从教育心理学的角度看，学生在课堂学习中的心理流向是按照非规则的正弦曲线发展的。课堂教学效率的高低，主要取决于学生的学习兴趣是否浓厚，情绪是否高涨，注意是否集中，感知是否清晰，思维是否活跃等等。因此，从学生的心理流向看，教学媒体的最佳展示时机应该是：学生学习兴趣淡化之时、情绪低落之时、注意分散之时、感知模糊之时、思维抑制之时等等。这样，才能促进课堂教学从无序向有序发展。

教学媒体的展示除了要追求最佳时机外，还应注意教学媒体展示的内容及方式对学生所产生的心理影响。譬如，直观展示易于唤起学生表象；简洁的展示易于使学生集中注意；突出特征的展示可以帮助学生理解与记忆；有组织的展示则更有利于学生系统学习并牢固掌握等等。这些问题都是教师在教学中应当引起关注的。

3. "演""讲"结合，指导观察

在进行媒体演示时，是教师不停地讲解代替学生的观察，还是让学生在教师的指导下自主地去观察，自主地解决问题，这是传统教学理念与新课程课堂教学理念在媒体演示教学中的本质区别。"演""讲"结合，有计划有步骤地指导学生自主观察、思考现象与本质间的联系，是媒体演示的重点。

教学媒体能提供生动、直观的视听信息。然而，获取这些信息并不是教学的目的。何况单一的演示往往欠深刻，单纯的讲解往往又太抽象，所以，教师既要通过演示发挥媒体的优势，又要充分发挥语言的作用，使演示与讲解有机结合起来，通过讲解使直观与抽象相结合、视听与思考相结合，引导学生在充分感知的基础上，对直观材料进行思维加工，形成概念，把握本质和规律，加速从感性认识上升到理性认识的升华过程。这对于学生掌握知识、培养情感、发展想像、启迪思维、形成智能等都具有重要的意义。

当然，教师在教学过程中应当怎样将"演""讲"有机结合，要视具体教学情形而定，不可一概而论。但必须明确，教师的演示要操作熟练，具有一定技巧，对那些重要或变化较快的部分，教师可作必要的"定格"或暗示；教师的讲解要准确精炼，重在观察方法的指导，给学生以思维的启迪。

4. 提示要点，总结归纳

无论是教师的讲解还是学生的观察，都是对现象、过程的具体了解。在这些现象、过程中，哪一方面或几方面是重要的或本质的，在教师讲解或学生观察之后，教师要画龙点睛地指出，以使学生进一步理解学习的目的和意义，抓住要点系统掌握知识。

5. 核查理解，反馈调控

教学媒体的演示系统是一个新型的控制系统。它的维持与发展有赖于不断地进行调节与控制活动，而调节与控制的行为一定要建立在充分把握反馈信息的基础上。教师通过提问等活动检查学生是否理解了所观察到的现象，是否掌握了现象中反映出的知识，就是获得反馈信息。这就要求教师要善于甄别学生反馈形式的内涵，洞察学生反馈信息的形式，判断其正确的意义指向，有效地利用学生的反馈信息，以实现既定的教学目标。

课堂教学艺术的种类繁多，本章所述的教学情境创设艺术、课堂教学的应变艺术以及教学中的语言艺术、提问艺术和教学媒体的应用艺术等，都仅仅是教学艺术的几个重要的方面，而不是全部。教学的对象是充满灵气、富有智慧之光的人，而不是物。所以，任何教学艺术，无论多么高超精湛，都必须是为促进学生的学习，进而提高学生的素质、促进学生的全面发展服务的。这是一切教学艺术的根本法则。

听课　说课　上课

附：
案例一：

"你们的预言实现了！"

公开课上，化学教师在演示实验前讲道："当我们把燃烧着的金属钠伸到装满氯气的集气瓶中时，将会看到钠剧烈燃烧并生成大量白烟。"

同学们的目光凝聚在集气瓶中，等待着上述现象的发生。然而，集气瓶中出现的不是白烟而是黑烟。

全班大惊！

老师皱着眉头，思索片刻，带着微笑问同学A：
"你看到了什么？"

学生A不语。他是化学课代表，他为自己所尊敬的老师在公开课上出现的课堂事故感到担心。

然而，老师仍在为学生鼓气：
"实事求是，看到什么说什么！这才是科学的态度！"
"老师，我没看到白烟，而是黑烟！"A鼓起勇气回答。
"你的观察很准确。"老师在勉励学生，并进一步启发：
"这样看来，刚才燃烧的东西不是金属钠了。可是，这的确是块金属钠。那么，刚才为何冒出黑烟呢？请同学们回忆一下金属钠的物理性质与其贮存方法。"

全班活跃起来了。

学生C抢着发言："金属钠性质活跃，不能裸露在空气中，而应贮存在煤油中。"

"你说对了！"老师怀着歉疚的心情向大家介绍，"由于我的疏忽，实验前没有将沾在金属钠上的煤油处理干净，结果发生了刚才的实验事故。为了提示上述错误的原因，我不打算回头处理煤油，而是将沾有煤油的金属钠继续烧下去。请大家想想，烧的过程中，烟的颜色将发生什么变化?"

"黑烟之后,将出现白烟!"学生们提出了这种预言。

重新点燃了金属钠,还是冒着黑烟。只不过在集气瓶里黑烟在变淡。

老师将燃烧着的金属钠再移到另一个氯气瓶中,这时燃烧变剧烈了,似乎听到了"嘶啦"的响声,集气瓶中白烟在翻滚!

"同学们,你们的预言实现了!"老师向大家宣布。

此时,全班响起热烈的掌声——不仅是学生的,还有听课老师的。

(资料来源:《中国教育报》(1991.8.6)文章:《变教学事故为教学故事》)

案例二:

听美国教师上《灰姑娘》(阅读课)

《灰姑娘》是大家熟知的童话故事。

课是从学生讲故事开始的。孩子很快讲完了,教师对学生表示了感谢,然后开始提问:

"你们喜欢故事里面的哪一个人物?不喜欢哪一个?为什么?"

在学生表达了喜好憎恶,感知文本后,教师又提出了两个话题:

"如果你是辛黛瑞拉(灰姑娘)的后妈,你会不会阻止辛黛瑞拉去参加王子的舞会?"

"辛黛瑞拉的后妈不让她去参加王子的舞会,甚至把门锁起来,她为什么能够去,而且成为舞会上最美丽的姑娘呢?"

教师的目的在于让学生感悟到"要爱自己的亲人,也要爱别人"、"要有朋友"、"要爱自己"的文本内涵。老师没有把这些"意义"直接告诉学生,但对如何展示思维的过程,对话中会生成什么样的新问题，学生的感悟离教学目标有多远以及如何深化学生的感悟，这是在备课时就深思熟虑、了然于心的了。

如第一个关于后妈的问题，老师讲："你们要诚实（回答）哟！"

有学生回答："是的，如果我是辛黛瑞拉的后妈，我也会阻止她去参加王子的舞会。因为我爱自己的女儿，我希望自己的亲生女儿当上皇后。"

老师不失时机的亮出自己的观点：

"是的。所以，我们看到的后妈好像都是不好的人，她们只是对别人不够好，可是她们对自己的孩子却很好，你们明白吗？她们不是坏人，只是她们还不能够像爱自己的孩子一样去爱其他的孩子。"

这样的对话对孩子们心灵的震动是巨大的，教师巧妙的提问以及对孩子们的思维引导和"爱的教育"也是显而易见的。对"后妈"如此善意公正的评价，对美好人性如此精心并细致的发掘，正是来自教师对教材的深刻理解，对人性的深情感悟，来自教师深厚的人文素养和教学艺术修养。

如果按照我们一贯的教学模式，同样教学《灰姑娘》，也许除了品词析句，分段并划分段意；除了"后妈可恶，是个坏人"以及"好人有好报"之类肤浅认识之外，学生是很难提出自己的独到而深刻的见解的。

教师对第二个问题的处理同样让人折服。

在让学生悟出"无论走到哪里，我们都是需要朋友的，我们的朋友不一定是仙女，但是，我们需要他们"之后，教师继续启发、诱导。

师："……是谁决定她要去参加王子的舞会？"

生："她自己。"

师："对。所以，孩子们，就是辛黛瑞拉没有妈妈爱她，她的后妈不爱她，这也不能够让她不爱自己。就是因为她爱自己，她才可能去寻找自己希望得到的东西。如果你们当中有人觉得没有人爱，或者像辛黛瑞拉一样有一个不爱她的后妈，你们要怎么样？"

第八章　上课：让教学彰显艺术的魅力

生："要爱自己！"

师："对，没有一个人可以阻止你爱自己，如果你觉得别人不够爱你，你要加倍地爱自己；如果别人没有给你机会，你应加倍地给自己机会；如果你们真的爱自己，就会为自己找到自己需要的东西——没有人能够阻止辛黛瑞拉参加王子的舞会，没有人能够阻止辛黛瑞拉当上王后，除了她自己。对不对？"老师用排比的句式、不容置疑的演讲式的语气问道。

生："对！！！"

此时，教师、文本和学生真正融合创新在一起了。

师："最后一个问题，这个故事有什么不合理的地方？"

过了好一会，学生回答：

"午夜12点以后，所有的东西都要变回原样，可是，为什么辛黛瑞拉的水晶鞋却没有变回去？"

……

师："天哪，你们太棒了！你们看，就是伟大的作家也有出错的时候，所以，出错不是什么可怕的事情。我担保，如果你们当中谁将来当作家，一定比这个作家更棒！你们相信吗？"

孩子们激动得欢呼雀跃。

（资料来源：《人民教育》2004年第6期）

附注：

①李如密：《教学艺术论》，山东教育出版社1995年版，第67页。

②李如密：《教学艺术本质新探》《教育评论》，1990年第1期。

③李如密：《教学艺术论》，山东教育出版社1995年版，第9页。

④《教育科学论坛》2005年第1期，第21页。

⑤赞科夫：《和教师的谈话》，教育科学出版社1980年版，第48～49页。

⑥李如密：《教学艺术论》，山东教育出版社1995年版，第179页。

⑦⑧李如密：《教学艺术论》，山东教育出版社2000年版，第180页、190页。

⑨苏霍姆林斯基：《给教师的建议》，教育科学出版社1984年版，第218页。

⑩董国华、龚春燕：《中小学课堂教学艺术》，科学技术文献出版社1998年版，第69页。

⑪《叶圣陶论创作》，上海文艺出版社1982年版，第109页。

⑫《全国特级教师经验选》，人民教育出版社1981年版，第201页。

⑬董国华、龚春燕：《中小学课堂教学艺术》，科学技术文献出版社1998年版，第102页。

⑭《全国小学语文特级教师教学艺术集粹》，山东教育出版社1992年版，第702页。

⑮陈慈：《教师实用口语训练》，四川教育出版社1992年版，第155页。

⑯董国华、龚春燕：《中小学课堂教学艺术》，科学技术文献出版社1998年版，第272页。

⑰苏霍姆林斯基：《给教师的建议》（下），教育科学出版社1981

年版，第289页。

⑱韩延明、李如密：《课堂教学艺术通论》，山东大学出版社1993年版，第258页。

⑲董国华、龚春燕：《中小学课堂教学艺术》，科学技术文献出版社1998年版，第287～288页。

⑳苏霍姆林斯基：《教育的艺术》，湖南教育出版社1983年版，第32页。

㉑苏霍姆林斯基：《和青年校长的谈话》，上海教育出版社1983年版，第78页。

主要参考文献

①徐世贵著:《怎样听课评课》,辽宁民族出版社 2000 年 4 月版。

②傅道春编著:《新课程中教师行为的变化》,首都师范大学出版社 2001 年 11 月版。

③成都市教科所编写:《现代课堂教学理论与实践》,四川教育出版社 2001 年 10 月版。

④李如密著:《教学艺术论》,山东教育出版社 1995 年版。

⑤董国华、龚春燕主编:《中小学课堂教学艺术》,科学技术文献出版社 1998 年 1 月版。

⑥《"0 教案"的实践与思考》《人民教育》,2003 年第 9 期。

⑦肖川:《主体参与:自主学习的要义》《人民教育》,2003 年第 23 期。

⑧鲁献蓉:《新课程改革理念下的说课》《课程·教材·教法》,2003 年第 7 期。

⑨《课堂教学评价体系的研究与实验》《课程·教材·教法》,2003 年第 2 期。

⑩邝丽湛:《基于新课程理念下的中学政治课课堂教学评价探析》《课程·教材·教法》,2003 年第 9 期。

⑪吴萌：《从历史与社会课看新课程教学中存在的问题》，《人民教育》，2003年第20期。

⑫朱慕菊主编：《走进新课程：与课程实施者对话》，北京师范大学出版社2002年4月版。

听课 说课 上课

后 记

在中学教育第一线工作了21年,有许许多多的教学情境时常萦绕于脑海,浮现在眼前,让我所思,回味无穷。2004年我调入成都市教科所理论室,有了很多去小学、初中听课的机会。每当看见小学低年级的孩子争着举手回答老师提问,高年级的孩子们规矩地、整齐划一地举手(手放在桌上、身体坐直),初中学生懒洋洋地举手,高中学生在老师的多次鼓励后才把手怯生生举起来时,我仿佛感到了从热带雨林到温带草原,再到寒带冻土般的气候变化。基础教育阶段,孩子们似乎都从开朗活泼走向了"内敛"与"沉稳",他们的鲜活个性、求异思维、创新精神也似乎被泯灭、被窒息了,甚至学习的快乐与幸福也与他们毫不相干,"学习的目的"异化成了纯功利主义的东西。孩子们学会了"世故",学会了在有人听课时积极主动地"配合"老师教学,而在日常的学习中,厌学情绪却在许多学生身上表现出来。严酷的现实说明,基础教育已到了非改不可的地步。

教改从何处入手?课程改革在哪里实施?——当然首先应当是课堂。师生的生命在课堂中涌动,学生的智慧、情感与品行都在课堂中生成、传递与凝练,课堂是新课程理念真正落到实处,扎下根去的主要场所。新课程倡导的"三维目标",新的学习方式,以学生

后 记

为本，促进每个孩子健康而全面发展的思想也主要地体现在课堂中并在课堂学习中实现。

时下，新课程改革在实践中遇到了一些阻力，一线教师很困惑：按照新课程要求去组织教学，学生学习自主了，生生互动的合作与探究更多了，然而教学任务却完成不了；学生主体作用体现出来了，学生积极主动参与多了，课堂教学生动活泼、更热闹了，但考试成绩却下降了；教材内容的"繁、难、窄、旧"没有了，但学生的学习能力却没见提高；教学注重了从生活实际、从学生的认知实际出发去组织材料，但学生的思维却发散得太远，难以调控，降低了教学的效率等等，于是"新课程的理念好是好，就是与实际教学的差距太大了"，教学质量的下降"都是实施新课程惹的祸"，"实践新课程，很容易就变成了搞花架子"等等对新课程的各种认识都出现了。

正是这些似是而非的认识与困惑，使课程改革在一些课堂上流于形式，难以产生实效。也正是试图改变这些认识，阐明自己对新课程理念的粗浅认识，我才有了"想写一点什么"的冲动。于是，每一次给一线教师上课时，在老师们热烈的掌声，热情的鼓励与热切的期待中，我找到了创作的灵感，通过翻看自己的听课笔记，查找有关的资料，与教师座谈，绞尽脑汁构思，便写了这本《新课程理念下的课堂教学：听课 说课 上课》。

基础教育课程改革势在必行。改革中会遇到许多人们难以预料的新问题、新困惑。这些问题与困惑，只能用改革的精神与方法去解决，而不是"回到从前"，走回老路上去。一本书甚至一批著述都不可能回答一切前进征途中遇到的新问题。所以，是新课程改革的实践推动着人们去思考、去总结、去提炼，去形成真理性的认识。也正是基于这一认识，拙作是幼稚的，是很不成熟的。

本书在编写过程中得到了在课程理论研究领域造诣颇深的专家、成都教育学院的严先元教授的热心指导，严老师在繁忙的工作中挤出宝贵时间，耐心审读拙作，并为之作序。其严谨的治学作风，以及厚实的学术功底，着实令我钦佩和感激，让我受益多多。在此表示深深的谢意。

　　本书在写作过程中，得到了四川教育出版社领导、编辑同志的热情指导，得到了成都新教育书店的大力支持与帮助。同时，本书的写作参阅了大量的文献，运用了广大一线教师鲜活、精彩的案例。在此一并表示衷心的感谢。

作　者

2005.6.20 于成都